개정판

AIRLINES TICKETING

항공운임 · 발권 표준 학습 및 실습을 통한 실무 능력 향상

항공발권일반

민윤아 · 이태규 공저

(주)백산출판사

| 차례 |

Chapter 1 항공권의 이해 / 11

1. 항공권의 변천사 ········ 14
   1.1 MIT(Manually Issued Ticket) ········ 14
   1.2 TAT(Transitional Automated Ticket) ········ 15
   1.3 ATB(Automatic Ticket & Boarding Pass) ········ 16
   1.4 e-Ticket(Electronic Ticket) ········ 17
   1.5 IATA(International Air Transport Association) 국제항공운송협회 ········ 19
   1.6 ICAO(International Civil Aviation Organization) 국제민간항공기구 ········ 20
2. 항공권의 정의 ········ 21
   2.1 항공권이란? ········ 21
   2.2 항공권 일반사항 ········ 21
3. 항공권의 종류(용도에 따른 분류) ········ 24
   3.1 Electronic Ticket(e-Ticket) ········ 24
   3.2 Electronic Miscellaneous Document(EMD) ········ 27

Chapter 2 항공운임의 기초 / 35

1. 항공운임의 기본용어 ········ 38
   1.1 도시코드와 공항코드 ········ 38
   1.2 KALis 확인방법 ········ 38
   1.3 운임의 성격 ········ 39
   1.4 여정의 구성요소 ········ 40
   1.5 운임의 구성요소 ········ 41
   1.6 여정 형태에 따른 운임의 종류 ········ 42
   1.7 기타 ········ 43

2. 항공운임의 지역구분 ····· 48
2.1 IATA의 지역구분 ····· 48
2.2 IATA 지역별 주요국가 ····· 49
3. 여행의 방향성 ····· 54
3.1 여행의 방향성 개요 ····· 54
3.2 GI(Global Indicators) 종류 ····· 54
3.3 여러 개의 여정지표가 혼합되어 있는 경우 적용 기준 ····· 55
3.4 GI 상세표 ····· 55
3.5 [KALis] GI 확인하기 ····· 56
3.6 [Entry] GI 확인하기 ····· 57
4. 항공운임의 적용 방향 ····· 59
4.1 항공운임 적용 방향의 중요성 ····· 59
4.2 운임 적용 방향의 원칙 ····· 59
5. 항공운임의 적용 ····· 62
5.1 항공운임 ····· 62
5.2 여정의 형태에 따른 운임의 선택 ····· 62
5.3 여정의 형태 ····· 62
6. 통화규정 ····· 66
6.1 개요 ····· 66
6.2 NUC(Neutral Unit of Construction) ····· 66
6.3 ROE(Rate of Exchange) ····· 67
6.4 통화 환산 공식 ····· 67
6.5 Rounding Unit ····· 67
7. Fare Selection Criteria ····· 75
7.1 Fare Selection Criteria(FSC) 개요 ····· 75
7.2 FSC 적용기준 ····· 75
7.3 미국/미국령/캐나다 출도착 여정 ····· 76
7.4 유럽 내 여정 ····· 77
8. Stopover와 Transfer ····· 79
8.1 Stopover ····· 79
8.2 Transfer ····· 80

Chapter 3 항공운임의 종류와 계산방법 / 83

1. 항공운임의 종류 ······ 86
1.1 설정 방법에 따른 분류 ······ 86
1.2 운임 계산방법에 따른 분류 ······ 86
1.3 운임 특성에 따른 분류 ······ 87
1.4 나이나 신분에 따른 분류 ······ 88
2. 항공운임 계산방법 ······ 90
2.1 Mileage System ······ 90
2.2 Routing System ······ 97
3. 우회여정 제한규정 ······ 109
3.1 일반규정 ······ 109
3.2 추가 제한규정 ······ 110
3.3 운임 계산방법 ······ 111
4. Combination 운임 ······ 114
4.1 종류 ······ 114
4.2 Combination 규정 확인 방법 ······ 117
5. 비항공운송구간(Surface Sector) ······ 121
5.1 정의 ······ 121
5.2 비항공운송구간의 종류 ······ 121
5.3 운임 계산방법 ······ 122
5.4 비항공운송구간의 Stopover/Transfer 계산방법 ······ 123
5.5 비항공운송구간 규정 - Surface Break TPM Check ······ 124

Chapter 4 Fare System(entry Mode) / 127

1. Fare System의 이해 ······ 130
1.1 Fare System이란? ······ 130
1.2 Fare System 구조 ······ 130
1.3 Fare System의 특성 및 종류 ······ 130
1.4 Fare System의 기능별 분류 ······ 131
1.5 Fare System의 Option ······ 132
2. Fare Display(FQD, FQN, FQR) ······ 133
2.1 FQD ······ 133
2.2 FQN ······ 137

2.3 FQR ··· 140

3. Fare Quote Tools(FQM, FQC, FQA) ··· 142
3.1 FQM ··· 142
3.2 Currency 변환(HE FQC) ··· 143
3.3 IATA ROE 조회(HE FQA) ··· 143

4. 자동운임계산 ··· 145
4.1 Informative Pricing(HE FQP) ··· 145
4.2 PNR Pricing(HE FXP) ··· 149
4.3 Best Pricer(HE FXB) ··· 152
4.4 Master Pricer Expert(HE FXD) ··· 154

Chapter 5 항공운임계산(entry mode) / 159

1. 항공운임의 종류 ··· 162
1.1 정상운임(Normal Fare) ··· 162
1.2 특별운임(Special Fare) ··· 163
1.3 할인운임 ··· 164

2. Carrier Fare Selection Criteria ··· 165
2.1 일반규정 ··· 165

3. 공시운임과 판매가 ··· 166
3.1 공시운임과 판매가 ··· 166
3.2 Shown Fare와 Net Fare ··· 166
3.3 항공사 판매가 시스템 ··· 166

4. 항공운임의 계산방법 ··· 168
4.1 단순 편도/왕복 여정 운임 계산 ··· 168
4.2 최초 출발지와 최종 목적지 사이에 중간지점 경유 여정 운임 계산 ··· 168

5. Routing System ··· 171
5.1 Routing System 개요 ··· 171
5.2 Routing System 적용 절차 ··· 171
5.3 Transfer와 Stopover ··· 172

6. Mileage System ··· 173
6.1 Mileage System ··· 173
6.2 Mileage System 3대 요소 ··· 173
6.3 EMS(Excess Mileage Surcharge) 할증률 ··· 173

6.4 Mileage 조회 174
6.5 Mileage System 적용 절차 175

7. Mileage System 보완규정(HIP) 176
7.1 중간 높은 운임(HIP, Higher Intermediate Point) Check 176
7.2 HIP Check 방법 176
7.3 HIP 적용 절차 177
7.4 HIP Check 유의사항 178

Chapter 6 PNR 작성 / 181

1. KALis의 이해 184
1.1 CRS(Computerized Reservation System) 184
1.2 GDS(Global Distribution System) 184
1.3 Amadeus 184
1.4 KALis 184
1.5 화면 구조적 특징 186
1.6 화면의 구성 187
1.7 탭 187

2. PNR 작성 190
2.1 PNR Creation 190
2.2 여정 작성(Itinerary) 191
2.3 성명 작성(Name) 196
2.4 연락처 작성(Contact) 197
2.5 Save PNR 198
2.6 소아/유아 기내식 신청 199

Chapter 7 Pricing System / 203

1. Fare Display(구간운임 조회) 206
1.1 개요 206
1.2 기능 206
1.3 검색결과 208

2. Informative Pricing(여정운임 조회) 216
2.1 개요 216
2.2 기능 216

2.3 검색결과 218

3. PNR Pricing 223

3.1 개요 223

3.2 기능 223

3.3 검색결과 225

Chapter 8 항공운임의 계산 / 229

1. KE 여정의 항공 운임 계산 232

1.1 한국 출발 여정 운임 232

1.2 해외 출발 여정 운임 241

2. 타 항공사(OAL) 포함 여정의 항공 운임 계산 249

2.1 항공 운임 계산 방법 249

2.2 Mileage System을 이용한 운임 계산 250

2.3 Routing System(여정제도) 253

Chapter 9 e-Ticket 발행 / 259

1. Ticketing PNR 262

1.1 e-Ticket 262

1.2 Ticketing PNR 264

2. Pricing Details 265

2.1 TST(Transitional Stored Ticket) 265

2.2 TST Fare Element 271

3. 항공권(e-Ticket) 발행 273

3.1 성인 273

3.2 소아 276

3.3 유아 280

3.4 OAL 포함 여정 284

Chapter 10 EMD 발행 / 291

1. EMD(Electronic Miscellaneous Document) 이해 294
1.1 개요 294
1.2 EMD Receipt 297

2. 사례별 EMD 발행 298
2.1 비동반 소아 서비스(Unaccompanied Minor) 298
2.2 반려동물(Pet) 306

■ Appendix
1. 국내외 주요도시 및 공항코드 / 315
2. 기본용어 / 321

■ Reference / 327

CHAPTER

1

항공권의 이해

Chapter 1

항공권의 이해

생각해 봅시다

항공권이란 무엇일까요?

- 항공기를 탑승하기 위한 표이다.
- 승객의 전체 여정 및 운임이 표시되어 있으며 각국 법률 및 국제 협약에 의거한 항공권의 세부 내역과 법적 고지문이 포함되어 있다.
- 승객은 여행하는 동안 반드시 항공권을 소지해야 한다.

학습목표

이 과정의 학습을 통해

- 항공권 종류를 알 수 있다.
- 항공권 내역을 판독할 수 있다.

차례

1. 항공권의 변천사
2. 항공권의 정의
3. 항공권의 종류

① 항공권의 변천사

1.1 MIT(Manually Issued Ticket)

수기로 작성하며 Paper Coupon을 절취하면서 탑승, 실물 항공권으로 정산까지 처리한다. (1930년)

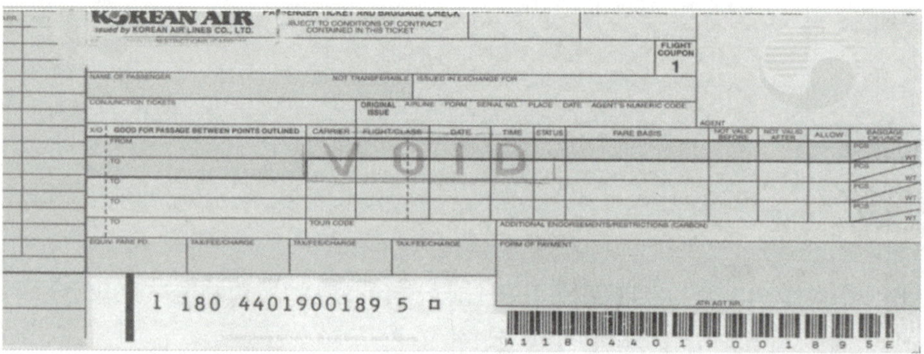

참고: 종이항공권의 구성

- Wallet(Jacket)

  Jacket의 기능뿐만 아니라 IATA에서 정하는, 여객에게 법률적으로 반드시 고지되어야 하는 계약조건, 여객 및 수하물 배상 책임에 대한 고지, Overbooking 관련 고지 등과 함께 기타 안내 사항이 반영되어 있다.

- Agent Coupon(발행 지점 보관용 쿠폰)

  발행 지점의 발권 기록 유지를 위하여 발권 후 절취하여 발행 지점에서 보관하는 Coupon이다.

- Flight Coupon(탑승용 쿠폰)

  표시된 구간의 항공편을 탑승하기 위해 Check-In 시 제출하여 Boarding pass와 교환하며 여객용 쿠폰에 명시된 출발지부터 순서대로 사용하여야 한다.

- Passenger Receipt(승객용 쿠폰)

  항공권상에 명시된 전 여정을 여행하는 동안 승객이 소지하는 Coupon으로 Check-In 시점에 Flight Coupon과 함께 제시되어야 한다.

1.2 TAT(Transitional Automated Ticket)

자동 발권 시스템과 연결되어 프린터기를 통해 승객의 예약·발권 정보를 기록, 발행하는 방식의 항공권이다. (1971년)

1.3 ATB(Automatic Ticket & Boarding Pass)

자동 발권 전산 시스템과 연결되어 프린터기를 통해 발행하는 방식의 탑승권 겸용 항공권이다. (1983년) 뒷면의 Magnetic Stripe상에 발권 및 탑승 정보를 저장한다.

참고: 종이항공권의 Life Cycle

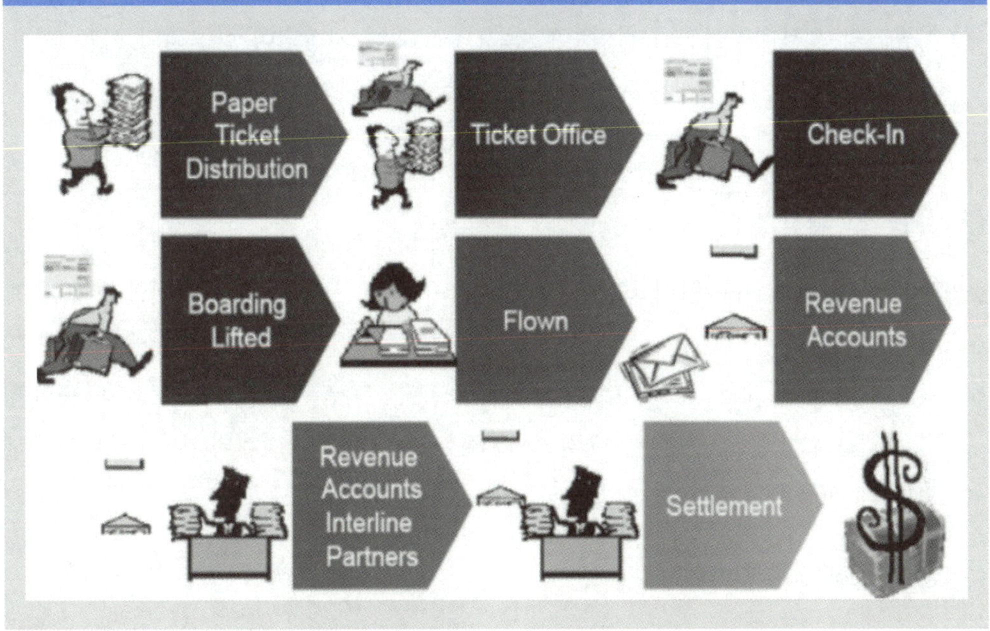

1.4 e-Ticket(Electronic Ticket)

(1) 개념

- 항공권의 세부내역이 항공사의 e-Ticket Database에 저장되어 항공권의 사용, 환불, 재발행 내역 등을 전산으로 조회, 처리하는 항공권의 형태이다.
- 승객에게는 'e-Ticket 확인증(Itinerary & Receipt)'을 제공한다.

(2) 보급 및 확장

1994년에 최초로 유나이티드항공(UA)에서 E-TKT를 발행했다. 1997년에는 IATA에서 E-TKT 표준화를 시행했고 2000년 이후로 전쟁, 테러 및 SARS 등의 연속적인 위기로 비용 효율성에 대한 필요성이 대두되어 IATA는 항공업계의 비즈니스 단순화를 위한 100% e-Ticket을 선언했다. 그리고 2008년 6월 1일, 전 세계의 항공사와 여행사는 E-TKT만 사용하게 되었다.

(3) e-Ticket의 도입 효과

e-Ticket의 도입으로 승객들은 인터넷이나 전화를 통한 항공권 발권과 변경이 편리해졌고 고가의 항공권 보관에 따른 분실과 훼손의 우려를 제거할 수 있었다. 그리고 항공권의 유효성이 자동으로 확인되어 KIOSK(키오스크), 웹, 모바일 체크인이 가능하게 되어 신속하고 편리한 탑승수속을 할 수 있게 되었다.

항공사는 종이 항공권 구매, 유통, 관련장비, 사내매표소 운영 등 비용을 절감하게 되었고, 항공권의 부정사용(위변조)으로 인한 손실을 보존하게 되었다. 또 발권 및 탑승수속 등의 현장업무가 자동화되고 이에 따라 인력 효율성도 증가하게 되었다. 그리고 대 고객서비스가 향상되는 효과를 얻었다.

(4) e-Ticket 확인증(Itinerary & Receipt, ITR)

e-Ticket 확인증은 e-Ticket 환경하에서 별도의 항공권을 발행하지 않으나 각국 법률 및 국제 협약에 의거한 항공권의 세부 내역과 법적 고지문을 반드시 고객에게 제공해야 하며 이는 출입국 심사 시에 복편여정에 대한 입국 심사용으로도 사용되므로 반드시 고객에게 제공해야 한다.

RESOLUTION 722f

ELECTRONIC TICKET—AIRLINE

6.2.1.7 The Validating Carrier[1] shall deliver an Itinerary/Receipt. This document shall include, but not be limited to, the following:

Passenger Name
Airline Designator or name of Marketing Carrier
Name of the Operating Carrier when it is different from the Marketing Carrier
Flight Number(s)[2]
Date of Flight(s)[2]
Flight Departure Time(s)[2]
For each flight Origin and Destination Airport/City Code(s)
Fare (Base Amount)
Equivalent Fare Amount (when applicable)
Ticket/Document Amount (BT, IT when applicable)
Form of Payment[3]
Tax/Fee/Charge Amount(s) (when present)
Reservations Status Code(s)
Ticketing Date of Issue
Issuing Agency/Airline-Name and Place of Issue
Ticket/Document Number(s)[4]
Endorsements/Restrictions (including period of validity) (when present)
Baggage Allowance *(Conditional)*
Additional Baggage Information *(Optional)*
Passenger Check-In Identification Type (FOID)—Optional[5]

6.2.1.8 The Validating Carrier[1] shall deliver the "Conditions of Contract and Other Important Notices" contained in Resolution 724.

1.5 IATA(International Air Transport Association) 국제항공운송협회

IATA는 항공사들로 구성된 비정부조직(NGO)이다. 1944년 정부 간 협의(시카고회의)에서 국제민간항공의 경제적 측면에 관한 합의에 이루어지지 못하자, 이로 인한 무질서를 우려해 민간 항공업계가 상호 협의하여 항공규정 및 표준화를 목적으로 1945년 4월 쿠바 하바나에서 세계 32개국의 61개 항공사가 모여 설립하였다. 항공운임결정, 운송규칙제정, 위험물규정, 생동물규정, 항공무역규정의 제정이 주된 업무이다. 현재는 12개국 29개 항공사들이 회원사로 있으며, 한국은 대한항공이 1989년 1월 정회원, 아시아나항공이 2002년 5월 정회원으로 가입하였다. 저비용항공사(LCC)로는 티웨이항공이 우리나라 최초로 2016년 3월 정회원 지위를 획득하였고, 이스타항공도 2017년 9월 LCC 중 두 번째로 정회원의 지위를 획득하였다. IATA의 본부는 캐나다 몬트리올과 스위스 제네바 두 곳에 있고, 53개국에 54개 지역사무소가 있다. 보통 '아이아타'라고 읽는다.

조직은 집행기관인 이사회와 여객, 화물로 나누어서 각각 운송회의, 기술 · 재무 · 법무 · 의무 · 운송 등 5개의 상설위원회 및 여객운임과 화물운임률 등의 항공운송에 관한 여러 조건을 결정하는 운송회의(traffic conference), 정산소(clearing house), 사무국으로 구성되어 있다. 연례총회(annual general meeting)는 각 항공사의 회장 및 사장이 매년 1회 이상 각 위원회의 활동을 보고받고 예산의 승인 및 위원을 임명하는 기능을 수행하고 있다.

주요 기능은 대리점 및 항공사 간 정산, 항공기술 분야 연구 및 개발, IATA 규정 제정 등이 있으며, 특히 IATA 회의에서 결정되는 서비스 조건, 운송 절차, 대리점에 관한 규정 등은 전 세계 IATA 가입 항공사와 대리점에 대하여 구속력을 갖는다.

1.6 ICAO(International Civil Aviation Organization) 국제민간항공기구

민간항공의 안전과 발전을 주목적으로 하는 정부 차원의 국제협력기구이다. 1944년 시카고에서 54개국 대표가 모여 설립을 결정한 국제민간항공조약(시카고조약)에 의거하여 설립되었다. 1947년 국제연합 경제사회이사회 산하 전문기구가 되었다. 국제민간항공 운송의 발전과 안전의 확보, 능률적이고 경제적인 운송의 실현, 항공기 설계 · 운항기술 발전 등을 주요 목표로 삼고 있다. 주요 업무는 항공기 · 승무원 · 통신 · 공항시설 · 항법 등 그 기술면에서의 표준화와 통일을 위해 연구하며 그 결과를 회원국에 제공한다.

2 항공권의 정의

2.1 항공권이란?

항공권이란 항공기를 탑승하기 위한 표이다. 항공사 또는 항공사를 대신하여 대리점(여행사)에서 발행되며 각 구간을 명시한 Flight Coupon과 법적 고지문 및 항공권 제한사항 등을 포함하고 있다. 승객은 여행하는 동안 반드시 항공권을 소지해야 하는데 하나의 항공권에는 최대 4개의 Coupon이 포함되어 있으며, 최대 4개의 항공권까지 연결하여 발행할 수 있다.

만약 항공권이 2개 이상 연결 발행되는 경우 항공권 번호는 순차적으로 증가하여 연결된 번호를 갖게 된다.

Data Source	1A Data	ERP Data
Ticket Number	1802332136075	Refresh
Name	MIN/YOONA MS (ADT)	
Frequent Flyer No	KE112927041061	
Issue Information	SEL / 26FEB22 / A0265YASU / KC,KOREAN AIR / 1A	
Endorsement		

Ticket	CPN	S/O	Itinerary Details								Fare Basis
1802332136075	1	O	KE0608	Y	TU	20SEP22	HKG	ICN	0045	OK	Y
	2	O	KE0017	Y	FR	23SEP22	ICN	LAX	1430	OK	Y
	3	O	DL1095	Y	SA	24SEP22	LAX	JFK	0600	OK	Y
	4	O	DL0326	Y	TU	27SEP22	JFK	LAX	1216	OK	Y
1802332136076	1	O	KE0018	Y	FR	30SEP22	LAX	ICN	1230	OK	Y
	2	O	KE0607	Y	SA	01OCT22	ICN	HKG	1945	OK	Y

2.2 항공권 일반사항

(1) 항공권의 유효기간

전 구간 미사용 항공권은 최초 발행일로부터 1여 년, 한 구간이라도 사용된 항공권은 최초 출발일로부터 1년이다.

(2) 항공권 운임의 유효기간

정상운임(Normal Fare)은 최초 출발일로부터 1년, 특별운임(Special Fare)은 적용운임의 Fare Rule을 준수해야 한다. 마지막 체류 지점의 출발일이 유효기간 이내여야 한다.

☞ 원문 : Minimum Stay & Maximum stay - IATA Passenger Air Tariff 2.1.8.4(5)

Minimum Stay (2.1.8.4)	Minimum stay means the number of days counting from the day after departure, or the number of months counting from the day of departure, on the first outbound international sector to the earliest day return travel may commence from the last stopover point outside the country of origin(including for this purpose the point of turnaround)
Maximum Stay (2.1.8.5)	Maximum stay means the number of days counting from the day after departure, or the number of months counting from the day of departure, to the last day return travel may commence from the last stopover point (including for this purpose the point of turnaround)

(3) 유효기간의 산출

운임의 유효기간 산출 시 항공권의 발권일 또는 여행 개시일은 제외한다. 유효기간이 '일(Day)'로 규정된 경우 기준일 다음 날부터 계산한다.

- 예) 유효기간 7일 : 02 SEP → 09 SEP

유효기간이 '월(Month)'로 규정된 경우 기준일로부터 유효기간 만료 월 동일 일자까지 유효하다. 만약 기준일이 해당 월의 마지막 일자인 경우 만료 월 마지막 일자까지 유효하다.

- 예) 유효기간 1개월 : 29 MAR → 29 APR

유효기간이 '년(Year)'으로 규정된 경우, 기준일로부터 다음 해의 동일 일자까지 유효하다.

- 예) 유효기간 1년 : 02SEP22 → 02SEP23

사례 1. 정상운임

유효기간 : 20FEB23

Ticket	CPN	S/O	Itinerary Details									Fare Basis	STS	CS	NVB	NVA	FBA
1802332136075	1	O	KE0608	Y	TU	20SEP22	HKG	ICN	0045	OK		Y	O				2PC
	2	O	KE0017	Y	FR	23SEP22	ICN	LAX	1430	OK		Y	O				2PC
	3	O	DL1095	Y	SA	24SEP22	LAX	JFK	0600	OK		Y	O	DL			2PC
	4	O	DL0326	Y	TU	27SEP22	JFK	LAX	1216	OK		Y	O	DL			2PC
1802332136076	1	O	KE0018	Y	FR	30SEP22	LAX	ICN	1230	OK		Y	O				2PC
	2	O	KE0607	Y	SA	01OCT22	ICN	HKG	1945	OK		Y	O				2PC

➢ 마지막 체류 지점인 ICN (SEL) 에서 늦어도 2023년 2월20 까지 출발해야한다

사례 2. 특별운임

- 여정 : TYO/PAR/TYO
- 출발일 : 09OCT22
- 최소체류일 (Minimum Stay) : 2 Days ⇨ 11OCT22
- 최대체류일 (Maximum Stay) : 1 Month ⇨ 09NOV22

➢ 마지막 체류 지점인 PAR 에서 항공기를 탑승할 수 있는 날짜는 11OCT22 부터 09NOV22 이다

Not Valid Before / Not Valid After

Itinerary Details							Fare Basis	NVB	NVA
JL0045	E	FR	09OCT22	HND	CDG	HK	WNX0A0M0		09NOV22
JL0046	E	MO	25OCT22	CDG	HND	HK	WNX0A0M0	11OCT22	09NOV22

(4) 항공권의 양도

어떠한 경우에도 항공권은 타인에게 양도가 불가하며 항공권에 대한 모든 권한은 승객성명에 명시된 승객에게만 주어진다.

(5) 적용 운임 및 통화

모든 항공운임은 운임 산출 규정이 정하는 바에 따라 여행의 최초 국제선 출발지국 통화로 계산되며, 한국 출발여정의 경우에는 KRW를 출발지국 통화로 사용한다. 또한 항공권 판매 시 적용 운임은 최초 여행개시일에 유효한 운임을 적용하여 계산한다.

(6) Flight Coupon의 사용 순서

모든 Flight Coupon은 반드시 순서대로 사용되어야 한다. (역순 사용 금지)

③ 항공권의 종류(용도에 따른 분류)

3.1 Electronic Ticket(e-Ticket)

승객 운송을 위해 발행되며 항공권의 세부 내역이 발행한 항공의 시스템에 보관, 관리되는 항공권의 형태로, 판매 세부 내역과 승객 사용 내역이 모두 시스템상에서 처리된다. 승객이 소지하는 e-Ticket 확인증(Itinerary & Receipt, ITR)은 e-Ticket 내역을 확인할 수 있는 확인증으로, 승객이 e-Ticket 확인증을 출력하여 항공사에 제시하면 항공사는 이를 참고하여 항공권의 세부 내역을 항공사 시스템에서 확인한다. Cabin Baggage, Extra Seat, Stretcher에 대해서도 e-Ticket을 발행한다.

(1) e-Ticket Image

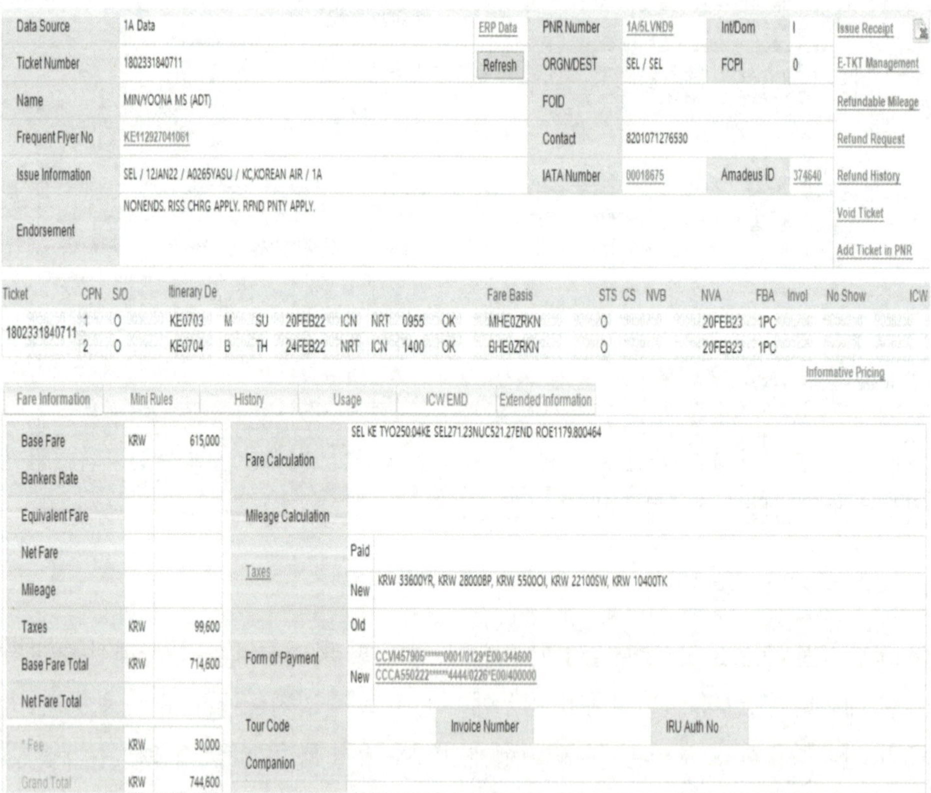

(2) 항공권의 기본구성

Data Source	1A Data	ERP Data	6) PNR Number	1A/6SYD36
1) Ticket Number	1802331840607	Refresh	ORGN/DEST	SEL / SIN
2) Name	MIN/YOONA MS (ADT)		FOID	
3) Frequent Flyer No	KE112927041061		7) Contact	8201071276530
4) Issue Information	SEL / 11FEB22 / A0265YASU / KC,KOREAN AIR / 1A		8) IATA Number	00018675
5) Endorsement	NONENDS. RISS CHRG APPLY. RFND PNTY APPLY. NO MILE UG.			

1) Ticket Number : 항공권 번호 13자리로 구성
   - 3 digit Airline Code : KE-180, DL-006, AF-057 등
   - 3 digit Form Code : 항공권의 종류(e-TKT, EMD)
발행처(항공사, 여행사)
   - 7 digit Serial Number

2) Name : 승객의 이름과 Title

3) Frequent Flyer No : SKYPASS 회원 번호

4) Issue Information : 항공권 발행처 및 발행 날짜

5) Endorsement : 항공권 제한사항
(타 항공사로의 양도, 예약 변경, 재발행, 환불 등)

6) PNR Number : 예약번호
* PNR : Passenger Name Record

7) Contact : 승객의 전화번호

8) IATA Number : 항공권 발행 Office의 IATA Number

(3) 항공권 Coupon별 여정 정보

	1)	2)	3)								4)	5)	6)	7)	8)	9)
Ticket	CPN	S/O	Itinerary Details								Fare Basis	STS	CS	NVB	NVA	FBA
1802332401229	1	O	KE0011	L	MO	28FEB22	ICN	LAX	1940	OK	LLX0ZKYK	A	KE		28FEB23	2PC
	2	X	KE7425 by DL	L	MO	28FEB22	LAX	LAS	1700	OK	LLX0ZKYK	O	DL		28FEB23	2PC
	3	O	KE3034 by DL	Q	TU	08MAR22	LAS	SEA	0730	OK	QLX4ZBYK	O	DL	01MAR22	28FEB23	2PC
	4	X	KE5020 by DL	Q	TU	08MAR22	SEA	ICN	1135	OK	QLX4ZBYK	O	DL	01MAR22	28FEB23	2PC

1) CPN : e-Ticket Coupon Number

2) S/O : O - Stopover, X - Transfer

3) Itinerary : 편명, Booking Class, 출발일, 출발도시, 도착도시, 출발시간, Reservation Status(OK : 확약, RQ : 대기자, NS : 좌석을 점유하지 않는 유아, SA : 예약불가하고 잔여좌석이 있는 경우 탑승 가능(직원항공권))

4) Fare Basis : 운임 종류

5) STS : e-Ticket Coupon Status로 항공권의 사용 가능 여부를 판단할 수 있는 지표

6) CS : Coupon의 사용 권한을 보유한 항공사

7) NVB : Not Valid Before(최소 체류일 규정에 따라 여행 가능한 첫 번째 날짜)

8) NVA : Not Valid After(최대 체류일 규정에 따라 여행 가능한 마지막 날짜))

9) FBA : Free Baggage Allowance(무료 수하물 허용량)
미국, 브라질 제외 : 1PC/23KG - 미국 : 2PC/23KG - 브라질 : PC/32KG

Initial Status	O : open for use	사용 가능
Interim Status * Final Status로 변경되거나 O로 변경하기 위해 별도 조치가 필요한 상태	A : Airport Control	탑승수속을 위해 DCS 또는 타 항공사로 권한이 이관
	C : Checked in	탑승수속
	L : Lifted / Boarded	탑승
	Y : Refund Request	환불 접수
	S : Suspended	일시 사용 불가 조치(신용카드 Fraud)
	U : Unavailable	일시 사용 불가 조치(역순 사용)
Final Status	F : Flown/Used	탑승 완료
	V : Voided	발권 취소
	R : Refunded	환불
	E : Exchanged	재발행
	P : Printed	Paper Ticket으로 전환
	X : Printed Exchanged	Paper Ticket으로 출력하여 재발행
	G : Exchanged to FIM	FIM(Flight Interruption Manifest)으로 재발행
	Z : Closed	사용 불가 처리(유효기간 만료)

(4) 항공운임정보

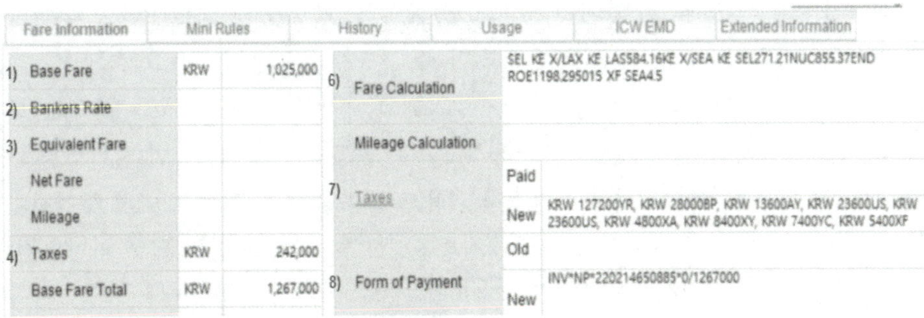

1) Base Fare : 항공운임(Fare Calculation상의 총금액)

2) Bankers Rate : 운임 통화와 지불 통화가 다를 때 변환 환율

3) 지불 통화로 환산된 금액

4) Taxes : 출입국 세금 합계

5) Base Fare Total : 총금액

6) Fare Calculation : 운임 계산 내역

7) Taxes : Paid - 이미 지불한 Tax, New - 새로 지불할 Tax

8) Form of Payment : 지불수단(Cash, 신용카드 등)

3.2 Electronic Miscellaneous Document(EMD)

주로 초과 수하물, 사전좌석배정, 비동반 소아, Pet Box 등 부가 서비스(Ancillary Service)에 대해 항공권 이외 증표의 발매 정보를 e-Ticket과 동일하게 시스템 내부적으로 저장, 처리하며 항공사 간 정산이 가능하다. EMD는 EMD-A(Associated)와 EMD-S(Standalone) 두 종류로 구분된다.

EMD-A	특정 e-Ticket과 시스템적으로 연결 발행되어 함께 사용되는 EMD로 e-Ticket 사용 시 EMD-A도 Used 처리됨
EMD-S	e-Ticket 발행 여부와 상관없이 별도로 발행 가능하며 Vouchers, Residual Value 등의 경우에 발행됨

*참고: 부가서비스(Ancillary Service)

최근 항공사들은 저비용항공사(Low Cost Carrier)의 등장, 소비자 구매 형태의 변화에 따라 시장환경에 적응하여 경쟁력을 강화하고 있다.

전통적으로 대한항공과 같은 FSC(Full Service Carrier)는 항공여행에 제공할 수 있는 모든 서비스를 포괄적으로 제공해 왔다. 하지만 최근에는 포괄적으로 제공하던 서비스를 분할하고, 선택적 제공에 따라 고객이 추가적인 비용으로 이용할 수 있는 개념의 부가서비스(Ancillary Service)를 통해 새로운 수익을 창출하고 있으며 이는 경쟁 심화로 악화된 항공권 판매 수익과는 달리 꾸준한 성장세를 보이고 있다.

(Seat Assignment, Wi-Fi, Express Check-in, Priority Boarding, Food & Drink 등)

(1) EMD Image

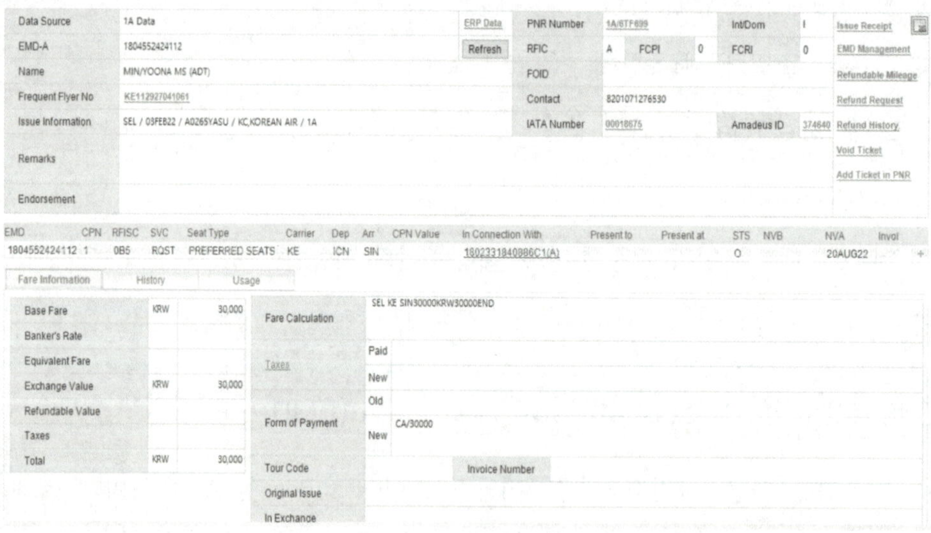

(2) EMD 구성 요소

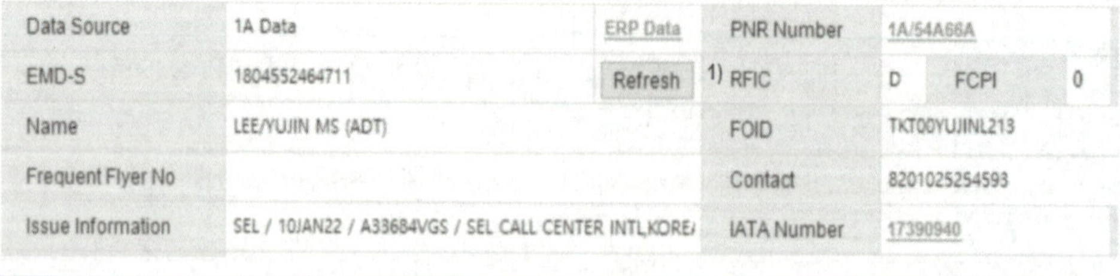

1) RFIC(Reason For Issuance Code) : EMD 발행 용도

A : Airport Transportation(유료좌석, Upgrade 등)

B : Surface Transportation(리무진, 기차, 호텔 등)

C : Baggage(초과수하물, 스포츠 장비 등)

D : Financial Impact(Additional Charge, Rebooking Fee)

E : Airport Services(비동반 소아, Passenger Assistant)

F : Merchandise(Polo Shirt, Pet Box)

G : In-flight Service(헤드셋, Wifi, Video Games, 기내식 등)

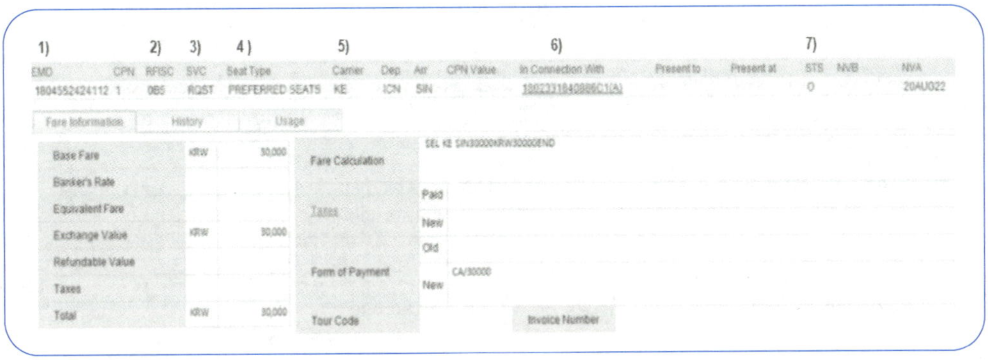

1) EMD : EMD 번호(Form Code - e-Ticket : 23, EMD : 45)

2) RFISC(Reason For Issuance Sub Code) : EMD 발행 용도 세부항목
EMD 발행 대상 Service별로 RFIC, RFISC, SVC Code 구성

3) SVC : PNR의 Service 항목에 입력하는 Keyword

4) Seat Type : 유료좌석의 Seat Type

5) Carrier : EMD 발행 항공사

6) In Connection With : EMD에 연결된 e-Ticket Number

7) (A) Associate, (D) Dissociate

8) STS : Coupon Status

RFIC	RFISC	SVC	Description
C	BG4	OBAA	Overweight Baggage (24~32kg)
E	0BH	UMNR	UM Service Charge
A	0B5	RQST	Preferred Seats

(3) EMD Receipt

KOREAN AIR

Electronic Miscellaneous Document Receipt

Passenger Name	KIM/TEST MR
PNR Number	5GD3J4
Document Number	1804552475259
Reason for Issuance Code	A (AIR TRANSPORTATION)
Service Details	유료 좌석 (좌석번호 : 28C)

운임안내 Fare Information

Fare Calculation	SEL KE LAX150000KRW150000END
Remarks	-
Endorsement/Restrictions	
Base Fare Amount	KRW 150,000
Equivalent Fare Paid	-
Tax/Fee/Charges Amount	-
Total Document Amount	KRW 150,000
Form of Payment	CC CA************8672/****
Tour Code	-
Conjunctive Ticket Number	-
In Connection with Document Number	1802332341852
Date of Issue / Place of Issue	20JAN22/17390940/SEL CALL CENTER INTL
Original Ticket Number	-
Exchanged Ticket Number	-

연습문제

1. e-Ticket 환경하에서 별도의 항공권을 발행하지 않으나 각국 법률 및 국제 협약에 의거한 항공권의 세부 내역과 법적 고지문을 반드시 고객에게 제공해야 하며 이는 출입국 심사 시에 복편여정에 대한 입국 심사용으로도 사용되므로 반드시 고객에게 제공해야 하는 것은 무엇인지 쓰시오. (국문/영문 모두 가능)

2. 다음 중 e-Ticket Image에서 확인할 수 없는 것을 모두 고르시오.

① 승객 이름 ② Booking Class
③ Taxes ④ 좌석번호
⑤ 탑승 기종 ⑥ 항공권 제한사항
⑦ 지불수단 ⑧ SKYPASS 회원번호
⑨ 발행점소 ⑩ 무료 수하물 허용량

3. 다음은 e-Ticket Image 중 여정부분으로 각 항목을 설명하시오.

Ticket	CPN	S/	Itinerary Details								Fare Basis	1) STS	CS	2) NVB	3) NVA	4) FBA
1802331627189	1	O	KE0081	X	WE	10FEB21	ICN	JFK	1000	OK	XHSKY	F	KE	22JAN21	22JAN22	2PC
	2	O	KE0082	X	TU	21DEC21	JFK	ICN	1200	OK	XHSKY	R		22JAN21	22JAN22	2PC

1) STS

2) NVB

3) NVA

4) FBA

4. 고객이 UM 서비스를 위해 지불한 아래 EMD Image를 보고 물음에 답하시오.

Data Source	1A Data	ERP Data	PNR Number	1A/6TF699		
EMD-A	1804552424115	Refresh	RFIC	E	FCPI	0
Name	MIN/YOONA MS		FOID			
Frequent Flyer No	KE112927041061		Contact	8201071276530		
Issue Information	SEL / 04FEB22 / A0265YASU / KC,KOREAN AIR / 1A		IATA Number	00018675		
Remarks						
Endorsement						

EMD	CPN	RFISC	SVC	Seat Type	Carrier	Dep	Arr	CPN Value	In Connection With	Present to	Present at
1804552424115	1	0BH	UMNR		KE	SIN	ICN		1802331840886C2(A)		

Fare Information | History | Usage

Base Fare	KRW	180,600
Banker's Rate		1,198.083257
Equivalent Fare		
Exchange Value	KRW	180,600
Refundable Value		
Taxes		
Total	KRW	180,600

Fare Calculation		SIN KE SEL180600KRW180600END	
Taxes	Paid		
	New		
Form of Payment	Old		
	New	CA/180600	
Tour Code		Invoice Number	

4-1 고객이 UM 서비스를 위하여 지불한 금액이 얼마인지 쓰시오.

4-2 RFISC에 대해 설명하시오.

4-3 EMD 1804552525115의 Coupon1에 연결된 Ticket 번호를 쓰시오.

5. 아래 항공권을 보고 물음에 답하시오.

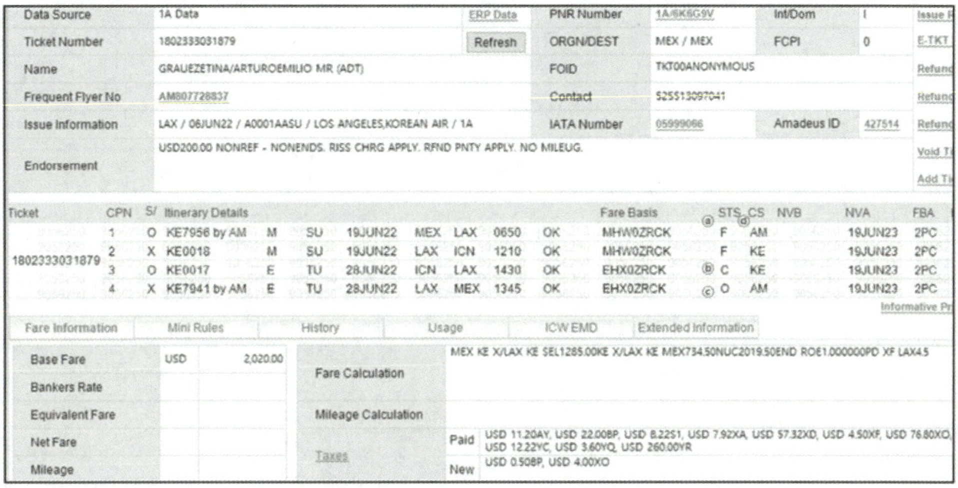

Data Source	1A Data	ERP Data	PNR Number	1A/6K6G9V	Int/Dom	I
Ticket Number	1802333031879	Refresh	ORGN/DEST	MEX / MEX	FCPI	0
Name	GRAUEZETINA/ARTUROEMILIO MR (ADT)		FOID	TKT00ANONYMOUS		
Frequent Flyer No	AM807728837		Contact	525513097041		
Issue Information	LAX / 06JUN22 / A0001AASU / LOS ANGELES,KOREAN AIR / 1A		IATA Number	05999066	Amadeus ID	427514
Endorsement	USD200.00 NONREF - NONENDS. RISS CHRG APPLY. RFND PNTY APPLY. NO MILEUG.					

Issue R / E-TKT / Refund / Refund / Refund / Void Ti / Add Ti

Ticket	CPN	S/	Itinerary Details								Fare Basis	ⓐ STS	ⓓ CS	NVB	NVA	FBA
1802333031879	1	O	KE7956 by AM	M	SU	19JUN22	MEX	LAX	0650	OK	MHW0ZRCK	F	AM		19JUN23	2PC
	2	X	KE0018	M	SU	19JUN22	LAX	ICN	1210	OK	MHW0ZRCK	F	KE		19JUN23	2PC
	3	O	KE0017	E	TU	28JUN22	ICN	LAX	1430	OK	EHX0ZRCK	ⓑ C	KE		19JUN23	2PC
	4	X	KE7941 by AM	E	TU	28JUN22	LAX	MEX	1345	OK	EHX0ZRCK	ⓒ O	AM		19JUN23	2PC

Informative Pr

Fare Information | Mini Rules | History | Usage | ICW EMD | Extended Information

Base Fare	USD	2,020.00	Fare Calculation		MEX KE X/LAX KE SEL1285.00KE X/LAX KE MEX734.50NUC2019.50END ROE1.000000PD XF LAX4.5
Bankers Rate					
Equivalent Fare			Mileage Calculation		
Net Fare			Taxes	Paid	USD 11.20AY, USD 22.00BP, USD 8.22S1, USD 7.92XA, USD 57.32XD, USD 4.50XF, USD 76.80XO, USD 12.22YC, USD 3.60YQ, USD 260.00YR
Mileage				New	USD 0.50BP, USD 4.00XO

5-1 STS 항목의 (a) F (b) C (c) O의 의미를 쓰시오.

1) F

2) C

3) O

5-2 항공권에 적용된 최소/최대 체류기간을 쓰시오.

5-3 승객이 위탁할 수 있는 무료 수하물 허용량을 쓰시오.

CHAPTER 2

항공운임의 기초

Chapter 2

항공운임의 기초

생각해 봅시다

항공운임은 일반 시내버스 운임과 같이 정액제 또는 거리제로 운영될까요?
항공운임의 결정 요소는 무엇일까요?

- 같은 구간이더라도 출발지에 따라
- 편도, 왕복과 같은 여정형태에 따라
- 경유지에 따라 다르다.

학습목표

이 과정의 학습을 통해

- 항공운임의 일반사항을 알 수 있다.
- 운임의 지역구분, 여행의 방향성, 운임의 방향, 운임의 종류를 맞게 적용할 수 있다.
- 운임에 대한 통화규정을 이해할 수 있다.

차례

1. 항공운임의 기본용어
2. 항공운임의 지역구분
3. 여행의 방향성
4. 항공운임의 적용 방향
5. 항공운임의 적용
6. 통화규정
7. Fare Selection Criteria
8. Stopover와 Transfer

1 항공운임의 기본용어

항공운임 학습 시 이해도를 높이기 위해 항공운임에 대한 기본용어를 이해하고 구분하는 것이 필요하다.

1.1 도시코드와 공항코드

업무의 정확성과 신속성을 위해 IATA 주관하에 도시와 공항의 이름을 코드로 지정하여 사용한다. IATA가 규정하는 코드형식은 다음과 같다.

도시, 공항 코드 : 영문 3 Letter Code (SEL, LAX, PAR)
항공사 코드 : 영문 2 Letter Code (KE, DL, AF, KL)

한 도시에 1개의 공항이 있는 경우, 도시코드와 공항코드는 같으며 한 도시에 2개 이상의 공항이 있는 경우, 도시코드와 공항코드가 분리되어 있다.

일본 후쿠오카 → 도시, 공항코드 : FUK
대한민국 서울 → 도시코드 : SEL, 공항코드 : GMP(김포공항), ICN(인천공항)
일본 도쿄 → 도시코드 : TYO, 공항코드 : NRT(나리타공항), HND(하네다공항)

1.2 KALis 확인방법

① 도시가 속한 국가명
② 해당 국가의 Code
③ 도시명
④ 공항명
⑤ 도시 또는 공항의 Code
⑥ Code Type

L - Location with one airport
(해당 도시에 위치한 단 하나의 공항)

A - Airport belonging to multi airport city
(해당 도시에 위치한 여러 개 공항 중 하나)
M - Multi airport city
(여러 개의 공항이 위치한 도시)

⑦ Station Type : A - Airport
B - Bus Station
H - Harbor
O - Off-line Point
R - Rail Station
U - Metro/Underground
V - Miscellaneous

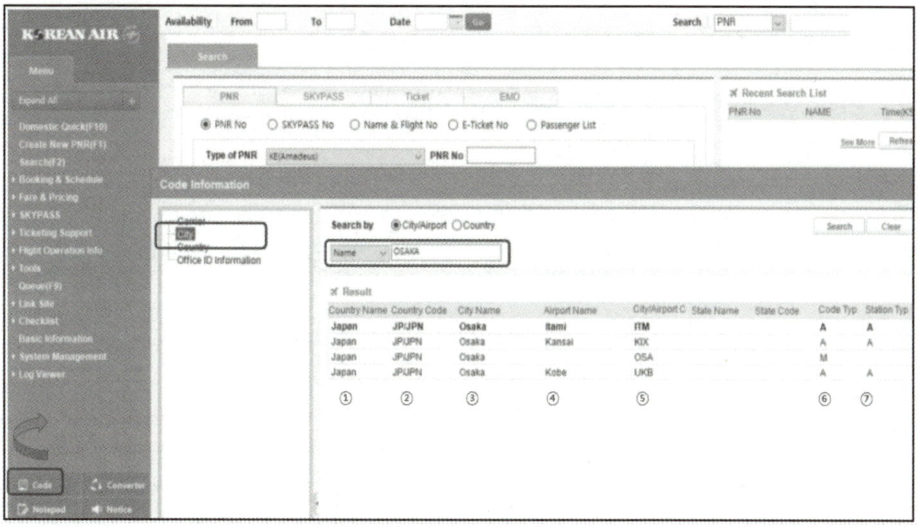

1.3 운임의 성격

(1) Normal Fare(정상운임)

항공권 유효기간, 체류기간, 변경/환불 등의 제약 조건이 없다.

(2) Special Fare(특별운임)

Normal Fare와 상반되는 개념으로 최소 1개 이상의 제약 조건을 갖는다. (항공권 유효기간, 변경불가, 변경시 수수료 부과등) 제한사항이 없는 Normal Fare 대비 저렴하게 운영된다.

1.4 여정의 구성요소

(1) Journey

출발지부터 도착지까지 항공권상에 표기되는 전체 여정

(2) Origin & Destination

항공권상에 표기되는 전체 여정의 출발지와 도착지

(3) Surface Sector

비항공운송구간, 항공 이외에 운송수단 이용구간

(4) Turnaround Point

출발지에서 지리적으로 가장 먼 지점으로 편도 여정에서는 적용하지 않는 개념

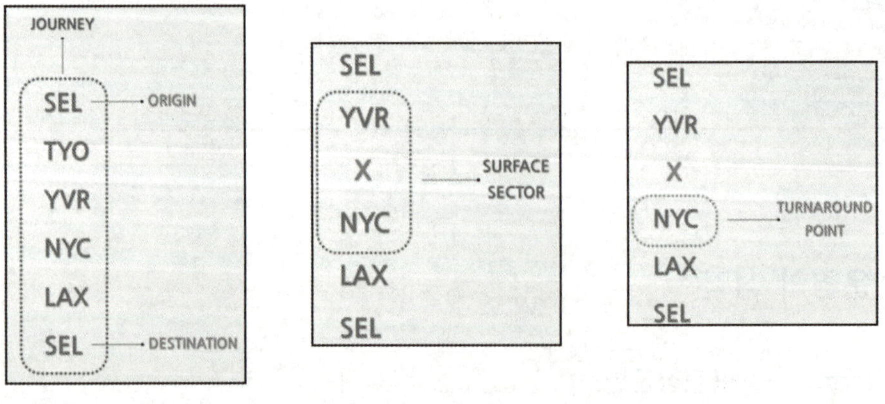

1.5 운임의 구성요소

(1) Fare Component(운임마디) : 운임을 적용하는 최소 단위

(2) Fare Break Point : 운임 분리 지점 또는 운임 결합 지점

(3) Pricing Unit : 운임 적용 단위로 운임을 분리하여 부과할 수 있는 여정 또는 여정의 일부분으로 Fare Component로 구성된다.

사례 1. SEL-TYO-SEL

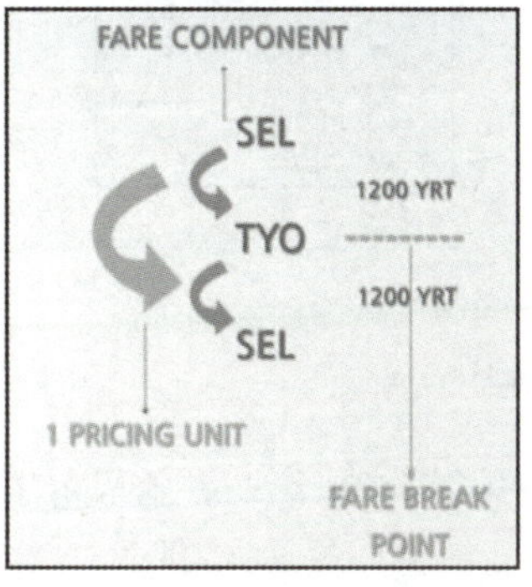

사례 2. SEL-TYO-LAX-TYO-SEL

① SEL-TYO-SEL

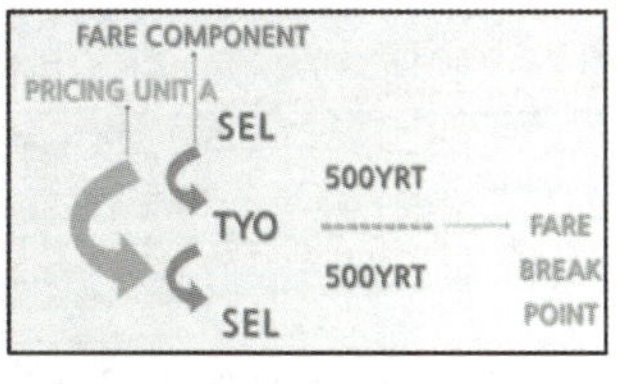

② TYO-LAX-SEL

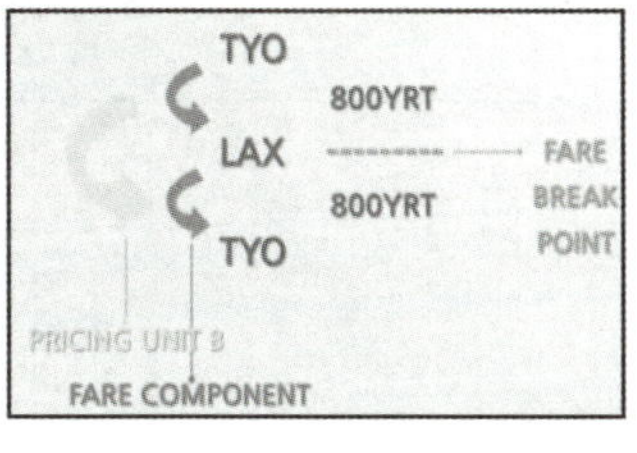

① + ②

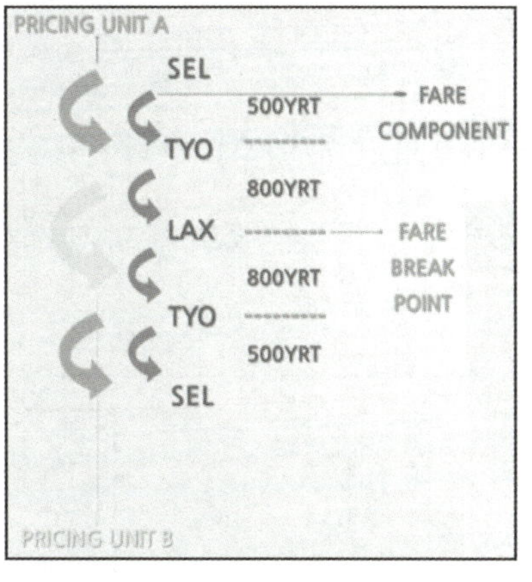

1.6 여정 형태에 따른 운임의 종류

(1) One Way(OW/편도)

최초 출발지국으로 돌아오지 않는 여정으로 Surface가 있는 Normal 운임이며 국제선 운임마디가 3개 이상인 여정이다. Turnaround Point에 국제선 Surface가 있는 Normal 운임이며 Surface의 거리가 항공운송 구간의 거리보다 큰 여정이다.

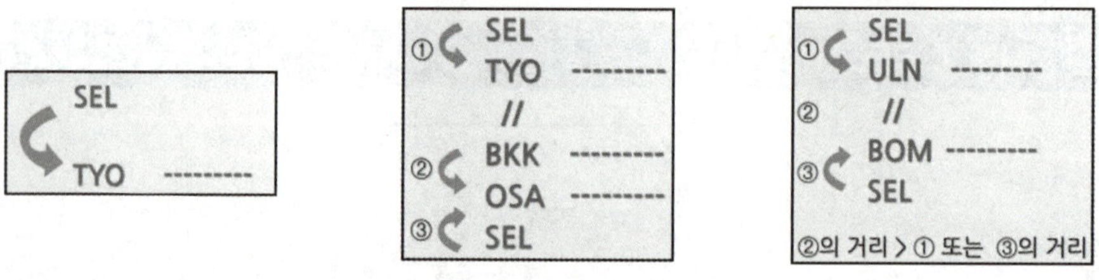

(2) Round Trip(RT/왕복여정)

여행하는 구간이 왕복으로 동일한 여정으로 양방향의 운임수준 및 Global Indicator가 동일하고 전 여정에 Surface가 없는 조건이다.

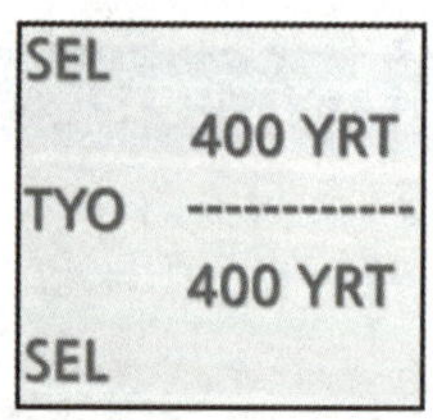

(3) Circle Trip(CT/일주)

왕복여정의 일종으로 출발지와 목적지가 동일하나 양방향의 운임수준이 다른 여정이다.

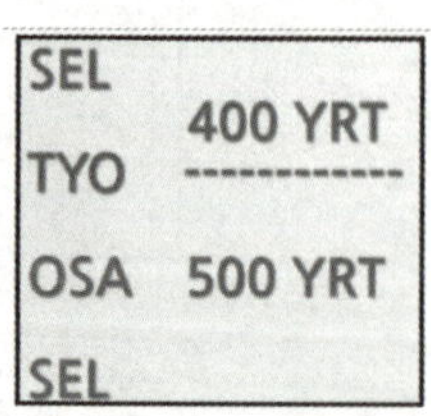

(4) Open Jaw Trip(OJT/가위벌린여정)

전체 항공 여정 중 비항공운송구간, Surface 포함 여정이다.

Turnaround Open Jaw (TOJT)

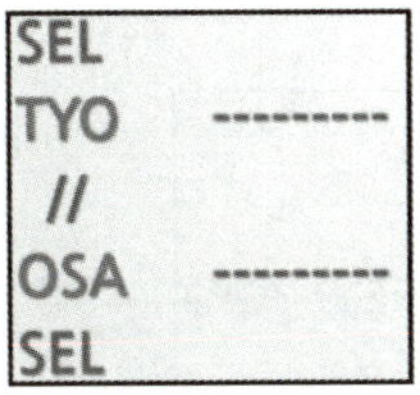

Origin Open Jaw (OOJT)

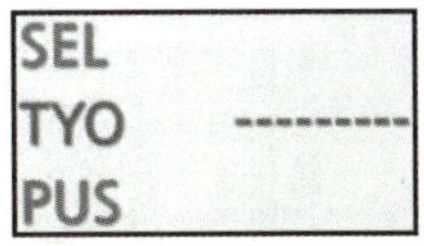

1.7 기타

(1) Stopover

전 여정 중 경유도시에서 현지시간 기준 24시간을 초과하여 체류하는 것을 의미한다.

(2) Transfer

24시간 이내에 여정을 계속하기 위해 동일한 항공사 또는 다른 항공사의 항공편으로 갈아타는 것을 의미한다.

(3) TPM(Ticketed Point Mileage/발권구간거리)

Ticketed Point 간의 최단 운항 거리 운임계산, 항공사 간 정산, 마일리지 계산 시 활용한다.

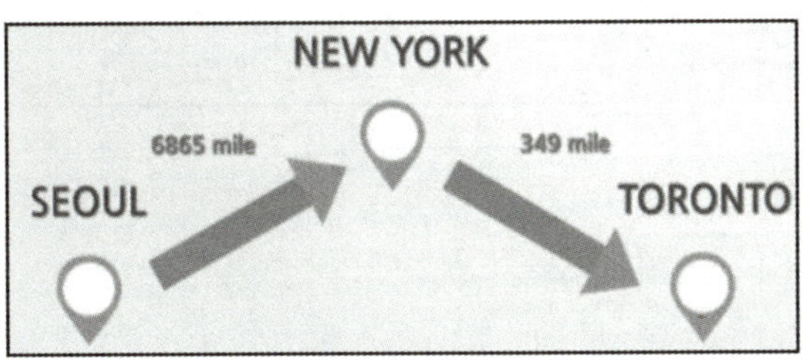

(4) EMS(Excess Mileage Surcharge/초과거리할증)

각 구간의 TPM 합계가 MPM보다 큰 경우 초과되는 비율에 따라 5~25%까지 5단계로 운임할증 적용되는 Surcharge이다. 25%를 초과하는 경우 운임마디를 나누어 계산한다.

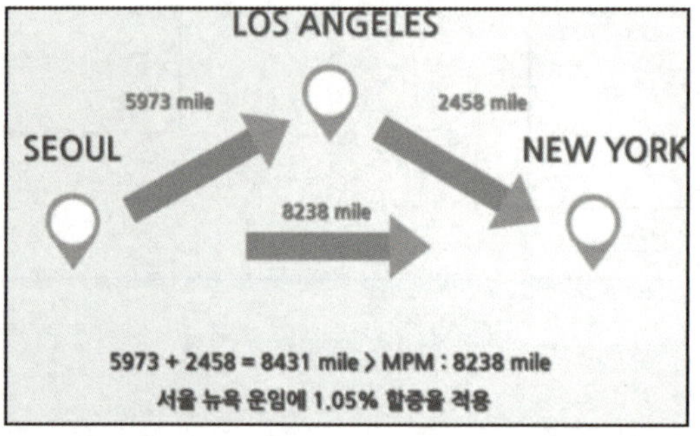

(5) [KALis] TPM, MPM, EMS 확인 방법

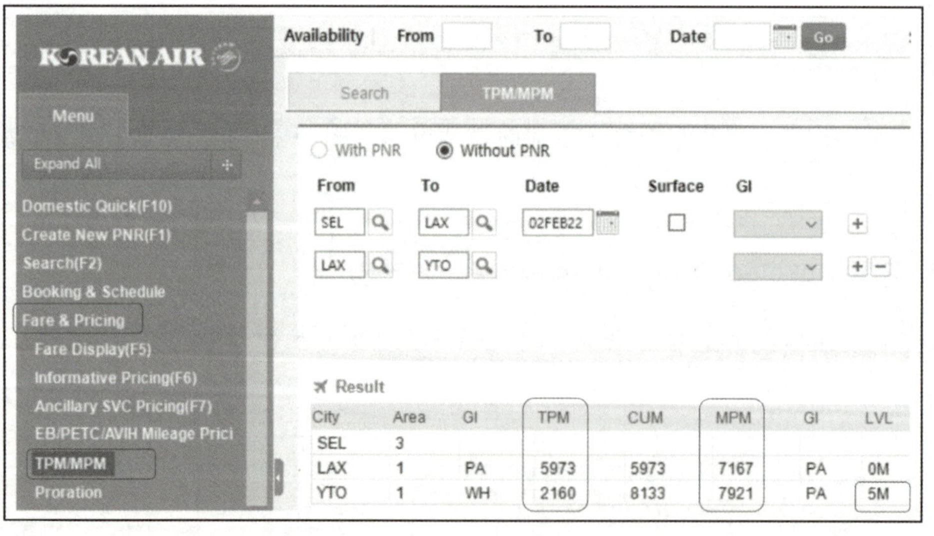

① TPM : Ticketed Point Mileage

② MPM : Maximum Permitted Mileage

③ LVL : 운임할증률

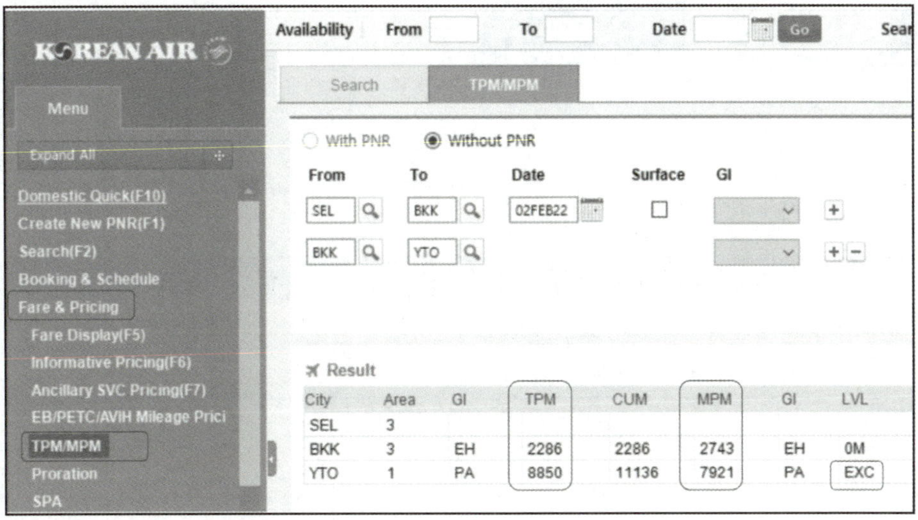
KOREAN AIR
Availability
From
To
Date
Go
Search
TPM/MPM
Menu
Expand All
Domestic Quick(F10)
Create New PNR(F1)
Search(F2)
Booking & Schedule
Fare & Pricing
Fare Display(F5)
Informative Pricing(F6)
Ancillary SVC Pricing(F7)
EB/PETC/AVIH Mileage Prici
TPM/MPM
Proration
SPA
With PNR
Without PNR
From To Date Surface GI
SEL BKK 02FEB22
BKK YTO
Result
City Area GI TPM CUM MPM GI LVL
SEL 3
BKK 3 EH 2286 2286 2743 EH 0M
YTO 1 PA 8850 11136 7921 PA EXC

연습문제

1. City Code의 City Name을 쓰시오

City Code	City Name
LAX	
SAO	
PAR	
NYC	
TYO	
LON	
SIN	
HKG	
HNL	
MOW	

2. 항공운임 기본 용어에 대해 설명하시오.

1) Special Fare

2) Surface Sector

3) Fare Component

4) Pricing Unit

5) Round Trip

6) Stopover

7) EMS

3. 다음 여정의 TPM, MPM 및 초과거리 할증률을 쓰시오.

- SEL-AKL-SYD

Result

City	Area	GI	TPM	CUM	MPM	GI	LVL
SEL	3						
AKL	3	EH		5998	7197	EH	0M
SYD	3	EH		7340		EH	

② 항공운임의 지역구분

2.1 IATA의 지역구분

IATA는 항공운임 및 관련 규정의 합리적인 적용을 위해, 편의상 세계를 3개 Area (Area 1, Area 2, Area 3) 및 Sub Area로 구분한다. 지역은 Tariff Conference의 약자를 따서 TC1, TC2, TC3 지역으로도 호칭한다.

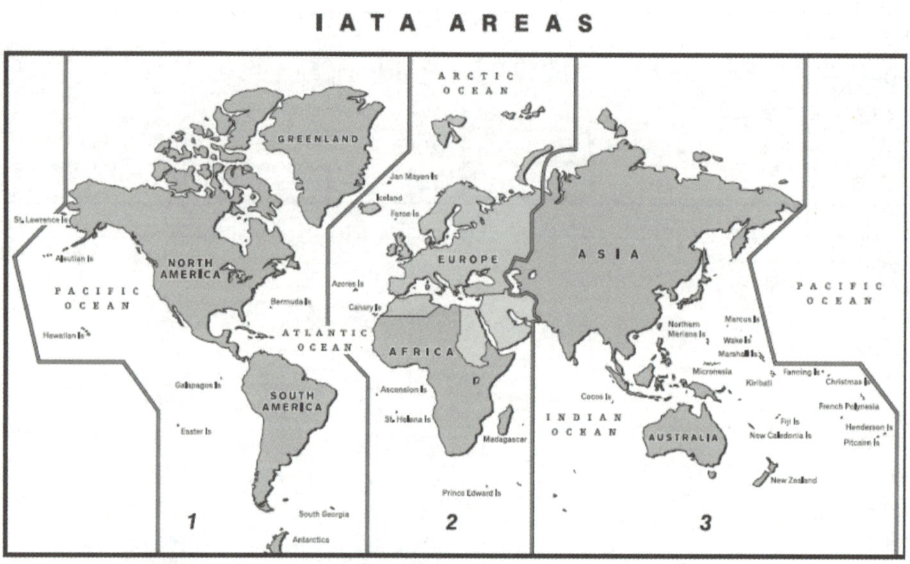

IATA

AREA 1 • NORTH, CENTRAL, SOUTH AMERICA AND ENVIRONS
AREA 2 • EUROPE, MIDDLE EAST, AFRICA
AREA 3 • FAR EAST, AUSTRALIA, NEW ZEALAND, PACIFIC ISLANDS

각각의 IATA Area는 몇 개의 Sub-Area로 구성되어 있으며, 항공운임을 설정하거나 적용할 때 기준이 된다. 각 지역별 Sub-Area는 다음과 같다.

구분	Area	Sub-Area
서반구 (Western Hemisphere)	Area 1 (TCl)	North America(북미) Central America(중미) South America(남미) Caribbean Area(캐리비언)

동반구 (Eastern Hemisphere)	Area 2 (TC2)	Europe(유럽) Middle East(중동) Africa(아프리카)
	Area 3 (TC3)	Korea/Japan(한국/일본) South East Asia(동남아시아) South Asian Subcontinent(남아시아대륙) South West Pacific(남서태평양)

2.2 IATA 지역별 주요국가

<table>
<tr><th>Area</th><th>Sub-Area 및 주요국가</th></tr>
<tr><td>Area 1 (TCl)</td><td>
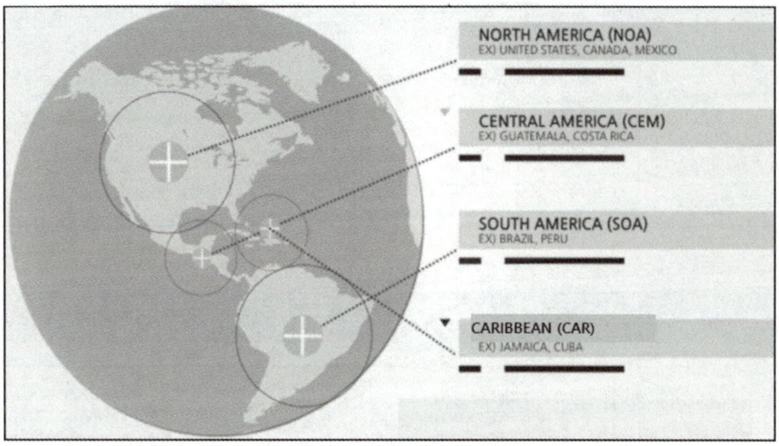

○ North America(북미) : USA, Canada, Mexico
○ Central America(중미) : Costa Rica, El Salvador, Honduras, Guatemala
○ South America(남미) : Argentina, Bolivia, Brazil, Chile, Peru, Uruguay
○ Caribbean(캐리비언) : Jamaica, Cuba, Barbados, Dominica, Barbados
</td></tr>
</table>

Area	Sub-Area 및 주요국가
Area 2 (TC2)	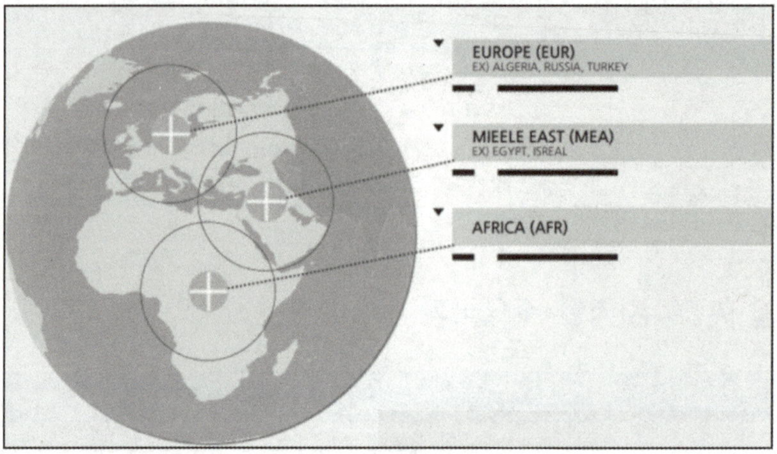 ○ Europe(유럽) : France, Russia in Europe, United Kingdom, Algeria, Tunisia, Morocco ○ Middle East(중동) : Egypt, Sudan, Iraq, Saudi Arabia, Qatar, Kuwait ○ Africa(아프리카) : Angola, Congo, Gabon, Gambia

Area	Sub-Area 및 주요국가
Area 3 (TC3)	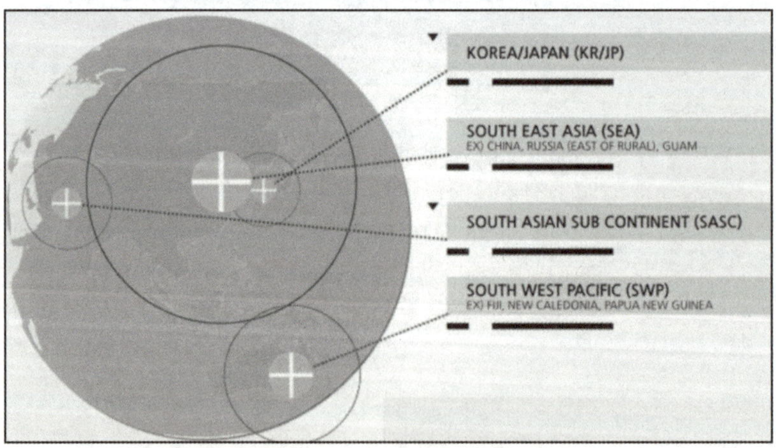 ○ Korea/Japan(한국, 일본) ○ South East Asia(동남아시아) : China, Hong Kong, Guam, Indonesia, Thailand, Russia in Asia, Kazakhstan, Uzbekistan ○ South Asian Sub Continent(남아시아대륙) : India, Sri Lanka, Nepal, Maldives ○ South West Pacific(남서태평양)

주의사항

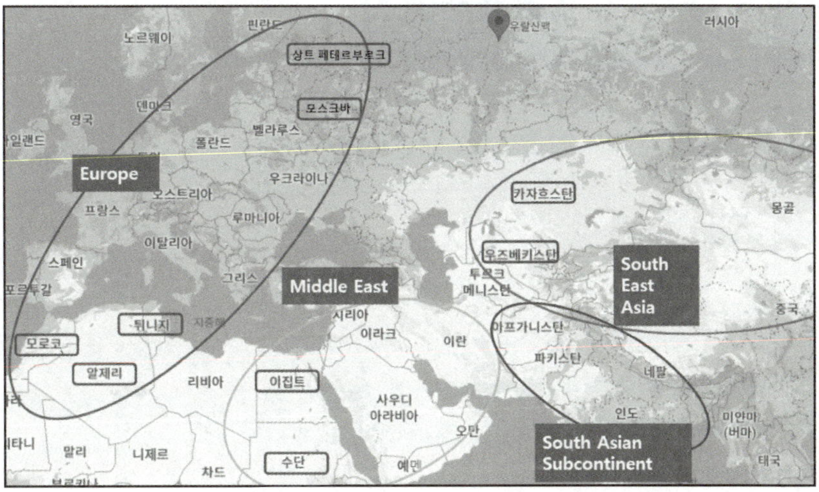
핀란드
노르웨이
상트 페테르부르크
우랄산맥
러시아
모스크바
덴마크
영국
벨라루스
폴란드
Europe
우크라이나
카자흐스탄
몽골
오스트리아
프랑스
루마니아
이탈리아
스페인
우즈베키스탄
South East Asia
그리스
Middle East
투르크메니스탄
포르투갈
시리아
중국
튀니지
모로코
아프가니스탄
이라크
이란
파키스탄
알제리
네팔
리비아
이집트
사우디 아라비아
인도
미얀마 (버마)
오만
South Asian Subcontinent
말리
니제르
수단
예멘
차드
태국

연습문제

1. 각 Area의 Sub Area를 쓰시오.

1) Area 1

2) Area 2

3) Area 3

2. 아래 국가의 Area 및 Sub Area를 쓰시오.

국가	Area	Sub Area
덴마크		
멕시코		
이집트		
튀니지		
네팔		
이란		
아르헨티나		
괌		
중국		
오스트레일리아		
타이완		
쿠웨이트		
프랑스		
루마니아		
푸에르토리코		
파키스탄		
아이슬란드		
수단		
알래스카		

3. Area가 다른 국가를 고르시오.

3–1 독일, 수단, 네팔, 케냐

3–2 인도, 태국, 페루, 호주

4. Sub Area가 다른 국가를 고르시오.

4–1 프라하, 카이로, 베니스, 비엔나

4–2 BKK, SIN, KUL, MLE

4–3 NYC, RIO, MEX, YVR

③ 여행의 방향성

3.1 여행의 방향성 개요

항공운임은 동일한 두 지점 사이의 여정이라 할지라도 승객이 실제 여행하는 방향에 따라 서로 다른 운임 수준이 적용된다. 승객이 어떤 방향으로 여행하는지 파악하여 적합한 운임을 적용해야 한다. Global Indicator(GI)란 여행의 방향성을 표시하는 지표로 승객의 여행 방향을 판단, 정확한 운임을 적용하기 위한 중요한 요소로 전 세계를 Area 1, 2, 3의 세 지역으로 나눠 이를 바탕으로 항공 여정의 방향성을 지표화 한 것이다.

사례: 서울 출발, 상파울루행 운임

서울 출발, 상파울루행 운임 (KE, 일반석, 편도)	
태평양 횡단 여정 (SEL-LAX-SAO)	KRW 3,300,000
대서양 횡단 여정 (SEL-PAR-SAO)	KRW 3,383,000

3.2 GI(Global Indicators) 종류

구분	GI	정의	적용 여정
대양 횡단	PA	Via Pacific 태평양을 횡단하는 Area 3과 Area 1 사이 여정	SEL-LAX-CHI SEL-HNL-LAX-SAO
	AT	Via Atlantic 대서양을 횡단하는 Area 2, 3과 Area 1 사이 여정	PAR-LAX SEL-SIN-LON-WAS
	AP	Via Atlantic & Pacific 대서양 및 태평양 동시 횡단하는 Area 3과 Area 2 사이 여정	SEL-NYC-LON
동반구 내	TS	한국/일본과 유럽 간의 시베리아를 횡단하는 여정	SEL-PAR-ZRH TYO-LON
	RU	러시아와 한국/일본 사이의 Non-Stop Flight	SEL-MOW
	FE	러시아와 한국/일본을 제외한 Area 3 사이의 Non-Stop Flight	SEL-HKG-MOW BKK-MOW
	EH	TS, RU, FE를 제외한 동반구 내의 여정	SEL-BKK SEL-CAI-MOW
서반구 내	WH	서반구 내의 여정(Within Area 1)	MEX-SAO

3.3 여러 개의 여정지표가 혼합되어 있는 경우 적용 기준

여행지표는 운임마디 기준으로 적용하며 운임마디에 단 하나의 여정지표를 결정한다. 하나의 운임마디에 여러 개의 여정지표가 복합되어 있을 경우 우선 순위는 아래와 같다.

(1) 대양 횡단을 우선으로 적용

SEL PAR TS AT ➤ AT NYC	SEL TYO EH SFO PA ➤ PA

(2) 대양 횡단이 없는 동반구 내 여정은 TS, RU, FE를 EH보다 우선으로 적용

BJS SEL EH MOW RU ➤ RU	SEL HKG EH MOW FE ➤ FE

3.4 GI 상세표

Routing	GI	Routing	GI
YTO-RIO	WH	DXB-BUD	EH
HKG-SYD	EH	LON-NYC	AT
CHI-DEL	AT	TYO-PAR-SAO	AT
BKK-PAR-JNB-SAO	AT	SEL-NYC	PA
NYC-SYD	PA	SAO-SYD	PA
SEL-BKK-PAR	EH	SEL-DXB-PAR	EH
TYO-PAR	TS	MOW-PAR-TYO	TS
TPE-SEL-MOW	RU	MOW-HKG-TYO	FE
LON-YVR-SYD	AP		

3.5 [KALists] GI 확인하기

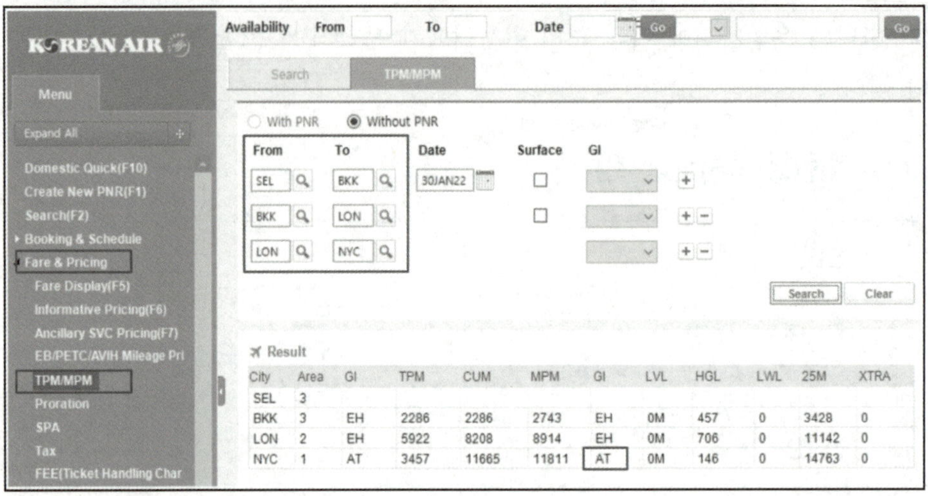

(1) GI(Global Indicator) : 각 구간별 GI

(2) TPM(Ticketed Point Mileage) : 발권 구간의 실제 거리

(3) CUM(Cumulative Mileage) : 각 구간별 TPM의 합

(4) MPM(Maximum Permitted Mileage) : 두 지점 간의 운임으로 여행할 수 있는 최대 허용 거리

(5) GI(Global Indicator) : 출발지로부터 경유지를 감안한 각 구간 까지의 GI (AT-전체여정의 GI)

(6) LVL : 출발지로부터 경유지를 감안한 각 구간까지의 할증률, TPM의 합이 MPM을 초과하는 경우 초과하는 비율을 계산하여 운임을 할증한다.
운임할증은 5%, 10%, 15%, 20%, 25%까지 적용되며 초과 시 EXC로 표시된다.

3.6 [Entry] GI 확인하기

FQMSELNYCLON =〉 SEL/NYC/LON의 방향지표는 AP

Entry 화면 1 Ownership SELK13900

```
> FQMSELNYCLON

FQM   SEL   NYC   LON

CTY   DC   TPM   CUM   MPM DC LVL  <HGL  >LWL   25M XTRA   GCM
SEL 3
NYC 1 PA  6865  6865  8238 PA  0M  1373     0 10297    0  6872
LON 2 AT  3457 10322 11764 AP  0M  1442     0 14705    0  3456
>                                               PAGE  1/ 1
```

연 습 문 제

1. 다음 여정을 하나의 운임마디로 계산할 때 여정지표를 작성하시오.

여정	여정지표 (GI)
SEL-NYC-CHI-FRA	
SEL-ZRH-AMS-LON	
SEL-ROM-MAD-NYC	
SEL-OSA-BKK-CAI	
SEL-TPE-HKG-MOW	
SYD-SEL-SFO-ROM	
TYO-SEL-PAR-NYC	
SEL-OSA-MOW-LED	
SEL-TYO-HNL-WAS	
SEL-SIN-IST-MAD	

4 항공운임의 적용 방향

4.1 항공운임 적용 방향의 중요성

항공운임은 최초 출발지 국가의 통화로 공시되어 동일 도시 간 여행이더라도 아래와 같이 여행 방향에 따라 다른 운임이 적용된다.

서울 ➤ 도쿄 (일반석 편도 운임)	KRW 368,500	
도쿄 ➤ 서울 (일반석 편도 운임)	JPY 63,600	KRW 667,400

4.2 운임 적용 방향의 원칙

(1) 여정의 진행 방향대로 적용

(2) 출발지 국가로 돌아오는 운임마디는 여정 진행 방향이 아닌 반대 방향으로 적용

(3) 여정상에 운임분리지점이 동일지점이나 동일국가가 반복되는 경우 해당 운임 마디는 여정진행 반대 방향으로 적용

(4) 같은 국가로 간주하는 국가(정상운임 적용 시)

- 미국과 캐나다는 한 국가로 간주한다.(전 여정이 미국과 캐나다로 구성된 경우 제외)

- 유럽 국가는 한 국가로 간주(전 여정이 유럽국가로 구성된 경우 제외)

연습문제

1. 운임 적용 방향을 쓰시오.

1)	2)	3)	4)
SEL JKT — BKK — PUS	SEL TYO PAR —	SEL TYO PAR — SEL	SEL TYO — PAR —
5)	**6)**	**7)**	**8)**
SEL TYO — LAX — TYO — SEL	SEL LAX SFO — SEL	TYO LAX NYC — SEL SPK	ROM SEL — PAR LON
9)	**10)**	**11)**	
SEL HKG JKT — SIN — SEL	SEL SYD BNE — AKL — SEL PUS	NYC SEL — YVR YTO	

⑤ 항공운임의 적용

5.1 항공운임

구간 운임을 조회하면 다음과 같이 OW(편도) 운임과 RT(왕복) 운임이 조회된다. 일반적으로 항공운임은 OW 운임보다 RT의 절반(1/2RT) 운임이 더 저렴하므로 왕복 운임 적용이 가능하도록 운임마디를 선정한다. 운임마디에 OW 운임을 적용하는지 1/2RT 운임을 적용하는지는 전체 여정의 형태에 따라 결정된다.

Fare Display

Fare List | Add-on | Booking Class | Fare Note | Routing

KE / SEL-BKK / EH / 28JAN22**28JAN22 / NLK / TPM:2286 / MPM:2743 / ROE:1179.800464 / Up 100.00 KRW / / RTG NO

No	Fare Basis	OW	RT	Penalty	BKG CLS
1	YRT		1,377,600	+	Y
2	YOW	757,700		+	Y
3	CRT		2,001,800	+	C
4	COW	1,101,000		+	C
5	JRT		2,202,000	+	J
6	JOW	1,211,100		+	J
7	PRT		3,003,000	+	P
8	POW	1,651,700		+	P

5.2 여정의 형태에 따른 운임의 선택

운임의 종류	여정의 형태
OW 운임	편도여정
1/2RT 운임	왕복여정 일주여정 가위벌린여정

5.3 여정의 형태

(1) 편도여정(One Way : OW)

출발지 국가와 도착지 국가가 다른 여정으로 운임마디가 하나로 구성된다.

SEL BKK -	SEL PAR LON -

* 운임마디가 두 개 이상인 경우 왕복여정, 일주여정, 가위벌린여정의 범주에 들지 않으면 모두 편도 여정이다.

(2) 왕복여정(Round Trip : RT)

• 전 여정을 항공편을 이용하고 최초 출발도시로 다시 돌아오는 여정으로 운임이 같은 2개의 운임마디로 구성되어 있다.

SEL AKL CHC - KRW 1,900,000 AKL SEL KRW 1,900,000	SEL BKK JKT - KRW 862,600 SEL KRW 862,600

(3) 일주여정(Circle Trip : CT)

• 전 여정을 항공편을 이용하고 최초 출발지로 다시 돌아오는 여정으로 운임마디가 2개이나 운임이 다른 경우 또는 운임마디가 3개 이상으로 구성되어 있다.

SEL LAX NYC - KRW 2,503,800 SEL KRW 2,384,500	SEL BKK - KRW 944,700 SIN - KRW 608,800 SEL KRW 1,028,500

(4) 세계일주여정(Round The World : RTW)

일주여정의 일종으로 일주여정의 특성을 모두 가지고 있으면서 태평양과 대서양을 모두 횡단하며 계속 한 방향으로 이동하는 여정이다.

SEL HKG PAR LON NYC 대서양 횡단 LAX TYO 태평양 횡단 SEL

(5) 가위벌린여정(Open Jaw Trip : OJT)

항공편을 이용하지 않는 비항공운송구간이 발생되어 여정의 연속성이 중단된 여정이다. 두 개의 국제선 운임마디로 구성되며 여정 중단 발생지점에 따른 3가지 형태로 구분된다.

〈Origin Open Jaw Trip : OOJT〉 전체 여정의 최초 출발지와 최종 목적지 사이에 국내선 Surface가 발생한 여정	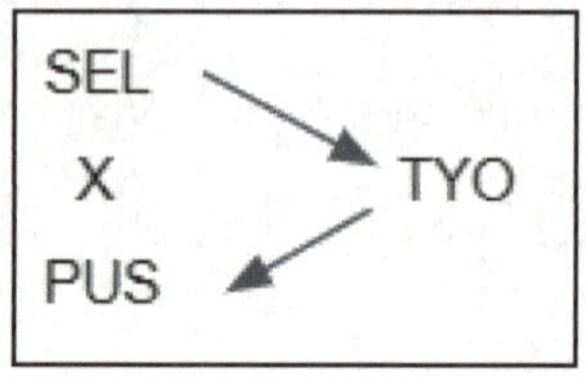
〈Turnaround Open Jaw Trip : TOJT〉 Turnaround Point에서 국내선 Surface가 발생한 경우	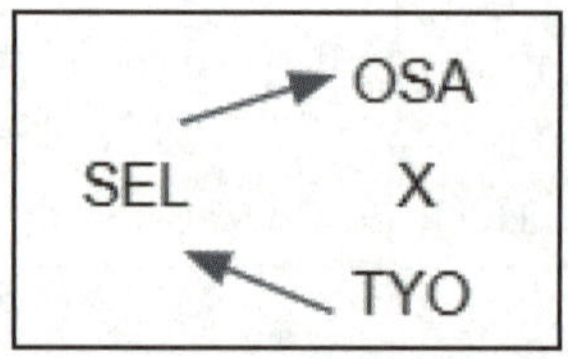
〈Double Open Jaw Trip : DOJT〉 OOJT와 TOJT가 한 여정에서 한꺼번에 일어나는 여정의 형태로 상기에서 언급한 OOJT & TOJT 운임 적용 조건 두 가지를 모두 충족시켜야 한다.	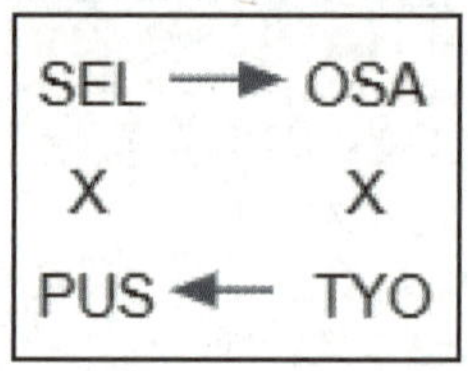

연습문제

1. 다음 여정의 운임 적용 방향과 적용 운임(OW, 1/2RT)을 표기하시오.

1)	2)	3)
SEL FRA ATH — ROM SEL	SYD CHC SEL —	SEL HKG BKK DXB —
4) SEL HKG BOM — X DEL — SEL	5) PUS HKG HAN — TPE SEL	6) SEL HKG SIN — KUL CAI — SEL
7) SEL BJS — X TAO — SEL	8) SEL BKK LON — HKG SEL	9) SEL LAX — X SFO — SEL
10) SEL MNL JKT — SEL	11) BKK TPE SEL — HKT	12) SEL BKK CAI — SEL

⑥ 통화규정

6.1 개요

항공운임은 원칙적으로 출발지국 통화로 공시되어 있다. 따라서 운임을 서로 비교하거나 결합할 필요가 있는 여러 구간으로 구성된 여정의 경우 운임산출을 위해 공통적인 단위로 운임을 환산할 필요가 있다. 이러한 각 국가의 통화 환산을 위해 통화 규정이 설정되어 있다. 경우에 따라 콜롬비아, 베트남 등과 같은 특정 국가에 대해서는 US Dollar와 같은 경화(Hard Currency)로 표기하기도 한다.

SEL	↓	KRW	→	NUC
SYD	-	AUD	→	NUC
LAX	↓			
NYC	-	USD	→	NUC
LON	↓			
PAR	-	EUR	→	NUC
DXB	↓			
BKK	-			
SEL	↑	KRW	→	NUC
		합산불가		합산가능
				Total NUC × ROE = 출발지국 통화

6.2 NUC(Neutral Unit of Construction)

1989년 7월 이후부터 현재까지 사용되는 중립 통화 단위로서 모든 구간의 운임을 NUC(Neutral Unit of Construction) 및 출발지국 통화로 공시하는 제도이다. 따라서 항공운임의 결합 및 비교 등의 경우 NUC로 공시된 운임을 사용하게 되었으며 가상의 중립적인 통화 단위가 생겨나게 된 것이다. 또한 출발지국 통화 운임을 NUC로 환산하거나, NUC를 출발지국 통화로 환산 시에는 IATA ROE(Rate Of Exchange)를 사용한다.

출발지국 통화로 설정된 항공운임 수준을 비교 또는 결합하여 산출하는 경우 사용하는 공통의 화폐 단위이다. 모든 운임은 출발지국 통화 및 NUC로 공시되며 NUC는 운임이기 때문에 출발일 기준으로 적용한다. NUC로 운임을 표기하는 경우에는 소수점 둘째자리까지 표기하고 나머지는 버린다.

6.3 ROE(Rate of Exchange)

NUC를 실제 통화 단위로 환산하거나, 실제 통화 단위를 NUC로 환산할 때 사용하는 가상의 환율이다. 각 국가별로 모두 다르며 IATA에서 매월 공지한다. 항공권 발행일 기준으로 적용한다. ROE를 이용하여 출발지국 통화로 환산 시 각 통화의 끝 단위 처리 방법은 각 국가별 통화마다 상이하다.

6.4 통화 환산 공식

NUC = 출발지국 통화 ÷ ROE	출발지국통화 = 통화 × ROE
KRW 500,000 ÷ ROE 1179.800464 = NUC 423.800477…. (소수점 둘째 자리까지 적용) ➠ NUC 423.80	NUC 423.80 × ROE 1179.800464 = KRW 499,999.436… (각 통화마다 정해진 단위로 표시, KRW는 백원 단위로 올림) ➠ KRW 500,000

6.5 Rounding Unit

(1) 올림 예시

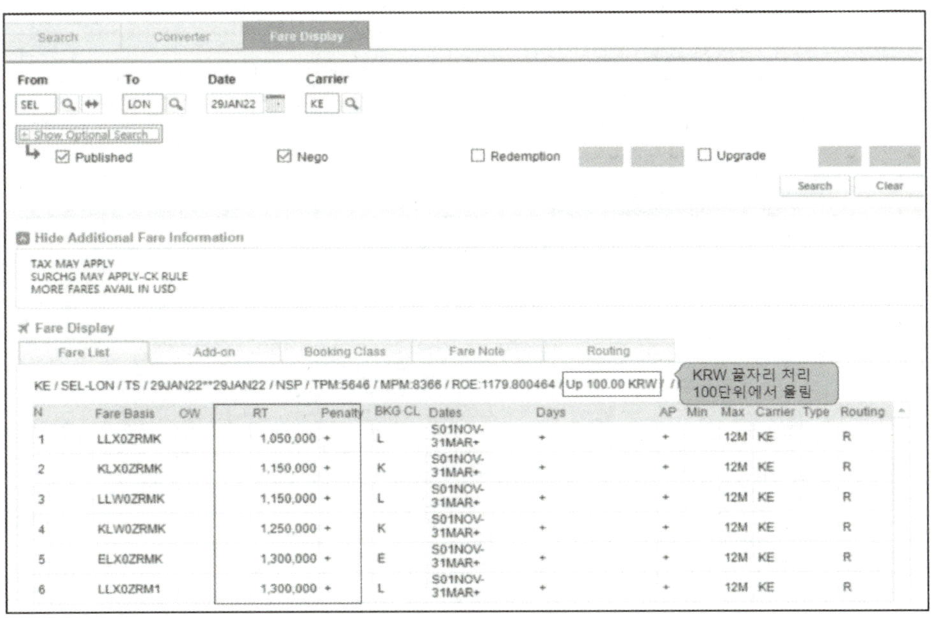

KE / PAR-SEL / TS / 30JAN22**30JAN22 / NSP / TPM:5626 / MPM:8342 / ROE:0.885272 / Up 1.00 EUR / / RTG NO

N	Fare Basis	OW	RT	Penalty	BKG CLS	Dates	Days
1	YRTKE		2,340	90+	Y	B13FEB+	
2	YRTKE		2,500	90+	Y	A14FEB+	
3	YOWKE	1,521		90+	Y	B13FEB+	
4	YOWKE	1,625		90+	Y	A14FEB+	
5	YRT		3,700	90+	Y	A14FEB+	
6	YOW	2,405		90+	Y	A14FEB+	

KE / BKK-SEL / EH / 30JAN22**30JAN22 / NSP / TPM:2286 / MPM:2743 / ROE:34.0754 / Up 5.00 THB / / RTG NO

N	Fare Basis	OW	RT	Penal	BKG	Dates	Days	A	Min	Ma	Carri	Typ	Routi
1	ULE0Z...		16,000	+	U	S04JAN-31MAR				6M	KE		R(52)
2	LLE0ZR...		17,000	+	L	S04JAN-31MAR				6M	KE		R(52)
3	KLE0Z...		18,300	+	K	S04JAN-31MAR				6M	KE		R(52)

KE / TAO-SEL / EH / 30JAN22**30JAN22 / NSP / TPM:370 / MPM:435 / ROE:6.368167 / Up 10.00 CNY / / RTG NO

N	Fare Basis	OW	RT	Penalty	BKG CLS	Dates	Days
1	YRT		4,450	+	Y		
2	YOW	2,670		+	Y		

(2) 반올림 예시

Search | Converter | Fare Display

From: LAX　To: SEL　Date: 29JAN22　Carrier: KE

Show Optional Search

☑ Published　☑ Nego　☐ Redemption　☐ Upgrade

Search　Clear

Hide Additional Fare Information

SURCHG MAY APPLY-CK RULE

Fare Display

Fare List | Add-on | Booking Class | Fare Note | Routing

KE / LAX-SEL / PA / 29JAN22**29JAN22 / NSP / TPM:5973 / MPM:7167 / ROE:1.00 / Off to closest whole number 1.00 USD /

USD 끝자리 처리
1단위에서 반올림

N	Fare Basis	OW	RT	Penalty	BKG CLS	Dates	Days	AP	Min	Max	Carrier	Type	Routing
1	ULG0ZTMF		810	+	U	S08JAN-07MAY+	MO,TU,WE,TH,SU+		+	12M	KE		R(360)
2	UOWSC	446		120	U	S08JAN-07MAY+ A23FEB B31MAR O31MAR	MO,TU,WE,TH,SU+				KE	A	R
3	ULO0ZTMF		910	+	U	S08JAN-07MAY+	FR,SA+		+	12M	KE		R(360)
4	LLG0ZRMF		950	+	L	S08JAN-07MAY+	MO,TU,WE,TH,SU+		+	12M	KE		R(360)
5	UOWSC	501		120	U	S08JAN-07MAY+ A23FEB B31MAR O31MAR	FR,SA+				KE	A	R
6	LOWSC	523		120	L	S08JAN-07MAY+ A23FEB B31MAR O31MAR	MO,TU,WE,TH,SU+				KE	A	R

KE / YVR-SEL / PA / 30JAN22**30JAN22 / NSP / TPM:5088 / MPM:6105 / ROE:1.273398 / Off to closest whole number 1.00 CAD / / RTG NO

N	Fare Basis	OW	RT	Penalty	BKG CLS	Dates	Days	AP	Min	Max
1	YRT		3,735	120	Y	+				
2	YOW	2,428		120	Y	+				

(3) [KALis] ROE 및 Rounding Unit 확인하기

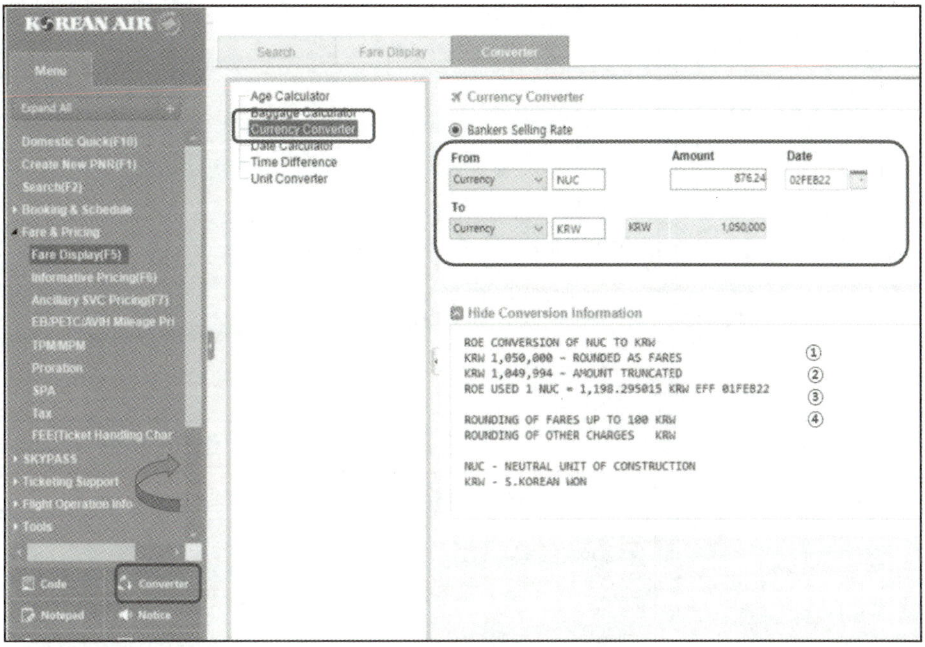

① Rounding Unit 적용하여 출발지국 통화로 환산한 결과

② NUC × ROE

③ ROE

④ Rounding Unit

통화	Rounding Unit	결과
EUR	UP TO 1.00	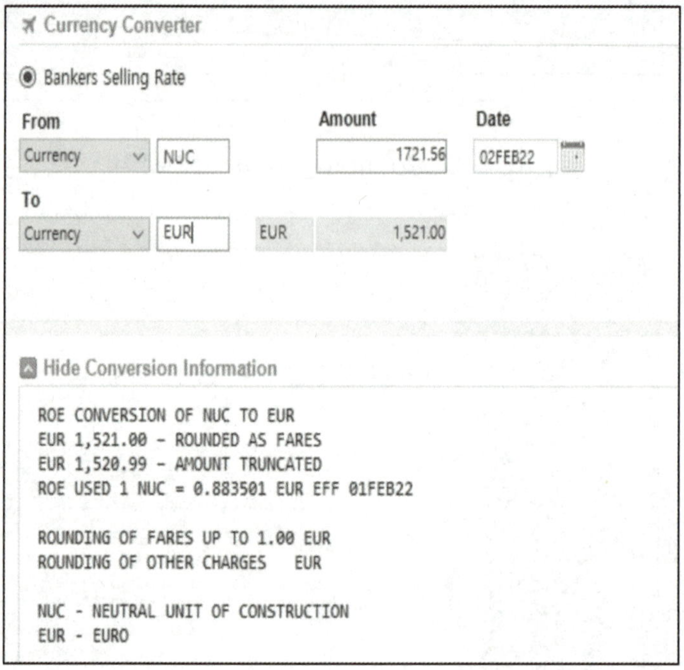
THB	UP TO 5	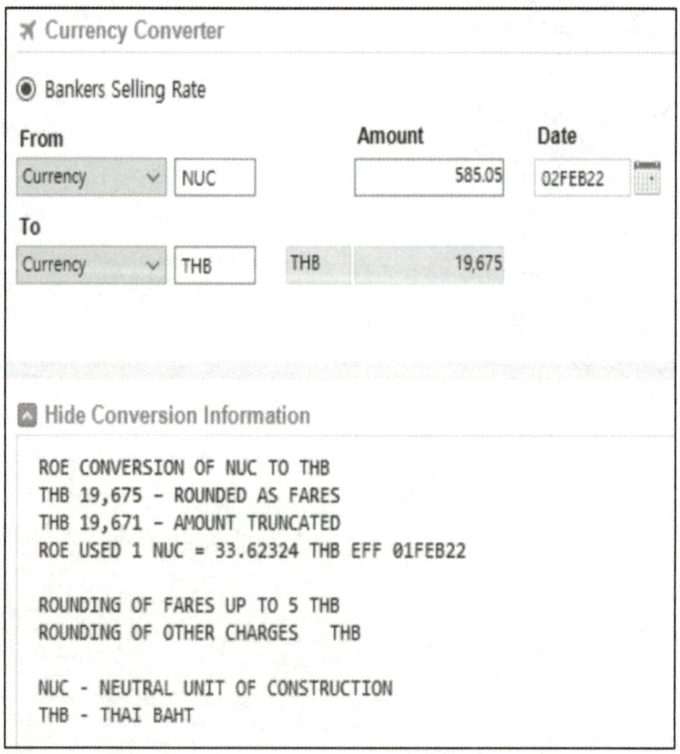

<table>
<tr>
<td>CNY</td>
<td>UP TO 10</td>
<td>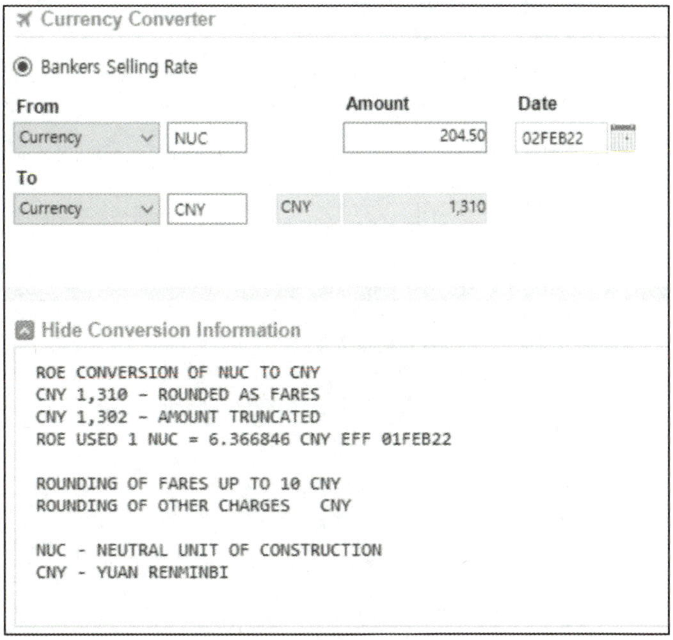
</td>
</tr>
<tr>
<td>CAD</td>
<td>TO NEAREST 1.00
(Off to closest whole number 1.00)</td>
<td>
</td>
</tr>
</table>

(4) [Entry 모드] 통화 변환

FQC246.84NUC/KRW(NUC를 KRW 통화로 환산)

Entry 화면 1 Ownership SELK13900

```
> FQC246.84NUC/KRW

FQC246.84NUC/KRW
CONVERSION OF NUC TO KRW
KRW 299400 - ROUNDED AS FARES
KRW 299305 - AMOUNT TRUNCATED
ROE USED 1 NUC = 1212.550306 KRW EFF 01SEP19 DISC 30SEP19

ROUNDING OF FARES UP TO 100 KRW

NUC - NEUTRAL UNIT OF CONSTRUCTION
KRW - S.KOREAN WON
>                                   PAGE  1/ 1
```

※ 주요 국가의 통화 Code 및 Rounding Unit

국가	통화코드	통화명	끝단위처리(R/U)	비고
Korea	KRW	Won	100	
Australia	AUD	Dollar	1	
Bahrain	BHD	Dinar	1	
Canada	CAD	Dollar	1	반올림 처리
China	CNY	Yuan Renminbi	10	
Denmark	DKK	Krone	1	
Hong Kong	HKD	Dollar	10	
India	INR	Rupee	5	
Japan	JPY	Yen	100	
Malaysia	MYR	Ringgit	1	
New Zealand	NZD	Dollar	1	
Norway	NOK	Krone	1	
Saudi Arabia	SAR	Riyal	1	
Singapore	SGD	Dollar	1	
Sweden	SEK	Krona	1	
Switzerland	CHF	Franc	1	
Taiwan	TWD	Dollar	1	
United Kingdom	GBP	Pound	1	반올림 처리
U.S.A	USD	Dollar	1	반올림 처리
유럽국가(EU)	EUR	EURO	1	

연습문제

1. 다음 화면을 보고 물음에 답하시오.

Fare Display

Fare List | Add-on | Booking Class | Fare Note | Routing

KE / TYO-SEL / EH / 29JAN22**29JAN22 / NSP / TPM:758 / MPM:909 / ROE:113.37797 / Up 100.00 JPY / / RTG NO

N	Fare Basis	OW	RT	Penalty	BKG CLS	Dates	Days
1	YRTKE		106,000	+	Y	+	
2	YOWKE	63,600		+	Y	+	
3	CRTKE		145,000	+	C	+	
4	MNE00EJK	82,900		+	M	+	
5	YRT		170,000	+	Y		
6	COWKE	87,000		+	C	+	

1-1 통화 환산 시 사용한 ROE를 쓰시오.

1-2 JPY의 끝자리 처리 방법을 설명하시오.

2. 다음 화면을 보고 물음에 답하시오.

```
ROE CONVERSION OF NUC TO GBP
GBP 541.00 - ROUNDED AS FARES
GBP 540.56 - AMOUNT TRUNCATED
ROE USED 1 NUC = 0.739006 GBP EFF 01FEB22

ROUNDING OF FARES TO NEAREST 1.00 GBP
ROUNDING OF OTHER CHARGES    GBP

NUC - NEUTRAL UNIT OF CONSTRUCTION
GBP - POUND STERLING
```

2-1 통화 환산 시 사용한 ROE를 쓰시오.

2-2 GBP의 끝자리 처리 방법을 설명하시오.

3. NUC 1834.45를 KRW로 환산한 금액을 쓰시오.

4. NUC 938.67을 USD로 환산한 금액을 쓰시오.

5. NUC 1852.20을 THB로 환산한 금액을 쓰시오.

7 Fare Selection Criteria

7.1 Fare Selection Criteria(FSC) 개요

한 개 이상의 여정이 있고 운송에 참여하는 모든 항공사가 해당하는 구간에 운임이 있는 경우 항공 여정에 적용할 운임을 선택하는 기준

SEL
TYO (KE)
NYC (DL)
RUH (SA) —

7.2 FSC 적용기준

첫 번째 Area 횡단 항공사와 최장 거리 운송 항공사 중 저렴한 항공사의 운임 선택

구분	운임 적용 항공사
기준1	1) 첫 번째 Area 횡단 항공사 2) 동일한 Area인 경우 첫 번째 Sub-Area 간 횡단 항공사 3) 동일한 Sub-Area인 경우 첫 번째 국제선 항공사
기준2	TPM 기준 최장 거리 운송 항공사

사례

SIN (Area 3) SQ SYD (Area 3) TPM 3912 QF BUE (Area 1) - TPM 7323	기준1) Area 간 횡단 항공사 QF 기준2) TPM 기준 최장거리 운송 항공사 QF ⇒ SIN/BUE 구간 QF 운임 선택
KUL (Area 3) MH SIN (Area 3) TPM 196 SQ SYD (Area 3) - TPM 3912	기준1) 동일한 Area이므로 첫 번째 Sub-Area 간 횡단 (동남아시아-남서태평양) 항공사 SQ 기준2) TPM 기준 최장거리 운송 항공사 SQ ⇒ KUL/SYD 구간 SQ 운임 선택

KUL (Area 3) MH SIN (Area 3) TPM 196 GA JKT (Area 3) - TPM 557	기준1) 동일한 Area, 동일한 Sub-Area이므로 첫 번째 국제선 항공사 MH 기준2) TPM 기준 최장거리 운송 항공사 GA ⇒ KUL/JKT 구간 MH와 GA 중 저렴한 운임 선택
PAR (Area 2) TG BKK (Area 3) TPM 5858 QF AKL (Area 3) - TPM 5947 EK DXB (Area 2) TPM 8827 AF PAR (Area 2) TPM 3254	○ 첫 번째 운임마디 기준1) Area 간 횡단 항공사 TG 기준2) TPM 기준 최장거리 운송 항공사 QF ⇒ PAR/AKL 구간 TG와 QF 중 저렴한 운임 선택 ○ 두 번째 운임마디 기준1) Area 간 횡단 항공사 EK 기준2) TPM 기준 최장거리 운송 항공사 EK ⇒ PAR/AKL 구간 EK 운임 선택
CAI (Area 2) MS ADD (Area 2) TPM 1538 ET JNB (Area 2) - TPM 2526 SA NRT (Area 2) TPM 1008 MS CAI (Area 2) TPM 1007	○ 첫 번째 운임마디 기준1) 동일한 Area이므로 Sub-Area 간 횡단 항공사 MS 기준2) TPM 기준 최장거리 운송 항공사 ET ⇒ CAI/JNB 구간 MS와 ET 중 저렴한 운임 선택 ○ 두 번째 운임마디 기준1) 동일한 Area이므로 Sub-Area 간 횡단 항공사 SA 기준2) TPM 기준 최장거리 운송 항공사 SA ⇒ CAI/JNB 구간 SA 운임 선택

7.3 미국/미국령/캐나다 출도착 여정

대양 횡단 항공사 운임을 우선 적용하며, Area 1 내 여정인 경우 미국 또는 캐나다 출도착 항공사 운임을 우선 적용한다.

SGN (Area 3) VN TPE (Area 3) CI SFO (Area 1) -	태평양 횡단 항공사 CI ⇒ SGN/SFO 구간 CI 운임 선택
VIE (Area 2) OS FRA (Area 2) LH NYC (Area 1) -	대서양 횡단 항공사 LH ⇒ VIE/NYC 구간 LH 운임 선택
SEL (Area 3) KE FRA (Area 2) DL NYC (Area 1) -	대서양 횡단 항공사 DL ⇒ SEL/NYC 구간 DL 운임 선택
SAO (Area 1) AV AUA (Area 1) DL ATL (Area 1) -	Area 1 내 여정이고 미국 도착 항공사 DL ⇒ SAO/ATL 구간 DL 운임 선택

7.4 유럽 내 여정

첫 번째 국제선 운송 항공사 운임과 국제선 운송의 TPM이 가장 큰 항공사 운임 중 저렴한 운임을 적용한다.

LIS IB MAD TPM 319 SU MOW — TPM 2131	- 첫 번째 국제선 운송항공사 IB - TPM이 가장 큰 항공사 SU ⇒ LIS/MOW 구간 IB, SU 중 저렴한 운임 선택
STO SK CPH TPM 411 BA LON — TPM 589	- 첫 번째 국제선 운송 항공사 SK - TPM이 가장 큰 항공사 BA ⇒ STO/LON 구간 SK, BA 중 저렴한 운임 선택

연습문제

1. 다음 여정의 항공사 운임 선택 기준을 설명하시오.

1) SEL KE BOM EK DXB AF PAR —	
2) SEL KE SIN — TG BKK TG HKG KE SEL	
3) SEL KE TYO MH KUL —	
4) KUL MH BKK TG SYD —	
5) OSA NH TAO — KE SEL NH OSA	
6) YTO AC YVR DL NYC —	
7) MAD BA LON LH FRA IB LIS —	
8) DXB EK FRA KE SEL —	

8 Stopover와 Transfer

8.1 Stopover

전 여정 중 경유도시에서 현지 시간을 기준으로 24시간을 초과하여 체류하는 것을 의미한다.(24시간까지는 Transfer, 전 여정이 Central America 내 또는 Central America와 Panama 간 여정인 경우는 6시간 기준이다.) 반드시 사전에 준비되고 항공권상에 명시되어 있어야 한다. Fare Break Point는 Stopover 개수에 포함하지 않는다. TOJT 여정에서 Outbound의 도착지점과 Inbound의 출발지점은 함께 Stopover로 간주하나 개수에 포함하지 않는다. 운임마디 내의 Surface Sector는 24시간 초과 체류 시 1회의 Stopover로 간주한다. Fare Break Point와 Surface Sector가 연결된 경우는 Turnaround Point로 간주되어 Stopover 개수에 포함하지 않는다.

FRA CHI — X NYC — FRA	CHI와 NYC은 TOJT 여정의 Turnaround에서의 Stopover이므로 개수에 포함되지 않는다.
PAR ROM — GOA X TRN PAR	운임마디 내에 Surface Sector가 있으므로 GOA 도착시간과 TRN 출발시간이 24시간 초과 시 1회의 Stopover로 간주한다.
FRA LCA X TVL — FRA	Surface가 Fare Break Point와 연결된 경우 Fare Break Point인 TLV는 Surface Sector의 다른 지점인 LCA와 함께 Turnaround Point로 간주되어 Stopover 개수에 포함되지 않는다.
SEL X/FRA PAR LON STO —	24시간 이내 체류하는 경우 도시 앞에 X로 표기한다.

8.2 Transfer

중간 경유지 공항에 도착 후, “다른” 항공편으로 출발하는 경우를 말한다. 한 항공사의 서비스를 변경하거나(Online Transfer), 한 향공사에서 다른 항공사로 서비스를 변경하는(Interline Transfer) 경우가 있다. Turnaround Point 또는 Fare Break Point에서의 Surface Sector는 Transfer 개수에 포함하지 않는다. 운임마디 내의 Surface Sector는 한 개의 Transfer로 간주한다

CPH BKK X HKG — CPH	Surface가 Fare Break Point와 연결된 경우 Transfer로 간주하지 않는다.
CPH BKK X HKG CPH —	운임마디 내에 Surface Sector가 있으므로 BKK과 HKG은 한 개의 Transfer로 간주한다.

* Transit : 중간 경유지 공항에 도착 후 “동일한” 항공편으로 출발하는 경우를 말한다.

연 습 문 제

1. 다음 여정에서 Stopover 하는 도시를 쓰시오.

1–1 Fare Break Point : DXB

Itinerary

No	Itinerary Details								Status
1	KE0907	Y	FR	21JAN22	ICN-2	LHR-2	1300	1630	HK1
2	BA0568	Y	SA	22JAN22	LHR-5	LIN	1450	1755	HK1
3	AF1313	Y	SU	23JAN22	LIN	CDG-2F	2030	2205	HK1
4	AF1126	Y	TH	27JAN22	CDG-2F	VCE	0710	0850	HK1
5	EK0136	Y	TH	27JAN22	VCE	DXB-3	1525	0015+1	HK1
6	EK0384	Y	SA	29JAN22	DXB-3	BKK	0305	1205	HK1
7	KE0654	Y	SU	30JAN22	BKK	ICN-2	0100	0830	HK1

1–2 Fare Break Point : GRU

Itinerary

No	Itinerary Details								Status	Stop
1	KE0093	Y	SU	17OCT21	ICN-2	IAD	1025	1125	HK1	0
2	UA0762	Y	TU	19OCT21	IAD	IAH-C	0825	1029	HK1	0
3	UA0062	Y	WE	20OCT21	IAH-E	GRU-3	1955	0745+1	HK1	0
4	UX0058	Y	TH	21OCT21	GRU-3	MAD-1	1405	0515+1	HK1	0
5	IB8872 by AIR NOST...	Y	SA	23OCT21	MAD-4	VLC	0755	0900	HK1	0
6	TK1302	Y	SA	23OCT21	VLC	IST	1200	1650	HK1	0
7	KE0956	Y	TU	26OCT21	IST	ICN	2120	1325+1	HK1	0

1–3 Fare Break Point : MEX

Itinerary

No	Itinerary Details								Status	Stop
1	KE0703	Y	TU	01FEB22	ICN-2	NRT-1	0955	1220	HK1	0
2	JL6402 by HAWAIIAN...	Y	WE	02FEB22	HND-3	HNL-2	2120	0910	HK1	0
3	DL0495	Y	TH	03FEB22	HNL-2	LAX-2	1325	2059	HK1	0
4	AM0649	Y	SA	05FEB22	LAX-2	MEX-2	2355	0540+1	HK1	0
5	AV6497 by AEROME...	Y	MO	07FEB22	MEX-2	BOG-1	0950	1520	HK1	0
6	AV6900 by AIR CANA...	Y	TH	10FEB22	BOG-1	YYZ-1	0900	1455	HK1	0
7	KE6525 by WS0705 Y	Y	FR	11FEB22	YYZ-3	YVR-M	0900	1133	HK1	0
8	KE0072	Y	SA	12FEB22	YVR-M	ICN-2	1305	1745+1	HK1	0

2 다음 여정의 Transfer 및 Stopover 횟수를 쓰시오.

1) SEL X/FRA PAR LON STO —	2) SEL FRA X PAR LON —	3) SEL FRA PAR X LON —
4) SEL FRA PAR X LON — SEL	5) SEL X/SIN JKT — X/HKG SEL	6) SEL X/BKK SIN JKT — KUL SEL
7) SEL X/HKG BKK SIN JKT — X/BKK SEL		

CHAPTER

3

항공운임의 종류와 계산방법

Chapter 3

항공운임의 종류와 계산방법

생각해 봅시다

아이들과 함께 뉴욕으로 여행을 가고 싶습니다. 항공권이 얼마일까요?

- 항공운임은 출발하는 날짜와 구매하는 시점에 따라 다르다.
- 일반적으로 승객의 항공 여행은 단순히 두 지점 간의 편도 또는 왕복으로 이루어지는 경우보다는 최초 출발지와 목적지 사이에 여러 도시를 경유하는 경우가 있다.
- 나이와 신분에 따라 할인이 적용된다.

학습목표

이 과정의 학습을 통해

- 항공운임의 종류를 이해할 수 있다.
- 항공운임에 적용되는 Mileage System과 Routing System의 원리를 이해할 수 있다.
- 운임 제한규정을 학습한다.

차례

1. 항공운임의 종류
2. 항공운임 계산방법
   2-1 Mileage System
   2-2 Routing System
3. 우회여정 제한규정
4. Combination 운임
5. 비항공운송구간

① 항공운임의 종류

1.1 설정 방법에 따른 분류

(1) Published Fare

항공사에서 공시하는 운임으로 항공사를 포함하여 모든 여행 판매자가 판매할 수 있는 운임이다. 항공사에서 개별적으로 공시하므로 Published Carrier Fare라고도 한다.

(2) Negotiated Fare

공개적으로 공시되지 않는 운임이며 항공사가 항공사의 특정 Office(홈페이지, 모바일 등)나 특정 여행사 또는 기업체와 계약을 맺고 제공하는 운임이다. 해당 Office 또는 계약 대상 여행사나 계약 대상 기업체의 발권 업무를 대행하는 여행사에서만 운임 확인이 가능하다.

1.2 운임 계산방법에 따른 분류

(1) Mileage 운임

승객이 이용하는 실제 거리에 의해 운임을 계산하는 것으로 출발지로부터 경유지를 포함, 목적지까지의 각 구간의 TPM의 합이 출발지와 목적지 간의 MPM보다 작거나 같은 경우 출발지부터 목적지까지의 운임을 적용한다.

(2) Routing 운임

아래 세 가지 조건을 준수하는 경우 출발지에서 목적지까지 운임을 적용한다.

- 지정된 경유지
- 지정된 항공사
- 해당 항공사의 지정된 Booking Class

(3) 구간 운임 조회 화면에서 운임 계산방법 확인

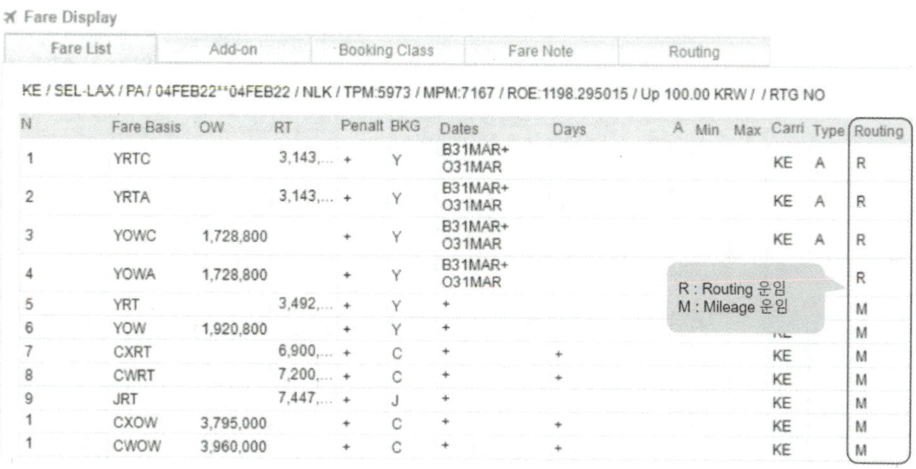
Fare Display

Fare List | Add-on | Booking Class | Fare Note | Routing

KE / SEL-LAX / PA / 04FEB22**04FEB22 / NLK / TPM:5973 / MPM:7167 / ROE:1198.295015 / Up 100.00 KRW / / RTG NO

N	Fare Basis	OW	RT	Penalt	BKG	Dates	Days	A	Min	Max	Carri	Type	Routing
1	YRTC		3,143,...	+	Y	B31MAR+ O31MAR					KE	A	R
2	YRTA		3,143,...	+	Y	B31MAR+ O31MAR					KE	A	R
3	YOWC	1,728,800		+	Y	B31MAR+ O31MAR					KE	A	R
4	YOWA	1,728,800		+	Y	B31MAR+ O31MAR							R
5	YRT		3,492,...	+	Y	+							M
6	YOW	1,920,800		+	Y	+							M
7	CXRT		6,900,...	+	C	+	+				KE		M
8	CWRT		7,200,...	+	C	+	+				KE		M
9	JRT		7,447,...	+	J	+					KE		M
1	CXOW	3,795,000		+	C	+	+				KE		M
1	CWOW	3,960,000		+	C	+	+				KE		M

1.3 운임 특성에 따른 분류

(1) 정상운임과 특별운임

구분	정상운임 (Normal Fare)	특별운임(Special Fare)
개념 및 특징	항공권 유효기간이 1년이며 최소/최대 체류기간, 예약변경/환불, 사전발권들의 제약조건이 없음	정상운임을 제외한 모든 운임 최소 1개 이상의 제한 조건 가격

(2) 포괄특별가와 단발특별가

구분	포괄특별가	단발특별가
개념 및 특징	포괄적 기간, 대상에 대한 할인 가격 예) 기업체 특별가 등	인원 확정된 일부 수용 대상에게 일시적인 할인 가격 예) 영화제 참석자 지원 가격

(3) 직판운임과 간판운임

	직판운임	간판운임
개념 및 특징	여행사를 거치지 않고 항공사의 Call Center, 카운터, 홈페이지를 통해 판매	여행사를 통한 간접 판매 수요

1.4 나이나 신분에 따른 분류

구분	항목	내용
유아 운임 (Infant, IN)	적용대상	만 2세 미만의 좌석을 점유하지 않는 승객 (최소 나이는 항공사마다 상이하며 KE인 경우 탑승일 기준 생후 7일 이후 만 2세 미만)
	운임수준	동반 성인 운임의 10%
	무료 수하물 허용량	항공사마다 상이하며 KE의 경우 10kg/115cm 이하 가방 1개+유모차 1대+유아용 카시트 또는 요람 1개
	기타	한국/미국/캐나다 국내선 운임은 무료 국내선 운임규정은 국가마다 상이하므로 확인 필요
소아 운임 (Child, CH)	적용대상	만 12세 미만의 승객 (한국 국내선은 만 13세 미만)
	운임수준	적용 가능한 성인 운임의 75%
	무료 수하물 허용량	성인과 동일
	기타	지역에 따라 소아 할인이 불가한 운임도 있으므로 운임규정 참조
비동반 소아 운임 (Unaccompanied Minor, UM)	적용대상	성인 보호자(만 18세 이상) 없이 혼자 여행하는 소아로서 여행 개시일 기준 만 5세 이상 만 12세 미만인 승객 (항공사마다 상이)
	운임수준	적용 가능한 성인 운임의 100% (항공사에 따라 Service Charge 별도 징수)
	무료 수하물 허용량	성인과 동일
	기타	출도착지의 보호자 연락처를 알려야 하며 사전 예약 및 승인을 받아야 함
여행사 직원 운임(Agent Discount, AD)	적용대상	항공사와 대리점 계약을 체결한 대리점 직원 및 그 배우자
	운임수준	본인은 적용 가능한 운임의 25%, 배우자는 50% 적용
	무료 수하물 허용량	성인과 동일
	기타	항공권 유효기간은 발행일로부터 3개월이며 첫 번째 구간은 발행연도 내에 사용해야 함

항공사 직원 운임	적용대상	항공사 직원 및 가족
	운임수준	무료 또는 적용 가능한 운임의 10%, 25%, 50% 적용
	무료 수하물 허용량	성인과 동일
	기타	50% 초과 할인 시 예약 불가하며 항공권의 유효기간은 발행일로부터 3개월임 전 세계의 제휴 항공사끼리 상호 직원들에게 운임을 할인해주는 다자간 계약에 따른 항공사 직원용 할인 제공(ZED: Zonal Employee Discount)

② 항공운임 계산방법

일반적으로 승객의 항공 여행은 단순히 두 지점 간의 편도 또는 왕복으로 이루어지는 경우보다는 최초 출발지와 목적지 사이에 여러 도시를 경유하는 형태를 띄게 된다. 이때 항공운임의 계산방법은 크게 Mileage System(거리제도)와 Routing System(여정제도) 두 가지 방법으로 나뉘어진다.

2.1 Mileage System

승객의 여행 거리에 따라 운임을 계산하는 방식으로 승객이 중간 지점을 경유하여 여행할 때 TPM, MPM, EMS 3가지 요소를 비교하여 운임을 산출하는 방식이다.

(1) TPM(Ticketed Point Mileage) : 발권 구간 거리

승객이 여행하는 구간별 실제 거리로서 항공편이 취항하는 구간에만 설정되어 있다.

(2) MPM(Maximum Permitted Mileage) : 최대 허용 거리

두 지점 간의 공시운임으로 여행할 수 있는 최대 허용 거리로서 실제 거리보다 15~20% 많게 설정되어 있으므로 중간 지점의 경유를 가능하게 한다.

예제 1

☞ SEL/YTO 구간의 MPM (7921)이 SEL/NYC, NYC/YTO 각 구간의 TPM 합(7205)보다 크므로 SEL/YTO 구간의 직행 운임 적용이 가능하다.

(3) EMS(Excess Mileage Surcharge) : 초과 거리 할증

승객이 실제로 여행하는 거리(Total TPM)가 출발지에서 목적지간의 최대 허용거리(MPM)보다 클 경우 초과하는 비율을 계산하여 출발지에서 목적지까지의 운임을 단계별로 할증하게 된다.

거리초과비율(TPM/MPM)	운임 할증률	운임적용
1.00 초과 ~ 1.05 이하	5 %	해당운임 × 1.05
1.05 초과 ~ 1.10 이하	10%	해당운임 × 1.10
1.10 초과 ~ 1.15 이하	15%	해당운임 × 1.15
1.15 초과 ~ 1.20 이하	20%	해당운임 × 1.20
1.20 초과 ~ 1.25 이하	25%	해당운임 × 1.25
1.25 초과	운임마디를 나누어 계산	

예제 2

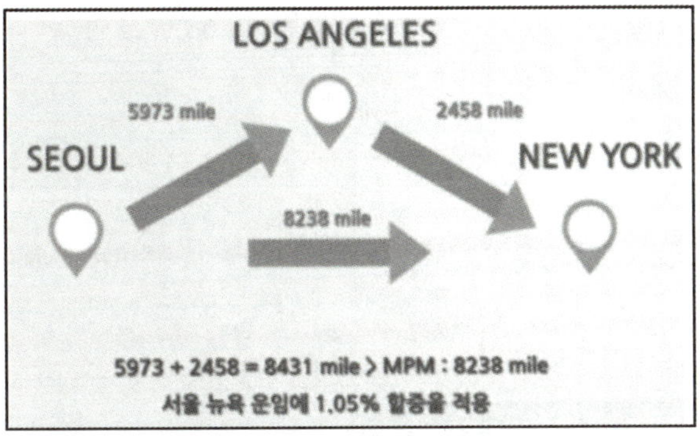

(4) EMA(Extra Mileage Allowance : TPM 공제)

특정 도시를 경유하는 일부 여정의 경우 Total TPM에서 일정 거리를 공제해 주는 것으로 Total TPM에서 EMA 공제 후 그 결과의 TPM을 MPM과 비교하여 할증 여부를 결정한다.

<Area 3 관련 EMA 적용 Table>

Between	And	Via	TPM 공제
Area 3 (*)	BOM (DEL)	DEL (BOM)	700 Mile
Area 3 (*)	KHI (ISB)	ISB (KHI)	700 Mile
Area 3 (*)	a point in Area 3	BOM & DEL or ISB & KHI	700 Mile
Area 3 (except SWP)	Middle East	BOM & DEL or ISB & KHI	700 Mile
Area 3	USA/Canada (Except HNL)	Hawaii	800M
* Afghanistan, Bangladesh, Bhutan, Maldives, Pakistan, India, Nepal, Sri Lanka 제외			

사례

SEL/BOM/DEL 총 TPM은 4165로 MPM 3480을 19.68% 초과하나 EMA 700 Mile을 Total TPM에서 공제 후 비교

Result

City	Area	GI	TPM	CUM	MPM	GI	LVL	HGL	LWL	25M	XTRA
SEL	3										
BOM	3	EH	3457	3457	4329	EH	0M	872	0	5411	0
DEL	3	EH	708	3465	3480	EH	0M	15	0	4350	700

** IATA EXTRA MILEAGE ALLOWANCE APPLIED **

(5) Mileage System 적용 예외

Specified Routing은 Mileage 할증 없이 두 지점 간의 운임을 적용하고 MPM 할증 범위를 초과(25M)하는 경우에도 두 지점 간의 운임을 적용한다. "Dash(-)"는 And 또는 or를 의미하고, 'Oblique(/)'는 or를 의미한다. 경유도시는 생략 가능하나 추가할 수 없다.

<SEL 관련 Specified Routing>

Between	And	Via
SEL	KHI	BKK/HNL-TYO
SEL	SPK	NGO/TYO

사례

SEL/TYO/SPK 총 TPM은 1268로 MPM 1044을 21.45% 초과하나 Specified Routing이 적용되어 할증없이 SEL/SPK 운임을 적용한다.

Result

City	Area	GI	TPM	CUM	MPM	GI	LVL	HGL	LWL	25M	XTRA
SEL	3										
TYO	3	EH	758	758	909	EH	0M	151	0	1136	0
SPK	3	EH	510	1268	1044	EH	25M	37	16	1305	*R

** IATA SPECIFIED ROUTING APPLIED **
** SPECIF RTG MAY APPLY - SPECIFY CARRIER/STOP/TRANSFERS **

(6) [KALis] Mileage 조회(TPM, MPM, EMS 확인 방법)

출발일, GI, 비항공운송구간을 Option으로 지정하여 조회할 수 있다.

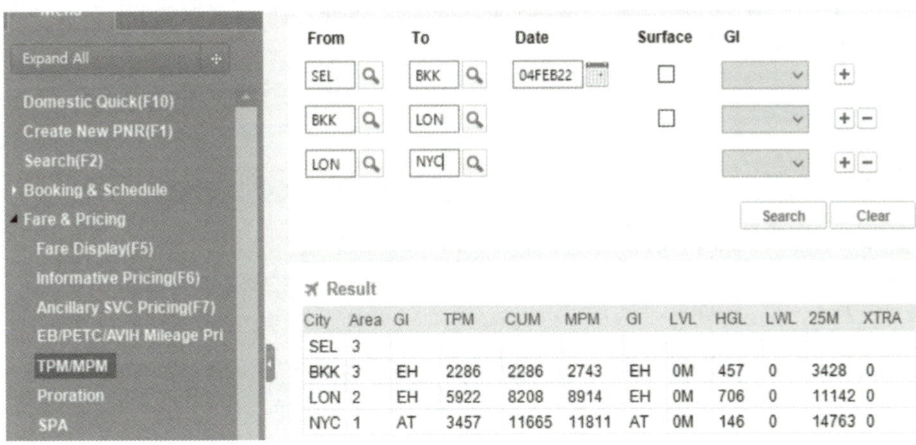

Code	설명
Area	IATA Area
GI	각 구간별 GI
TPM	각 구간별 실제 발권 구간 거리
CUM	각 구간별 TPM의 누적합
MPM	출발지로부터 각 구간까지의 최대 허용 거리
GI	출발지로부터 경유지를 감안한 각 구간까지의 GI
LVL	출발지로부터 경유지를 감안한 각 구간까지의 초과거리 할증률(5M, 10M, 15M, 20M, 25M, EXC)
HGL	MPM까지의 Mileage 여유분
LWL	25M까지의 Mileage 여유분
25M	할증이 가능한 최대 Mileage
XTRA	EMA에 따라 TPM 합계에서 공제된 Mileage 또는 Speicified Routing 여부 표기 (*R)

(7) Mileage System 적용 절차

① EMS를 확인한다.

② 출발지와 목적지의 NUC 운임을 확인한다.

③ EMS가 5% 이상 25% 이하인 경우 출발지와 목적지 운임에 EMS만큼 할증한다. (25%를 초과하는 경우는 운임마디를 분리하여 계산한다)

④ Total NUC에 출발지 국가의 ROE를 곱하여 출발지국 통화로 환산한다.

예제 3

	SEL
KE	X/HKG
CX	X/BKK
TG	SIN

City	Area	GI	TPM	CUM	MPM
SEL	3				
HKG	3	EH	1295	1295	1554
BKK	3	EH	1049	2344	2743
SIN	3	EH	889	3233	3459

① EMS를 확인한다 : 0M

TPM 합 〈 MPM

② 출발지와 목적지의 NUC 운임을 확인한다 : NUC 694.31

- Fare Selection Criteria : KE 운임 사용

(Sub-Area 횡단 기준 - KE, TPM 기준- KE)

- 여정형태에 따른 운임 : 편도 운임

Fare Display

Fare List | Add-on | Booking Class | Fare Note | Routing

KE / SEL-SIN / EH / 04FEB22**04FEB22 / NSP / TPM:2883 / MPM:3459 / ROE:1198.295015 / Up 100.00 KRW / / RTG NO

N	Fare Ba	OW	RT	Penal	BKG C	Dates	Days	AP	Min	Max	Carrier	Type	Routing
1	YRT		1,262...	+	Y						KE		M
2	YOW	694.31		+	Y						KE		M

③ EMS가 5% 이상 25% 이하인 경우 출발지와 목적지 운임에 EMS만큼 할증한다.

(25%를 초과하는 경우는 운임마디를 분리하여 계산한다) : 할증 없음

④ Total NUC에 출발지 국가의 ROE를 곱하여 출발지국 통화로 환산한다.

NUC 694.31 × ROE 1198.295015 = 831,900.21186…

KRW 832,000

예제 4

	SEL
KE	X/AKL
QF	SYD

City	Area	GI	TPM	CUM	MPM
SEL	3				
AKL	3	EH	5998	5998	7197
SYD	3	EH	1342	7340	6220

① EMS를 확인한다 : 20M

TPM 합 7340 〉 MPM 6220

7340 ÷ 6220 × 100 = 118.00643

18% 초과

② 출발지와 목적지의 NUC 운임을 확인한다 : NUC 1593.84

- Fare Selection Criteria : KE 운임 사용

(Sub-Area 횡단 기준 - KE, TPM 기준 - KE)

- 여정형태에 따른 운임 : 편도 운임

Fare Display

Fare List | Add-on | Booking Class | Fare Note | Routing

KE / SEL-SYD / EH / 05FEB22**05FEB22 / NLK / TPM:5184 / MPM:6220 / ROE:1198.295015 / Up 100.00 KRW / / RTG NO

N	Fare Basis	OW	RT	Penalty	BKG C	Dates	Days	AP	Min	Max	Carrier	Ty	Routing
1	YRTC		2,608.06	+	Y	B31MAR+ O31MAR					KE	A	R
2	YRTA		2,608.06	+	Y	B31MAR+ O31MAR					KE	A	R
3	YOWC	1,434.45		+	Y	B31MAR+ O31MAR					KE	A	R
4	YOWA	1,434.45		+	Y	B31MAR+ O31MAR					KE	A	R
5	YRT		2,897.86	+	Y						KE		M
6	YOW	1,593.84		+	Y						KE		M
7	CRT		3,379.80	+	C						KE		M
8	JRT		3,676.46	+	J						KE		M

③ EMS가 5% 이상 25% 이하인 경우 출발지와 목적지 운임에 EMS만큼 할증한다. (25%를 초과하는 경우는 운임마디를 분리하여 계산한다)

NUC 1593.84 × 1.20 = 1912.608

NUC 1912.60

④ Total NUC에 출발지 국가의 ROE를 곱하여 출발지국 통화로 환산한다.

NUC 1912.60 × ROE 1198.295015 = 2,291,859.04568…

KRW 2,291,900

예제 5

	SEL
KE	X/BKK
AI	BOM —
AI	X/KUL
KE	SEL

City	Area	GI	TPM	CUM	MPM
SEL	3				
BKK	3	EH	2286	2286	2743
BOM	3	EH	1878	4164	4329

City	Area	GI	TPM	CUM	MPM
SEL	3				
KUL	3	EH	2867	2867	3440
BOM	3	EH	2241	5108	4329

① EMS를 확인한다.

첫 번째 운임마디 : 0M	두 번째 운임마디 : 20M
TPM 합 4164 〈 MPM 4329	TPM 합 5108 〉 MPM 4329 5108 ÷ 4329 × 100 = 117.99491 18% 초과

② 출발지와 목적지의 NUC 운임을 확인한다 : NUC 956.77

- Fare Selection Criteria : KE 운임 사용
  (Sub-Area 횡단 기준 - KE, TPM 기준 - KE)
- 여정형태에 따른 운임 : 왕복 운임(1/2RT)

Fare Display

Fare List | Add-on | Booking Class | Fare Note | Routing

KE / SEL-BOM / EH / 05FEB22**05FEB22 / NLK / TPM:3457 / MPM:4329 / ROE:1198.295015 / Up 100.00 KRW / / RTG NO

N	Fare Bas	OW	RT	Penalty	BKG	Dates	Days	AP	Min	M	Carrie	Type	Routin
1	YRTC		861.09	+	Y	B31MAR+ O31MAR					KE	A	R
2	YRTA		861.09	+	Y	B31MAR+ O31MAR					KE	A	R
3	YRT		956.77	+	Y						KE		M
4	CRT		1,168.32	+	C						KE		M
5	JRT		1,424.73	+	J						KE		M

③ EMS가 5% 이상 25% 이하인 경우 출발지와 목적지 운임에 EMS만큼 할증한다. (25%를 초과하는 경우는 운임마디를 분리하여 계산한다)

첫 번째 운임마디 : 0M	두 번째 운임마디 : 20M
NUC 956.77	NUC 956.77 × 1.2 = 1,148.124 NUC 1,148.12
NUC 2,104.89	

④ Total NUC에 출발지 국가의 ROE를 곱하여 출발지국 통화로 환산한다.

NUC 2104.89 × ROE 1198.295015 = 2,522,279.19412…

KRW 2,522,300

2.2 Routing System

(1) Routing System이란?

Routing System은 승객이 여행하는 거리와 관계없이 공시되어 있는 Routing을 준수하면 출발지에서 목적지까지의 운임을 그대로 징수하는 방식이다.

(2) Routing System의 준수 조건

① 지정된 경유도시

② 지정된 항공사
③ 지정된 항공사의 Booking Class

(3) Routing System의 용도

① 여정 작성 시 항공편 연결 등의 사유로 특정 경유지가 자주 사용되는 경우
② 항공사의 분리한 노선망으로 승객 여정에 대한 Mileage System 운임 계산 결과가 높아지는 경우
③ 타 항공사와의 정산 관계상 특정 지점 경유 이용 조건 설정이 필요한 경우

참고: SPA(Special Prorate Agreement)

특정 구간에 자사의 취약점을 보완하여 판매를 증대할 목적으로 타 항공사와 체결하는 양자 간 정산 계약을 의미하며 구간 및 Booking Class별 정산가가 책정되어 있다.

(4) Routing System 적용 방법

① 출발지에서 목적지까지의 운임을 조회하여 Routing Fare가 있는지 확인한다.
② Route Map을 조회하여 경유도시와 항공사를 확인한다.
③ 항공사의 Booking Class를 확인한다.
④ Routing System은 Special Fare에서 주로 이용하고 있으므로 Routing이 충족되는 경우 사전 구입조건, 최소/최대 체류기간, Stopover/Transfer 횟수 제한 등 운임 규정을 확인한다.

(5) Routing System 적용 절차

	SEL	
KE	X/SYD	
QF	CHC	—
NZ	AKL	
KE	SEL	

① 출발지에서 목적지까지의 운임을 조회하여 Routing Fare가 있는지 확인한다.

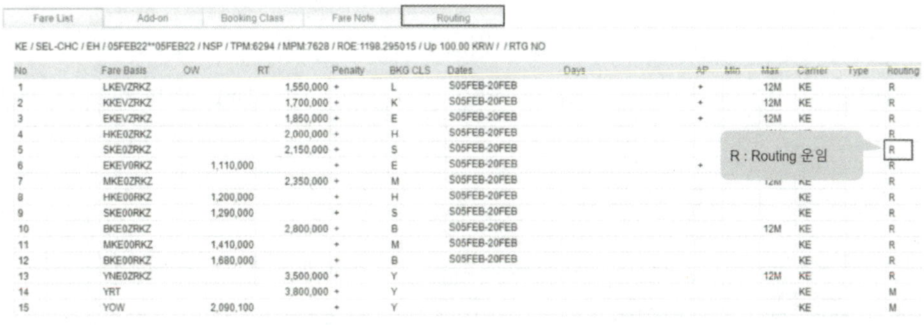

Fare List | Add-on | Booking Class | Fare Note | Routing

KE / SEL-CHC / EH / 05FEB22**05FEB22 / NSP / TPM:6294 / MPM:7628 / ROE:1198.295015 / Up 100.00 KRW / / RTG NO

No	Fare Basis	OW	RT	Penalty	BKG CLS	Dates	Days	AP	Min	Max	Carrier	Type	Routing
1	LKEVZRKZ		1,550,000	+	L	S05FEB-20FEB		+		12M	KE		R
2	KKEVZRKZ		1,700,000	+	K	S05FEB-20FEB		+		12M	KE		R
3	EKEVZRKZ		1,850,000	+	E	S05FEB-20FEB		+		12M	KE		R
4	HKE0ZRKZ		2,000,000	+	H	S05FEB-20FEB				[illegible]	[illegible]		R
5	SKE0ZRKZ		2,150,000	+	S	S05FEB-20FEB				[illegible]	[illegible]		R
6	EKEV0RKZ	1,110,000		+	E	S05FEB-20FEB		+		[illegible]	[illegible]		R
7	MKE0ZRKZ		2,350,000	+	M	S05FEB-20FEB				12M	KE		R
8	HKE00RKZ	1,200,000		+	H	S05FEB-20FEB					KE		R
9	SKE00RKZ	1,290,000		+	S	S05FEB-20FEB					KE		R
10	BKE0ZRKZ		2,800,000	+	B	S05FEB-20FEB				12M	KE		R
11	MKE00RKZ	1,410,000		+	M	S05FEB-20FEB					KE		R
12	BKE00RKZ	1,680,000		+	B	S05FEB-20FEB					KE		R
13	YNE0ZRKZ		3,500,000	+	Y					12M	KE		R
14	YRT		3,800,000	+	Y						KE		M
15	YOW	2,090,100		+	Y						KE		M

② Route Map을 조회하여 경유도시와 항공사를 확인한다. Routing 항목의 'R'을 더블 클릭하거나 또는 상단의 Routing 탭을 클릭하면 아래와 같이 확인 가능하다.

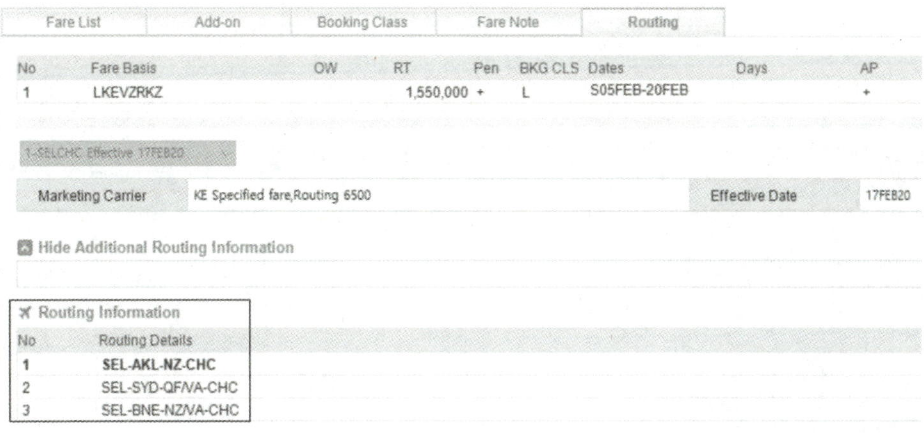

Fare List | Add-on | Booking Class | Fare Note | Routing

No	Fare Basis	OW	RT	Pen	BKG CLS	Dates	Days	AP
1	LKEVZRKZ		1,550,000	+	L	S05FEB-20FEB		+

1-SELCHC Effective 17FEB20

Marketing Carrier	KE Specified fare,Routing 6500	Effective Date	17FEB20

Hide Additional Routing Information

Routing Information

No	Routing Details
1	SEL-AKL-NZ-CHC
2	SEL-SYD-QF/VA-CHC
3	SEL-BNE-NZ/VA-CHC

- − (Hyphen) : 도시와 항공사, 항공사와 도시 사이에 '−'은 연결을 의미한다. 도시와 도시 사이에 '−'은 해당 운임을 설정한 항공사가 생략한다.
  ▶ SEL-AKL-NZ-CHC
  : SEL에서 KE로 AKL까지 이동, AKL에서 NZ 이용하여 CHC 도착
- / (Slash) : '또는'을 의미
  ▶ SEL-SYD-QF/VA-CHC
  : SEL에서 KE로 SYD까지 이동, SYD에서 QF 또는 VA 이용하여 CHC 도착

- 동일 항공사로 연결된 구간은 생략이 가능하다.
  - ▶ SEL-HNL-ATL-NYC : SEL-NYC을 KE 탑승 가능

③ 항공사의 Booking Class를 확인한다.

- KE : 출발지에서 목적지까지의 운임 조회 화면에서 'BKG CLS' 항목을 사용

Fare List | Add-on | Booking Class | Fare Note | Routing

KE / SEL-CHC / EH / 05FEB22**05FEB22 / NSP / TPM:6294 / MPM:7628 / ROE:1198.295015 / Up 100.00 KRW / / RTG NO

No	Fare Basis	OW	RT	Penalty	BKG CLS	Dates	Days	AP	Min	Max	Carrier	Type	Rou
1	LKEVZRKZ		1,550,000	+	L	S05FEB-20FEB		+		12M	KE		R
2	KKEVZRKZ		1,700,000	+	K	S05FEB-20FEB		+		12M	KE		R
3	EKEVZRKZ		1,850,000	+	E	S05FEB-20FEB		+		12M	KE		R
4	HKE0ZRKZ		2,000,000	+	H	S05FEB-20FEB				12M	KE		R
5	SKE0ZRKZ		2,150,000	+	S	S05FEB-20FEB				12M	KE		R
6	EKEV0RKZ	1,110,000		+	E	S05FEB-20FEB		+			KE		R
7	MKE0ZRKZ		2,350,000	+	M	S05FEB-20FEB				12M	KE		R
8	**HKE00RKZ**	**1,200,000**		+	H	**S05FEB-20FEB**					**KE**		**R**
9	SKE00RKZ	1,290,000		+	S	S05FEB-20FEB					KE		R
10	BKE0ZRKZ		2,800,000	+	B	S05FEB-20FEB				12M	KE		R
11	MKE00RKZ	1,410,000		+	M	S05FEB-20FEB					KE		R

- 타 항공사 : 메뉴트리 'SPA'로 조회

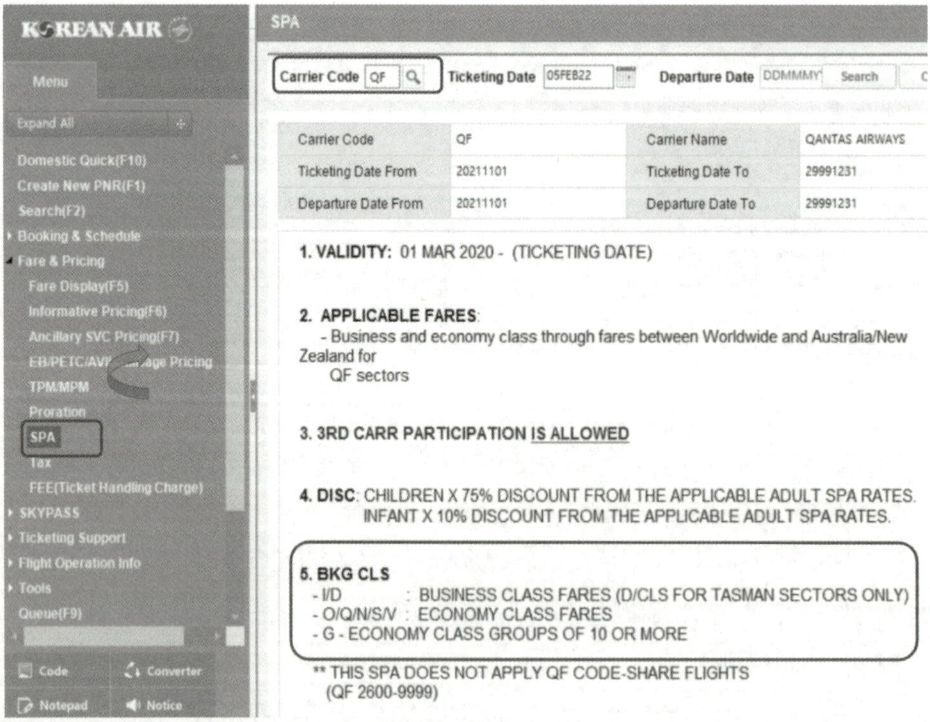

BETWEEN (v.v.)	Economy Class Fares			Business Class Fares	
	O/G	Q	N	I	D
AKL-BNE/MEL/SYD	162	180	198	590	630
CHC-BNE/MEL/SYD	124	144	158	472	502
WLG-SYD/MEL	172	189	207	590	630
ZQN-BNE/SYD	198	216	235	590	640

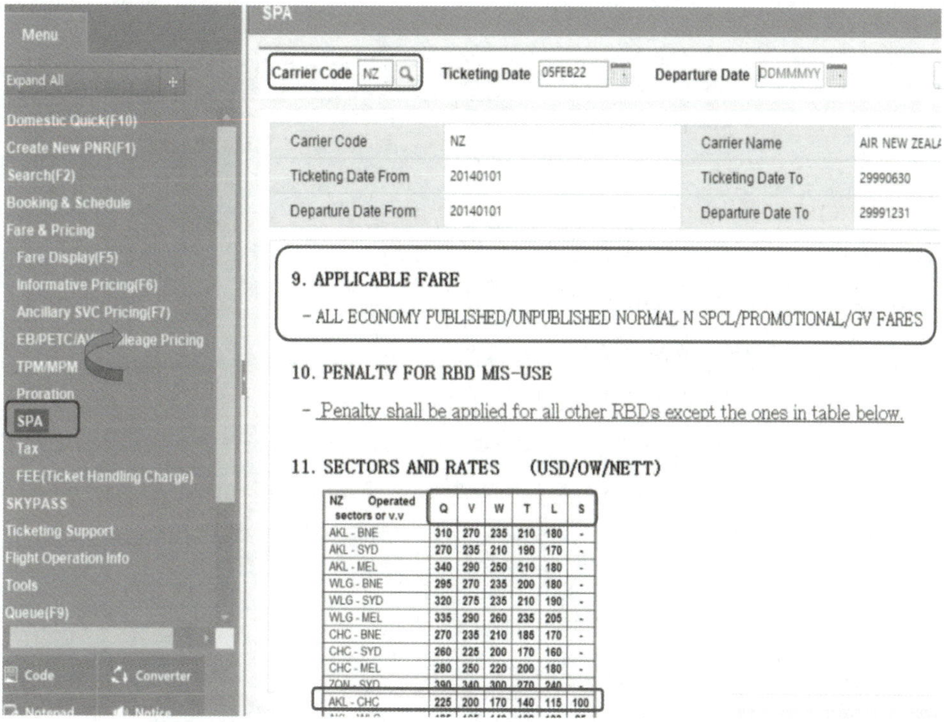

9. APPLICABLE FARE

- ALL ECONOMY PUBLISHED/UNPUBLISHED NORMAL N SPCL/PROMOTIONAL/GV FARES

10. PENALTY FOR RBD MIS-USE

- Penalty shall be applied for all other RBDs except the ones in table below.

11. SECTORS AND RATES (USD/OW/NETT)

NZ Operated sectors or v.v	Q	V	W	T	L	S
AKL - BNE	310	270	235	210	180	-
AKL - SYD	270	235	210	190	170	-
AKL - MEL	340	290	250	210	180	-
WLG - BNE	295	270	235	200	180	-
WLG - SYD	320	275	235	210	190	-
WLG - MEL	335	290	260	235	205	-
CHC - BNE	270	235	210	185	170	-
CHC - SYD	260	225	200	170	160	-
CHC - MEL	280	250	220	200	180	-
ZQN - SYD	390	340	300	270	240	-
AKL - CHC	225	200	170	140	115	100

④ Routing System은 Special Fare에서 주로 이용하고 있으므로 Routing이 충족되는 경우 사전 구입조건, 최소/최대 체류기간, Stopover/Transfer 횟수 제한 등 운임 규정을 확인한다.

Fare List | Add-on | Booking Class | Fare Note | Routing

①
KE / SEL-CHC / EH / 06FEB22**06FEB22 / NSP / TPM:6294 / MPM:7628 / ROE:1198.295015 / Up 100.00 KRW / / RTG NO

N	② Fare Basis	OW	RT	③ Penalty	④ BKG CLS	⑤ Dates	⑥ Days	⑦ AP	⑧ Min	⑨ Max	Carrier	⑩ Type	⑪ Routing
1	LKEVZRKZ		1,550,000	+	L	S05FEB-20FEB		+		12M	KE		R

① KE/SEL-CHC/EH/06FEB22**06FEB22/NSP/TPM6294/MPM7628/ROE1198.295015/UP 100.00 KRW

: KE 운임/출발지-목적지/GI/출발날짜/Normal&Special 운임/실제운항거리/최대허용거리/ROE/올림 단위

② Fare Basis : 운임종류

③ Penalty 정보

+ : Penalty가 있음(Fare Basis를 더블클릭하여 Fare Note의 Penalty 확인)

- : Penalty가 없음

NRF : Non Refundable

④ BKG CLS : 운임 공시 항공사의 Booking Class

⑤ Dates : 사용 가능 출발일(Seasonality)

⑥ Days : 출발 가능 요일

⑦ AP : 사전 항공권 구입 조건

+ : 사전 구입 조건 있음

(Fare Basis를 더블클릭하여 Fare Note의 Advance Purchase 확인)

⑧ MIN : 출발일로부터 Stopover 지점까지 최소 체류 의무 기간(Minimum Stay)

⑨ MAX : 출발일로부터 마지막 Stopover 지점에서 최대 체류 허용 기간(Maximum Stay)

⑩ Type : Blank - Published Fares, A - Nego Fares

⑪ Routing : M - Mileage Fare, R - Routing Fare

☞ Fare Basis를 더블 클릭하여 Fare Note 확인

No	1	Dep/Arr	
Fare Component		Pricing Unit	
Rule	KZ03	Booking Class	L
Fare Type Code	XEX - REGULAR EXCURSION		

MX.MAX STAY
FOR ROUND TRIP FARES

TRAVEL FROM LAST STOPOVER MUST COMMENCE NO LATER THAN 12
MONTHS AFTER DEPARTURE FROM FARE ORIGIN.

AP.ADVANCE RES/TKT
FOR LKEVZRKZ TYPE FARES

RESERVATIONS ARE REQUIRED FOR ALL SECTORS.
WAITLIST NOT PERMITTED.
TICKETING MUST BE COMPLETED WITHIN 3 DAYS AFTER
RESERVATIONS ARE MADE.
NOTE -
ALL SECTORS MUST BE CONFIRMED.

SO.STOPOVERS

UNLIMITED STOPOVERS PERMITTED ON THE PRICING UNIT.

TF.TRANSFERS/RTGS
BETWEEN KOREA, REPUBLIC OF AND S.W. PACIFIC

UNLIMITED TRANSFERS PERMITTED ON THE PRICING UNIT
FARE BREAK AND EMBEDDED SURFACE SECTORS NOT PERMITTED ON
THE FARE COMPONENT.

예제 6

8월 15일 출발, 3개월 체류, 예약 완료 후 3일 이내 발권, 운임 분리지점 준수 시 가장 저렴한 운임과 항공사별 Booking Class를 쓰시오.

	SEL
KE	HKG
BI	BWN —
BI	MNL
KE	SEL

⑤ 출발지에서 목적지까지의 운임을 조회하여 Routing Fare가 있는지 확인한다.

Fare List | Add-on | Booking Class | Fare Note | Routing

KE / SEL-BWN / EH / 15AUG22**15AUG22 / NSP / TPM:2370 / MPM:2844 / ROE:1198.295015 / Up 100.00 KRW / / RTG NO

N	Fare Basis	OW	RT	Penalty	BKG CLS	Dates	Days	AP	Min	Max	Carrier	Type	Routing
1	/ EKEVZRKS		850,000	+	E	S13AUG-31AUG		+		6M	KE		R
2	/ HKE0ZRKS		930,000	+	H	S13AUG-31AUG				6M	KE		R
3	/ EKEV0RKS	476,000		+	E	S13AUG-31AUG		+			KE		R
4	/ SKE0ZRKS		990,000	+	S	S13AUG-31AUG				6M	KE		R
5	/ MKE0ZRKS		1,040,000	+	M	S13AUG-31AUG				12M	KE		R
6	/ HKE00RKS	524,000		+	H	S13AUG-31AUG					KE		R
7	/ SKE00RKS	560,000		+	S	S13AUG-31AUG					KE		R
8	/ MKE00RKS	590,000		+	M	S13AUG-31AUG					KE		R
9	/ BKE0ZRKS		1,190,000	+	B	S13AUG-31AUG				12M	KE		R
1	/ YRT		1,334,600	+	Y						KE		M
1	/ BKE00RKS	680,000		+	B	S13AUG-31AUG					KE		R
1	MNE00EKS	684,000		+	M	+					KE		M
1	/ YOW	714,600		+	Y						KE		M
1	/ JRT		2,675,300	+	J						KE		M
1	/ JOW	1,414,000		+	J						KE		M

⑥ Route Map을 조회하여 경유도시와 항공사를 확인한다.

Routing Information

No	Routing Details
1	**SEL-HKG/MNL-BI-BWN**
2	SEL-SIN-SQ-BWN
3	SEL-BWN

⑦ 항공사의 Booking Class를 확인한다.

- KE : E
- BI : S, Q,X

SPA

Carrier Code BI Ticketing Date 06FEB22 Departure Date DDMMMYY

Carrier Code	BI	Carrier Name
Ticketing Date From	20220101	Ticketing Date To
Departure Date From	20220101	Departure Date To

3. Sales Area : Worldwide

4. SPA sector, Rates(USD/OW/NETT) & Booking Class

- Child Fare - 25% discount of SPA
- Infant Fare - 90% discount of SPA

1) J CLS : D, C
2) C~R CLS : D
3) Y CLS : S, Q, X, W, T, N, L
4) B CLS : S, Q, X, W, T
5) M CLS : S, Q, X, W
6) S~E CLS : S, Q, X
7) K~T CLS : S

⑧ Routing System은 Special Fare에서 주로 이용하고 있으므로 Routing이 충족되는 경우 사전 구입조건, 최소/최대 체류기간, Stopover/Transfer 횟수 제한 등 운임 규정을 확인한다.

```
MX.MAX STAY
FOR ROUND TRIP EKEVZRKS TYPE FARES

  TRAVEL FROM LAST STOPOVER MUST COMMENCE NO LATER THAN 6
  MONTHS AFTER DEPARTURE FROM FARE ORIGIN.
--------------------------------------------------------------------------------
AP.ADVANCE RES/TKT
FOR EKEVZRKS TYPE FARES

  RESERVATIONS ARE REQUIRED FOR ALL SECTORS.
  WAITLIST NOT PERMITTED.
  TICKETING MUST BE COMPLETED WITHIN 3 DAYS AFTER
  RESERVATIONS ARE MADE.
         NOTE -
          ALL SECTORS MUST BE CONFIRMED.
--------------------------------------------------------------------------------
SO.STOPOVERS

  UNLIMITED STOPOVERS PERMITTED ON THE PRICING UNIT.
--------------------------------------------------------------------------------
TF.TRANSFERS/RTGS

  UNLIMITED TRANSFERS PERMITTED ON THE PRICING UNIT
    FARE BREAK SURFACE SECTORS NOT PERMITTED AND EMBEDDED
     SURFACE SECTORS PERMITTED ON THE FARE COMPONENT.
```

연습문제

1. 다음은 SEL 출발 WAS행 ULX0ZKTK 운임의 Routing을 조회한 화면이다. Routing Map을 참조하여 NYC을 경유할 수 있는 여정을 모두 쓰시오.

Routing Information

No	Routing Details
1	**SEL-BOS/YTO/ATL/WAS/NYC-AA-WAS**
2	SEL-NYC-B6-WAS
3	SEL-YTO-AC-WAS
4	SEL-WAS
5	SEL-YTO/BOS/ATL/NYC/MSP/DTT/DFW/CHI-DL/KE-WAS

2. 다음을 조건으로 가장 저렴한 운임과 항공사별 Booking Class를 쓰시오.

2-1 9월 1일 출발, 4개월 체류, 예약 완료 3일 이내 발권, 운임 분리 지점 준수

	SEL	
KE	JKT	
GA	DPS	—
GA	X/HKG	
KE	SEL	

2-2 11월 1일 출발, 4개월 체류, 예약 완료 3일 이내 발권, 운임 분리 지점 준수

	SEL
KE	JKT
GA	DPS —
GA	X/HKG
KE	SEL

3 우회여정 제한규정

우회여정 제한규정은 하나의 운임마디 내에 동일 지점을 2회 이상 경유하는 경우에는 운임 계산에 적용되는 제한사항이다.

3.1 일반규정

(1) 한 운임마디 내, 출발지 재경유 불가

(2) 한 운임마디 내, 목적지 재경유 불가

(3) 한 운임마디 내, 동일도시 2회 이상 도중체류(Stopover) 불가

(4) 전 여정 중 한 국가에서 출도착을 4회 초과 불가

한 운임마디의 출발지나 목적지를 재경유할 경우	
SEL PUS X/SEL PAR FRA ☞ 출발지 SEL 재경유로 SEL/FRA 운임 적용 불가	SEL PAR X/FRA DUS FRA ☞ 목적지 FRA 재경유로 SEL/FRA 운임 적용 불가

동일 지점에서 2회 이상 도중체류(Stopover) 하는 경우	
SEL FRA DUS FRA ZRH GVA	☞ FRA에서 2번 도중체류 하므로 SEL/GVA 운임 적용 불가

<table>
<tr><th colspan="2">동일지점에서 1회 이하로 도중체류 할 경우</th></tr>
<tr><td>SEL
FRA
DUS
X/ FRA
ZRH
GVA</td><td>☞ FRA에서 1번 도중체류 하므로 SEL/GVA 운임 적용 불가</td></tr>
<tr><th colspan="2">전 여정 중 한 국가에서 출도착을 4회 초과하는 경우 하나의 항공권으로 발행 불가
- 분리 발권해야 함</th></tr>
<tr><td>OSA
√ SEL
BKK
√ PUS
√ CJU
PUS
PEN
√ SEL
√ OSA</td><td>☞ 대한민국에서 5번 출도착하므로 4회가 초과하지 않도록 분리 발권

OSA
SEL   PUS
BKK + CJU
PUS   PUS
PEN
SEL
OSA</td></tr>
</table>

3.2 추가 제한규정

(1) Area 1 내 또는 Area 1–Area 3 간 여정

: 도중체류 관계없이 운임마다 내 동일 도시 재경유 불가

SEL X/LAX SFO LAX NYC - ☞ Stopover 관계없이 LAX 재경유로 SEL/NYC 운임 적용 불가	SEL X/LAX SFO LAX MAD - ☞ Area 3-Area 1 간 여정으로 동일도시 재경유 가능하므로 SEL/MAD 운임 적용 가능

(2) **일본 출도착 및 경유 여정** : 운임마디 내 일본 국내선 3구간을 초과할 수 없다.

```
  SEL
  FUK      ☞ 일본 국내선이 4구간이므로 SEL/SYD 운임 적용 불가
  SPK
X/NGO
X/TYO
  OSA
  SYD -
```

(3) **베트남 출도착 여정** : Mileage 운임 사용 시, 운임마디 내 VN 항공사의 국내선은 포함할 수 없다. 반드시 국내선 Sector Fare를 결합하여 적용해야 한다.

```
       SEL       ☞ 베트남 도착하는 여정으로 VN 구간을 분리하여 계산
KE   X/SGN          단, Mileage Fare에만 적용되는 규정이므로 Routing Fare
VN     HAN          의 경우 적용 가능하다
VN     SGN
KE     SEL   -
```

3.3 운임 계산방법

(1) 한 운임마디의 출발지나 목적지를 재경유할 경우 도중체류 여부와는 관계없이 하나의 운임마디로 계산할 수 없고 운임마디를 나누어 계산한다.

출발지 재경유	목적지 재경유
SEL PUS X/SEL - 65.72 YKE PAR FRA - 1776.80 YOW ------------------------------ 842.52	DEN X/CHI X/SEL PUS - 3290.70 Y SEL 65.72 YKE ------------------------------ 3356.42

(2) 동일 지점에서 2회 이상 도중체류(Stopover) 하는 경우 다음 2가지 방법 중 저렴한 결과를 선택한다.

방법 1	방법 2
동일 지점 사이의 여정 중 한 지점을 운임 분리지점으로 선정하여 2개의 운임마디로 계산 LON KE SEL KE TYO - 1615.00 YKE KE SEL KE SYD - 1836.10 YOWKE -------------------------------- 3451.10	동일 지점 사이의 여정을 별개의 여정으로 간주하여 운임을 계산 (Side Trip*) LON KE SEL - KE TYO - 89.17 YRT KE SEL - 89.17 YRT // KE SYD - 1750.24 YOWKE -------------------------------- 1928.58 (LON SEL SYD) + (SEL TYO SEL)

* Side Trip이란? 동일지점을 두 번 경유함으로써 발생하는 별개의 여정을 의미

* Side Trip 유의사항

- 운임 적용 방향 : Side Trip 자체를 별개의 여정으로 간주하여 적용한다.
- 적용 운임 : 전체 여정의 적용 운임과는 무관하며, Side Trip 자체 여정의 종류에 해당하는 OW Fare 또는 1/2RT Fare를 선택하여 적용한다.

(3) Area 1 – Area 3 간의 PA 여정에서 동일지점 재경유

방법 1	방법 2
동일 지점 사이의 여정 중 한 지점을 운임 분리지점으로 선정하여 2개의 운임마디로 계산 SEL LAX SFO - 1615.00 YKE LAX - 310.70 YA2AAN CHI - 1169.30 YA2AAN NYC - 973.21 YA2AA -------------------------------- 4068.21	동일 지점 사이의 여정을 별개의 여정으로 간주하여 운임을 계산 (Side Trip) SEL LAX - SFO - 310.70 YRT LAX - 310.70 YRT CHI 5M NYC - 2547.33 YOW -------------------------------- 3840.35 (SEL LAX CHI NYC) + (LAX SFO LAX)

연 습 문 제

1. 다음 운임 계산 내역을 보고 잘못된 점을 설명하시오.

	구간별 운임
SEL X/SIN BKK SIN – 694.31 YOW	 SEL/BKK 632.31 YOW SEL/SIN 694.31 YOW

2. 다음 운임 계산 내역을 보고 잘못된 점을 설명하시오.

	구간별 운임
SEL KE X/SGN 20M VN DAD 702.58 YOW	SEL/SGN 585.59 YOW SEL/DAD 585.49 YOW

3. 다음 여정은 출발지와 목적지의 MPM을 초과하지 않는다. 출발지부터 목적지까지의 운임으로 계산 가능한지 판단하고 그 이유를 설명하시오.

LAX X/SEL MNL HKG X/MNL SIN	SEL KUL SIN X/KUL JKT

4. 아래 보기 중 Fare Construction Point가 바르게 지정된 여정은?

1)	2)	3)
SEL SHA AKL — SYD AKL LON —	LAX FUK SEL OSA — SHA — TYO — NGO PUS OKA —	SEL X/NYC MIA — X/NYC — CHI — BOS —

4 Combination 운임

Combination 운임은 두 개 이상의 OW, RT 또는 1/2RT 운임이 결합되어 하나의 항공권으로 발권되는 운임이다.

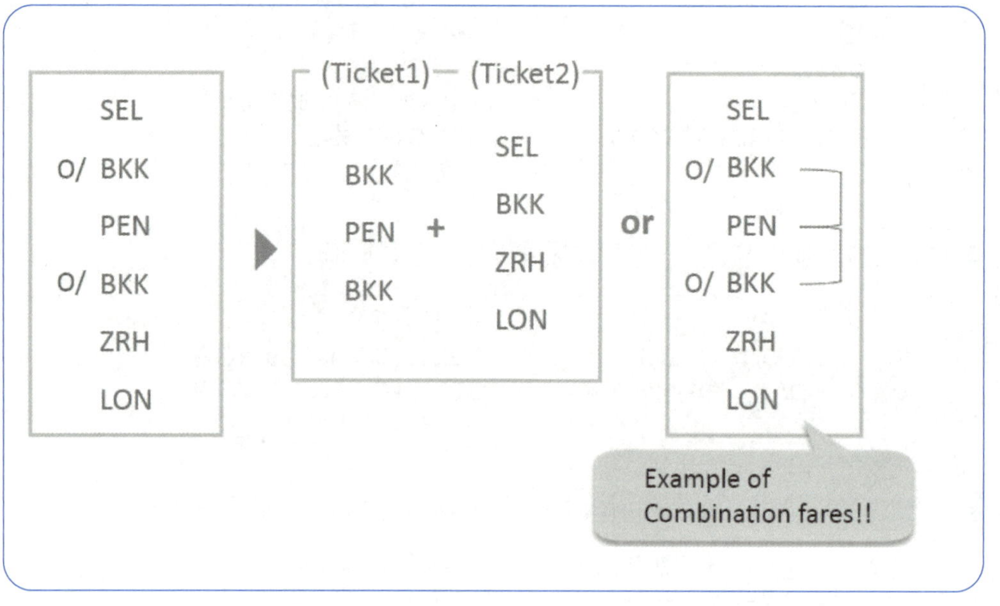

4.1 종류

(1) End-on-End Combination

- Pricing Unit 간의 운임 결합
- 결합된 Pricing Unit은 각각의 독립성을 지니며 각 운임의 제한사항은 해당 Pricing Unit에만 적용
- Special 운임의 Combination 규정이 특정 종류의 운임을 제한하는 경우 전체 여정에 적용

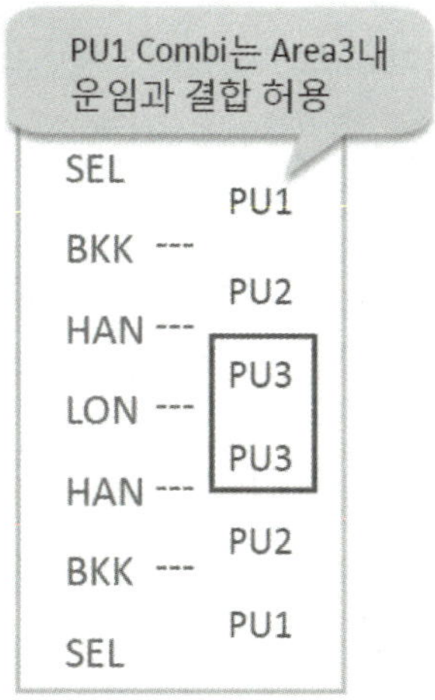

FARE1 : SEL BKK SEL (PU1)
FARE2 : BKK HAN BKK (PU2)
FARE3 : HAN LON HAN (PU3)

☞ SEL-BKK-SEL(PU1) Combination 규정이 Area 3 내 운임과 결합이 허용되나 HAN-LON-HAN(PU3)가 Area 3 내 운임이 아니므로 Combination 불가

(2) Side Trip Combination

- 한 개의 운임마다 내 동일지점에서 출/도착이 발생되는 여정으로 별도의 운임이 부과되는 Pricing Unit 간의 결합(한 개의 여정의 중간에 편입된 짧은 여정)
- 각 운임의 제한사항은 운임이 적용되는 Pricing Unit에 한하여 적용

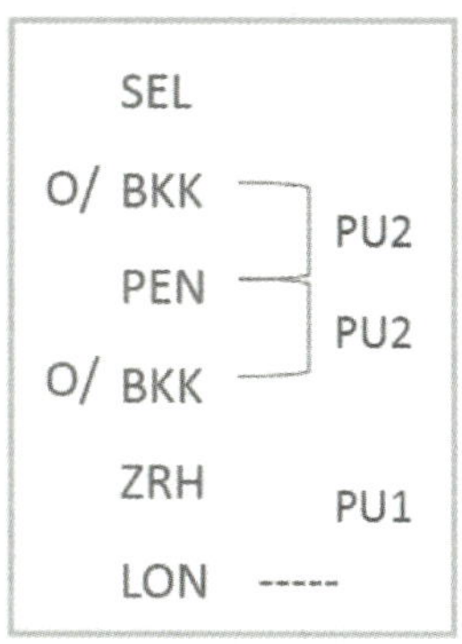

FARE1 : SEL BKK ZRH LON (PU1)
FARE2 : BKK PEN BKK (PU2)

(3) Half-and-Half Combination

- 하나의 Pricing Unit을 만들기 위한 두 개 운임마디의 결합

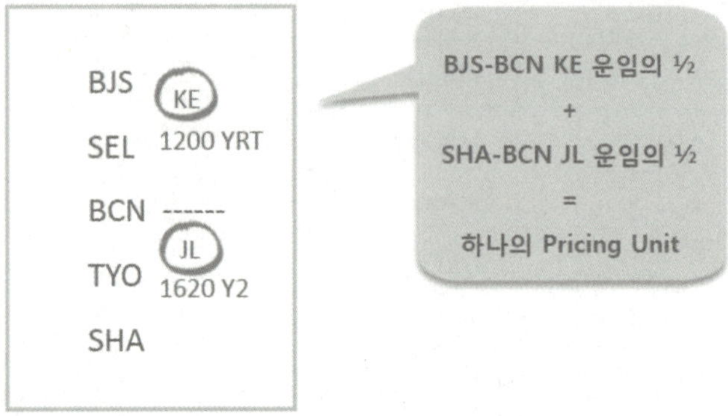

- 적용된 운임의 규정 중 가장 제한적인 규정을 전체에 적용

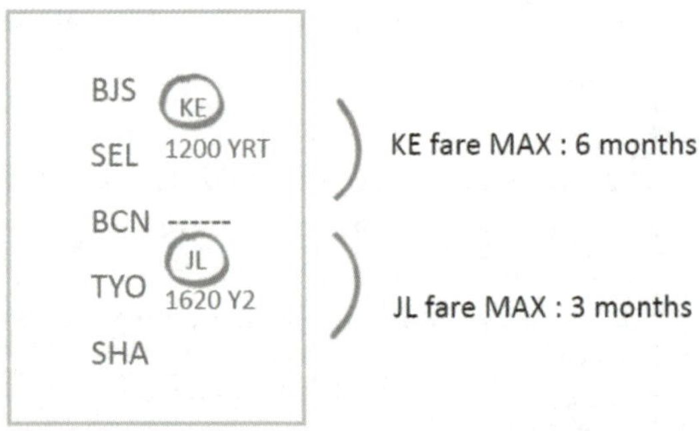

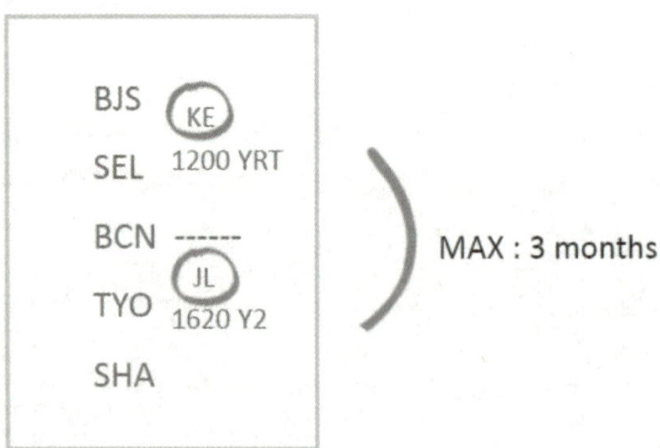

4.2 Combination 규정 확인 방법

(1) 운임에 따라 Combination을 제한할 수 있으므로 확인 필요

Fare Display

Fare List | Add-on | Booking Class | Fare Note | Routing

No	Fare Basis	OW	RT	Penalty	BKG CLS
1	YRT		5,434,200	+	R

Fare Break: 1- (PU)

Category ☐ View All ☐ In Alphabetical Order

☐ Rule Application ☐ Transfer ☐ Day/Time
☐ Sales Restrictions ☐ Stopover ☐ Combinations
☐ Seasonability ☐ Minimum Stay
☐ Children discount ☐ Maximum Stay

No	1	Dep/Arr		Fare Basis	ELEKS
Fare Component		Pricing Unit		Tariff No	8
Rule	KS03	Booking Class	E	PTC	ADT-ADULT
Fare Type Code	XEX – REGULAR EXCURSION				

CO.COMBINABILITY
BETWEEN KOREA, REPUBLIC OF AND EUROPE

END-ON-END
END-ON-END COMBINATIONS PERMITTED. VALIDATE ALL FARE COMPONENTS. FARES MUST BE SHOWN SEPARATELY ON THE TICKET. SIDE TRIPS PERMITTED.
PROVIDED -
COMBINATIONS ARE WITH ANY RULE IN ANY PUBLIC TARIFF .

-TO FORM ROUND TRIPS
-TO FORM CIRCLE TRIPS EXCEPT FOR AROUND-THE-WORLD FARES.
PROVIDED -
COMBINATIONS ARE WITH ANY FARE FOR CARRIER KE IN RULE
KF03 IN TARIFF
IPRAFAS - BETWEEN AFRICA-AREA 3
OR RULE KU03 IN TARIFF
IPREUAS - BETWEEN EUROPE-AREA 3
OR RULE KM03 IN TARIFF
IPRMEAS - BETWEEN THE MIDDLE EAST-AREA 3
OR RULE KU03 IN TARIFF
IPRRU - BETWEEN RUSSIA AND AREA 3
OR RULE KF03/KM03/KU03 IN TARIFF
IPRTS - BETWEEN AREA 2-AREA 3 VIA SIBERIA.

No	1	Dep/Arr		Fare Basis	ELEKS
Fare Component		Pricing Unit		Tariff No	8
Rule	KS03	Booking Class	E	PTC	ADT-ADULT
Fare Type Code	XEX – REGULAR EXCURSION				

CO.COMBINABILITY

END-ON-END

OPEN JAWS/ROUND TRIPS/CIRCLE TRIPS
FARES MAY BE COMBINED ON A HALF ROUND TRIP BASIS
-TO FORM SINGLE OR DOUBLE OPEN JAWS WITH KE FARES WHICH CONSISTS OF NO MORE THAN 2 INTERNATIONAL FARE COMPONENTS AND THE OPEN SEGMENT AT ORIGIN MUST BE IN ONE COUNTRY. THE OPEN SEGMENT AT DESTINATION HAS NO RESTRICTIONS.

PROVIDED -
COMBINATIONS ARE WITH ANY FARE FOR CARRIER KE IN THIS RULE AND TARIFF
OR WITH FARES IN RULE KC03/KI03/KT03 IN TARIFF IPRPG
- WITHIN AREA 3-INTERNATIONAL.

OR RULE KU03 IN TARIFF
IPRRU - BETWEEN RUSSIA
OR RULE KF03/KM03/KU03
IPRTS - BETWEEN AREA 2-AREA 3 VIA SIBERIA.

• 결합되는 운임 전부가 Combination을 허용해야 한다.

Combination rule of TG

OPEN JAWS/ROUND TRIPS/CIRCLE TRIPS
FARES MAY BE COMBINED ON A HALF ROUND TRIP BASIS
-TO FORM SINGLE OR DOUBLE OPEN JAWS WITH FARES WHICH

PROVIDED –
COMBINATIONS ARE WITH ANY TG FARE FOR CARRIER TG IN ANY RULE AND TARIFF

Combination rule of TG

OPEN JAWS/ROUND TRIPS/CIRCLE TRIPS
FARES MAY BE COMBINED ON A HALF ROUND TRIP BASIS
-TO FORM SINGLE OR DOUBLE OPEN JAWS WITH FARES WHICH

PROVIDED –
COMBINATIONS ARE WITH ANY TG FARE FOR CARRIER TG IN ANY RULE AND TARIFF

Combination rule of TG

OPEN JAWS/ROUND TRIPS/CIRCLE TRIPS
FARES MAY BE COMBINED ON A HALF ROUND TRIP BASIS
-TO FORM SINGLE OR DOUBLE OPEN JAWS WITH FARES WHICH

PROVIDED –
COMBINATIONS ARE WITH ANY TG FARE FOR CARRIER TG IN
ANY RULE AND TARIFF

연습문제

1. Combination에 대한 설명 중 틀린 것을 고르시오.

가. End-on-end combination은 하나의 pricing unit이 다른 pricing unit과 결합하는 것을 의미하며 운임규정은 해당 운임마디에서만 독립적으로 적용된다.

나. Side-trip combination은 한 개 운임마디 내 동일 지점에서 출도착이 발생하는 여정으로 별도로 운임이 부과되는 PU의 결합을 의미하며 운임규정은 해당 운임마디에만 독립적으로 적용된다.

다. Half and half combination은 하나의 pricing unit을 만들기 위한 두 개 운임마디의 결합을 의미하며 각 운임의 Penalty 규정은 해당 운임마디에만 독립적으로 적용된다.

라. combination 대상이 되는 운임 전부가 combination을 허용해야 한다.

2. 다음 보기 중 combination의 종류와 여정 예시가 바르게 연결된 것을 고르시오.

End-on-end Combination	Side-trip Combination	Half and half Combination
SEL KE DXB EK AUG — EY SEL	TYO O/SEL SHA - PU1 O/SEL PU1 PAR LYS - PU2	SEL HAN - PU1 SGN - PU2 DAD - PU2 SEL - PU1

5 비항공운송구간(Surface Sector)

5.1 정의

승객이 항공편을 이용하지 않고 타 교통수단을 이용하여 여정상 항공여행이 일시 중단된 구간을 비항공운송구간이라고 한다.

5.2 비항공운송구간의 종류

(1) Imbedded Surface Sector

Fare Construction Point가 아닌 중간 경유도시 간의 Surface Sector
(Fare Construction Point : 운임의 분리 지점 또는 운임의 결합 지점)

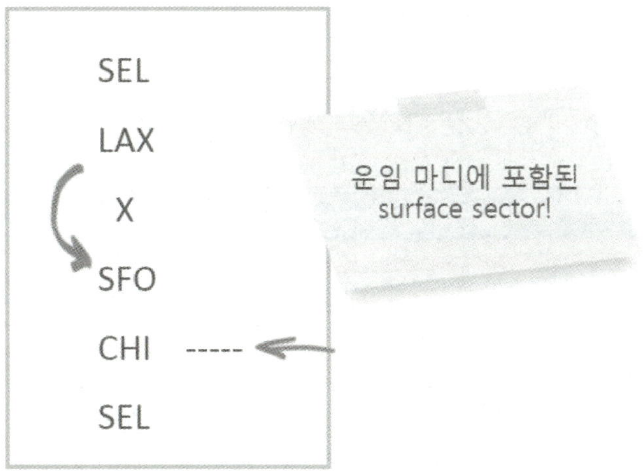

(2) Fare Construction Surface Sector

Surface Sector의 Origin 또는 Terminal Point 두 지점 중 한 지점이 Pricing Unit의 Destination 또는 Turnaround Point에 발생한 경우 즉, Surface Sector가 발생하는 도시가 Fare Break Point가 되는 경우

SEL	SEL
LAX ---- ←	LAX
X	X
SFO	SFO ---- ←
CHI	CHI
SEL	SEL

Surface가 발생하는 도시가 fare break point!

5.3 운임 계산방법

아래 두 가지 방법 중 저렴한 결과를 선택한다.

→ 방법 1 : 비항공운송구간을 제외하고 운임마디를 나누어 계산(실제 항공운송구간만 운임 적용)

→ 방법 2 : 비항공운송구간의 TPM을 포함하여 하나의 운임마디로 계산

방법 1

(1)

SEL

LAX ---- 1556.12 YRT (SEL-LAX 운임의 1/2)

X

CHI ----

NYC

SEL 2052.30 YRT (SEL-CHI 운임의 1/2)

NUC 3608.42

Surface sector는 fare component에 포함되지 않음

방법 2

(2-1)

SEL
LAX ---- 1556.12 YRT
X
CHI 25M
NYC
SEL 1945.15 YRT

NUC 3501.27

(2-2)

SEL
LAX
X
CHI ---- 2052.30 YRT
NYC
SEL 2052.30 YRT

NUC 4104.60

(2-3)

SEL
LAX
X
CHI 5M
NYC ---- 2231.31 YRT
SEL 2125.06 YRT

NUC 4356.37

5.4 비항공운송구간의 Stopover/Transfer 계산방법

(1) Fare Construction Surface Sector : Stopover/Transfer 개수에 불포함

SEL
O/ LAX
WAS ----
X
CHI ----
O/ SFO
SEL

SEL
O/ LAX
WAS
X
CHI ----
O/ SFO
SEL

(2) Imbedded Surface Sector : Stopover/Transfer 개수에 포함

SEL O/ LAX WAS (ARR@01OCT17) X CHI (DEP@08OCT17) O/ SFO ---- SEL	SEL O/ LAX WAS (ARR@01:00/01OCT17) X CHI (DEP@15:00/01OCT17) O/ SFO ---- SEL
SO : 3 POINT (LAX, SFO, Surface Sector) TF : 3 POINT (LAX, SFO, Surface Sector)	SO : 2 POINT (LAX, SFO) TF : 3 POINT (LAX, SFO, Surface Sector)

5.5 비항공운송구간 규정 - Surface Break TPM Check

(1) **대상** : Fare Construction Surface Sector 여정 중, Surface Sector가 Thru Fare에 포함되지 않으며 국제선 Surface Sector 양방향에 Normal 운임이 적용된 여정

(2) **목적** : 항공권 분리 발권 여부의 판단

(3) **적용 방법** : 국제선 Surface Sector의 TPM이 여정의 Origin부터 Surface Sector의 시작 지점까지의 TPM보다 큰 경우 분리 발권

KUL SIN ---- 1,200 YOW X BKK ---- RGN FRA 3,200 Y2OW	• Surface sector가 Thru fare에 포함되지 않음 • Surface sector의 양방향이 국제선 구간 • Normal 운임 적용되어 있음 • 국제선 Surface Sector의 TPM이 여정 Origin과 Surface sector 시작 지점의 TPM보다 큼 KUL-SIN TPM 190 miles ∧ SIN-BKK TPM 880 miles • 분리발권 필요

연습문제

1. 다음 중 틀린 것을 모두 고르시오.

가. 비항공운송구간이란 승객이 항공편을 이용하지 않고 타 교통수단을 이용하여 항공 여행이 일시 중단된 구간을 의미한다.

나. 항공편 외에 다양한 운송 수단이 될 수 있으며 타 항공사의 항공권으로 분리 발권한 구간은 비항공운송구간에 포함되지 않는다.

다. Imbedded Surface Sector와 Fare Construction Surface Sector 모두 Stopover와 Transfer 개수에서 제외된다.

2. 다음 보기 중 Surface Sector의 종류와 여정 예시가 바르게 연결된 것을 고르시오.

1 imbedded surface sector	2 fare construction surface sector	3 fare construction surface sector
SEL LAX X SFO ---- CHI SEL	SEL LAX ---- X SFO ---- CHI SEL	SEL LAX X SFO CHI ---- SEL

CHAPTER

4

Fare System(entry Mode)

Chapter 4

Fare System(entry Mode)

생각해 봅시다

Fare System은 무엇일까요?
수많은 도시의 다양한 운임을 어떻게 조회할 수 있을까요?

자동운임이란 무엇일까요?
- 완성된 PNR 없이 여정과 항공사만으로 운임을 산출한다.

학습목표

이 과정의 학습을 통해
- Entry Mode로 Fare System을 이해할 수 있다.
- Entry Mode로 자동운임을 계산할 수 있다.

차례

1. Fare System의 이해
2. Fare Display(FQD, FQN, FQR)
3. Fare Quote Tools(FQM, FQC, FQA)
4. 자동운임계산

① Fare System의 이해

1.1 Fare System이란?

2014년 5월 이후부터 도입된 시스템으로 Lowest Fare를 조회한 후 예약 생성 및 Automatic Ticket Changer 기능을 이용한 자동 재발행, 환불기능 적용 등 사용자 요구에 맞춘 더욱 다양한 기능과 Option을 추가하여 최고의 기능과 서비스를 제공한다.

1.2 Fare System 구조

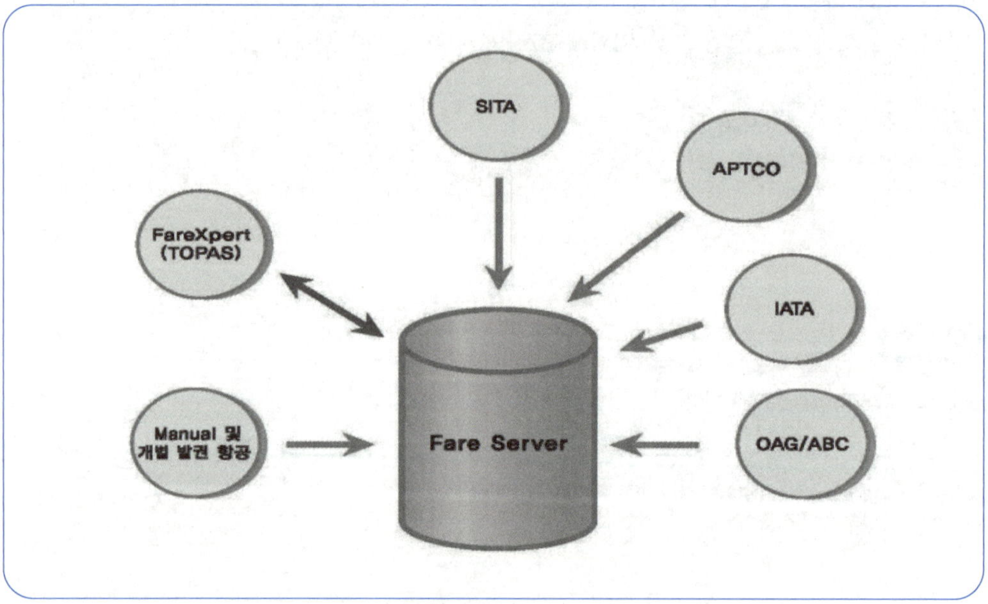

※ SITA(Society of International Tele-communications of Airline)

※ ATPCO(Airline Tariff Publishing Company)

※ IATA(International Air Transport Association)

※ OAG(Official Airline Guide)

1.3 Fare System의 특성 및 종류

① 각종 Display Option 및 제공 Information의 다양화

② Pricing 종류의 용도별 다양성 : FQP/FXP/FXB 및 Negotiated Fare Pricing

③ 동일 PNR 내 복수의 Passenger Type 동시 운임 산출
④ 예약과 연계한 Fare Display 및 Best Buy Pricing 방식 적용
⑤ 항공사별 Own-Fare의 결합을 통한 저렴한 운임 산출
⑥ 항공사의 Booking Class를 중심으로 한 운임 산출 방식
⑦ 구체적인 Error-message 제공을 통한 용이한 Entry 적용 방식
⑧ Reissue, Refund 자동 계산 기능(ATC)
⑨ 저렴한 운임 조회 후 예약 생성 기능(FXB, FXD)

1.4 Fare System의 기능별 분류

<table>
<tr><th>기능</th><th>기본 Entry</th><th>Entry 설명</th><th>Help</th></tr>
<tr><td rowspan="6">Fare Calculation Entry</td><td>FQA</td><td>IATA ROE(Rate of Exchange)</td><td>HE FQA</td></tr>
<tr><td>FQC</td><td>환율 조회 및 변환</td><td>HE FQC</td></tr>
<tr><td>FQM</td><td>Mileage 관련 조회 및 계산</td><td>HE FQM</td></tr>
<tr><td>FQO</td><td>두 도시 간 GI별 Mileage 조회</td><td>HE FQO</td></tr>
<tr><td>FQX</td><td>Excess Baggage Charge 조회(KG Base)</td><td>HE FQX</td></tr>
<tr><td>FQZ</td><td>PFC 관련 Information 조회</td><td>HE FQZ</td></tr>
<tr><td rowspan="6">Fare Display Entry</td><td>FQD</td><td>Fare Display</td><td>HE FQD</td></tr>
<tr><td>FQN</td><td>Fare Rule 조회</td><td>HE FQN</td></tr>
<tr><td>FQK</td><td>FQD 후 Tax 관련 Information 조회</td><td>HE FQK</td></tr>
<tr><td>FQR</td><td>Routing Information 조회</td><td>HE FQR</td></tr>
<tr><td>FQS</td><td>Booking Class 조회</td><td>HE FQS</td></tr>
<tr><td>FRV</td><td>운임 Filing 정보 조회(Add-on 금액 포함)</td><td>-</td></tr>
<tr><td>Informative Pricing</td><td>FQP</td><td>PNR 없는 Pricing</td><td>HE FQP</td></tr>
<tr><td>PNR Pricing</td><td>FXP</td><td>PNR 있는 Pricing</td><td>HE FXP</td></tr>
<tr><td rowspan="4">Best Pricer with PNR</td><td>FXB</td><td>Rebook to the Lowest Fare/TST 생성</td><td>HE FXB</td></tr>
<tr><td>FXR</td><td>Rebook to the Lowest Fare/TST 미생성</td><td>HE FXR</td></tr>
<tr><td>FXA</td><td>좌석 예약 가능한 Lower Fare 목록 조회</td><td>HE FXA</td></tr>
<tr><td>FXL</td><td>좌석 상태를 고려하지 않고 대기자까지 포함하여 예약 가능한 가장 저렴한 운임 산출
(재예약 불가 및 TST 미생성)</td><td>HE FXL</td></tr>
<tr><td>Master Pricer Expert</td><td>FXD</td><td>좌석 예약 가능 상태를 고려, 예약 가능한 가장 저렴한 운임 및 비행스케줄 정보 제공</td><td>HE FXD</td></tr>
</table>

1.5 Fare System의 Option

여러 조건을 한꺼번에 입력하고 싶다면, 각 조건을 /(Slash)로 구분하고, 입력 순서는 상관없으나 /R로 시작하는 조건은 항상 Entry 맨 뒤에 입력한다.

특정 항공사 지정(항공사 2자리 코드)	/AKE
Booking Class 지정	/CF
방향지표(Global Indicator) 지정	/VTS
특정 날짜 지정	/D25MAR
할인 승객 코드 지정	/RCH
오름차순 지정	/IX
항공사 목록 제외	/IL
편도 운임 지정	/IO
왕복 운임 지정	/IR
1/2RT 운임 지정	/IH

2 Fare Display(FQD, FQN, FQR)

2.1 FQD

두 도시 간 적용 가능한 공시운임을 조회하는 Entry로 항공사, 날짜, Booking Class, Global Indicator 등을 지정하여 운임을 조회할 수 있다. 항공사는 필수 입력이며 나머지 항목은 추가하지 않는 경우, 현재 날짜와 출발도시의 Currency가 적용된 운임이 기본값으로 설정된다.

(1) 기본 Entry

FQDSELBKK/AKE
FQD : 운임 조회 기본 지시어(Fare Quotation Display) SELBKK : 출발지-목적지 /AXX : 항공사 지정(A : Airline, XX : 항공사 2자리 코드)

명령어	FQDSELBKK/AKE
응답결과	(below)

```
> FQDSELBKK/AKE

FQDSELBKK/AKE
AE  AI  BA  BI  BR  B7  CA  CI  CX      TAX MAY APPLY
CZ  EK  ET  EY  FZ  GA  GS  HU  HX      SURCHG MAY APPLY-CK RULE
HZ  H1  IT  JL  JX  KA  KL  KQ  LH
LJ  LQ  MF  MH  MI  MU  NX  NZ  OZ
PG  PR  QF  QR  QV  RQ  SC  SQ  S7
TG  TW  UO  VA  VN  WE  WY  XF  ZE
ZH  3U  7C  9W  /YY*AA  AC  AF  AK
BG  B0  CA  CG  CO  C6  D2  D7  EK
FD  FN  FP  FR  FY  F5  GI  GX  G5
HC  HV  H1  H2  JD  JJ  J9  KC  KE
LA  LH  LJ  LL  LS  MF  M8  NW  OD
OZ  PZ  QH  QZ  RY  R3  R7  R8  SB
S3  TB  TO  TW  UA  UJ  VJ  VK  VY
WW  W2  W5  W7  XJ  XL  X4  X5  YC
YZ  ZE  ZH  ZL  Z2  3Q  3U  4M  4O
5Q  6Q  7A  7C  9B  9G  9H  9N  9R
9XROE 1199.409825 UP TO 100.00 KRW
>                                               PAGE  1/ 3
*TRN*
```

<table>
<tr><th>명령어</th><th>MD</th></tr>
<tr><td>응답결과</td><td><pre>
> MD

21MAR22**21MAR22/KE SELBKK/NSP;EH/TPM 2286/MPM 2743
LN FARE BASIS   OW   KRW RT   B PEN DATES/DAYS   AP MIN MAX R
01 POW   1651700   P + O31DEC   -   - -   - M
02 PRT   3003000 P + O31DEC   -   - -   - M
03 JOW   1211100   J +   -   -   - -   - M
04 COW   1101000   C +   -   -   - -   - M
05 JRT   2202000 J +   -   -   - -   - M
06 DNE30RKS   1081100   D +   -   -   + 3 -   - R
07 CRT   2001800 C +   -   -   - -   - M
08 IKE30SKS   1000000   I + S21MAR 31MAR+ 3+ -   - R
                                        A01NOV B31MAR
09 DNE3ZRKS   1801700 D +   -   -   + 3 - 12M+R
10 IKE3ZRKS   1650000 I + S21MAR 31MAR+ 3+ -   1M+R
11 YOW   757700   Y +   -   -   + - -   - M
12 YRT   1377600 Y +   -   -   - -   - M
13 BKE00RKS   672000   B + S01MAR 31MAR   - -   - R
14 MKE00RKS   570000   M + S01MAR 31MAR   - -   - R
15 MNE00EKS   568300   M +   -   -   + - -   - M
16 BKE0ZRKS   1120000 B + S01MAR 31MAR   - - 12M R
17 SKE00RKS   510000   S + S01MAR 31MAR   - -   - R
>   PAGE 2/ 3
TRN
</pre></td></tr>
</table>

(2) Option 추가 Entry

FQDSELPAR/AKE/D10FEB/VTS/CY/IL,X/R,NUC
FQD : 운임 조회 기본 지시어(Fare Quotation Display) SELPAR : 출발지-목적지 /AXX : 항공사 지정(A : Airline, XX : 항공사 코드) /D10FEB : 출발일 지정(D : Departure) /VTS : 방향지표 (V: Via, TS : GI코드) /CY : Booking Class (C : Class, Y : 적용 Booking Class) /IL,X : 항공사 목록 제외, 낮은 운임에서 높은 운임 순으로 조회 /R,NUC : 통화코드 NUC로 조회

명령어	FQDSELPAR/AKE/D10FEB/VTS/CY/IL,X/R,NUC

응답결과

```
> FQDSELPAR/AKE/D10FEB/VTS/CY/IL,X/R,NUC

FQDSELPAR/AKE/D10FEB/VTS/CY/IL,X/R,NUC
ROE 1199.409825 UP TO 100.00 KRW
10FEB23**10FEB23/KE SELPAR/NSP;TS/TPM  5626/MPM  8342
LN FARE BASIS    OW     NUC  RT     B PEN  DATES/DAYS    AP MIN MAX R
01 YNX0ZRMK                2517.90 Y  +      -           + -   -  12M R
02 YNW0ZRMK                2809.70 Y  +      -           + -   -  12M R
03 YRT                     2908.50 Y  +      -      -    + -   -   -  M
04 YOW          1599.70            Y  +      -      -    + -   -   -  M
>                                                      PAGE  1/ 1
*TRN*

>
```

코드	설명
LN	Line Number
Fare Basis	운임 코드 ☞ Fare Basis 앞에 오는 특정 부호 / : Add-on 결합 운임 (FRV + Line number로 금액 확인 가능)
OW	One Way Fare
NUC	통화코드
RT	Round Trip Fare
B	운임 공시 항공사 적용 Booking Class ☞ Note-plus sign(+)은 2개 이상의 Booking Class가 사용되고 있음을 나타냄 (FQS + Line number로 확인)
PEN	Penalty 정보 ☞ + : Penalty 있음 (FQN1//PE : 1번 운임의 Penalty 세부 사항 확인) - : Penalty 없음 NRF : Non-Refundable P50 : 50% penalty
Dates/Days	Dates : 출발일 시즌 적용(Seasonality), Days : 출발 요일 적용
AP	사전구입 조건(Advance Purchase) ☞ + : 사전구입 조건 있음 (FQN1//AP : 1번 운임의 사전구입 조건 세부사항 확인) - : 사전구입 조건 없음
MIN	최소 체류 기간(Minimum Stay)
MAX	최대 체류 기간(Maximum Stay)
R	운임 계산 방식 ☞ M : Mileage System Fare, R : Routing System Fare

(3) 선택 사항 지정 Entry

같은 종류의 Option을 동시에 지정할 경우는 콤마(,)로 연결해야 한다.

: FQDSELHKG/AKE/IL,X,R/R,NUC,-NML

Entry	설명
FQDSELHKG/ACX	특정 항공사 운임 조회
FQDSELHKG/ACX,KE,TG	복수 항공사 지정(최대 3개까지 가능)
FQDSELHKG/ACX/D10MAR	미래날짜 지정 운임 조회
FQDSELHKG/ACX/D10MAR19	과거날짜 지정 운임 조회(연도 지정 필수)
FQDSELHKG/ACX/CK	특정 Booking Class 지정
FQDSELHKG/ATG/KF	객실 서비스 등급 지정(F : 일등석, C : 우등석, Y : 일반석)
FQDSELHKG/S	Shopper Display(항공사별 Carrier Fare 조회)
FQDSELLON/AKE/VEH	GI를 지정한 운임 조회
FQDSELHKG/ACX/IX	낮은 운임부터 높은 운임 순으로 조회
FQDSELHKG/ACX/IO	편도(OW)운임 조회
FQDSELHKG/ACX/IL	FQD에서 참여 항공사 목록 및 Tax 메시지 제외
FQDSELHKG/ACX/IR	왕복(RT)운임 조회
FQDSELHKG/ACX/IH	1/2왕복(1/2RT)운임 조회
FQDSELHKG/ACX/IO/R,NUC	NUC로 편도(OW)운임 조회
FQDSELHKG/ACX/IL,X/R,NUC,-NML	NUC로 정상운임 조회
FQDSELHKG/ACX/IL,X/R,NUC,-SPL	NUC로 특별운임 조회
FQDSELHKG/AKE/R,-GRP	그룹운임 조회
FQDSELLAX/AKE/R,-CH-IN	승객 Type 지정 조회(최대 3개까지)
FQDSELSEL/AKE/VRW	세계일주운임 조회
FQDNYCWAS/AAA/R,-VA	VUSA(Visit USA) Fare 조회
FQDSELHKG/R,U	판매가(Nego Fare) 조회
FQDSELHKG/R,UP	공시운임과 판매가(Nego Fare) 모두 조회

(4) 간편 Entry

Entry	설명
MPFQD	FQD 이후 후속 Entry를 입력하여 작업하는 중에 기존의 운임 응답 화면으로 돌아가기
FQDN	NUC로 운임 조회
FQDL	출발지국 통화(Local Currency)로 운임 조회
FQDR	역방향 운임 조회
FQDC	/Option 사용하여 변환 예)FQDC/AKE/D10MAR

2.2 FQN

Fare Rule과 Tax를 조회하는 Entry이다.

(1) Fare Rule 기본 Entry

FQDSELPAR/AKE/D1MAR/IL,X → FQN1//LI 또는 FQN1*LI
FQN : Fare Rule 조회 기본 지시어(Fare Quotation Note) 1 : 운임 라인 번호 LI : Rule Option List 조회

명령어	FQN1//LI
응답결과	(아래 참조)

```
> FQN1//LI

FQN1//LI
**  RULES DISPLAY  **
01MAR23**01MAR23/KE SELPAR/NSP;TS/TPM  5626/MPM  8342
LN FARE BASIS     OW    KRW   RT    B PEN  DATES/DAYS    AP MIN MAX R
01 LLX0ZRMK                 1050000 L  +  S01NOV  31MAR+  + -  12M R
FCL: LLX0ZRMK  TRF:  44 RULE: KR02 BK:  L
PTC: ADT-ADULT               FTC: XEX-REGULAR EXCURSION
OPTION LIST
   RU.RULE APPLICATION               MN.MIN STAY
   MX.MAX STAY                       SE.SEASONS
   DA.DAY/TIME                       SR.SALES RESTRICT
   AP.ADVANCE RES/TKT                FL.FLT APPLICATION
   CD.CHILD DISCOUNTS                TC.TOUR CONDUCTOR
   AD.AGTS DISCOUNTS                 OD.OTHER DISCOUNTS
   SO.STOPOVERS                      TF.TRANSFERS/RTGS
   SU.SURCHARGES                     TE.TKT ENDORSEMENT
   PE.PENALTIES                      CO.COMBINABILITY
   MD.MISCELLANEOUS DATA             VC.VOLUNTARY CHANGES
   VR.VOLUNTARY REFUNDS
          ****** SELECT CATEGORIES ******
                                               PAGE   1/ 1
*TRN*
```

FQDSELPAR/AKE/D1MAR/IL,X → FQN1//SO,PE 또는 FQN1*SO,PE
FQN : Fare Rule 조회 기본 지시어(Fare Quotation Note) 1 : 운임 라인 번호 SO, PE : Rule Category Code (SO : Stopover, PE : Penalty)

(2) Fare Rule 특정 Rule Category 조회

명령어	FQN1//SO,PE
응답결과	(아래 화면 참조)

```
> FQN1//SO,PE

FQN1//SO,PE
**  RULES DISPLAY  **
01MAR23**01MAR23/KE SELPAR/NSP;TS/TPM  5626/MPM  8342
LN FARE BASIS    OW    KRW   RT    B PEN  DATES/DAYS    AP MIN MAX R
01 LLX0ZRMK                1050000 L  +  S01NOV  31MAR+  + -  12M R
FCL: LLX0ZRMK  TRF:  44 RULE: KR02 BK:  L
PTC: ADT-ADULT              FTC: XEX-REGULAR EXCURSION
SO.STOPOVERS
BETWEEN KOREA, REPUBLIC OF AND PAR FOR LLX0ZRMK TYPE FARES
 NOTE - GENERAL RULE DOES NOT APPLY

  STOPOVERS NOT PERMITTED ON THE FARE COMPONENT.

PE.PENALTIES
BETWEEN KOREA, REPUBLIC OF AND AREA 2 FOR LLX0ZRMK TYPE
FARES

  CANCELLATIONS

    BEFORE DEPARTURE
                                                PAGE  1/10
*TRN*
```

(3) Rule Category Code

Rule Code	Decode	설명
RU	Rule Application	Rule 적용 지역, 기내 서비스 등급, 운송 형태 등
MN	MIN Stay	최소 체류 기간
MX	MAX Stay	최대 체류 기간
SE	Seasons	시즌 적용 기준
DA	Day/Time	주중/주말 적용 기준
SR	Sales Restrict	판매 제한 정보
TR	TVL Restriction	여행 일자 제한
AP	Advance RES/TKY	사전 구입 조건
FL	FLT Application	항공편 적용이나 제한과 관련된 내용(공동운항편 등)

CD	Child Discounts	소아/유아/비동반 소아 할인
TC	Tour Conductor	단체 인솔자 할인
AD	AGTS Discounts	여행사 직원 할인
OD	Other Discounts	기타 할인 정보
SD	Stopovers	도중 체류 정보
TF	Transfers	비행편 환승 정보
SU	Surcharges	Surcharge 정보
TE	TKT Endorsement	항공권 제한사항 기재 내용
PE	Penalties	환불, 변경 등 Penalty 정보
CO	Combinability	운임 결합 정보
MD	Miscellaneous Data	기타 내용(HIP Change 시 사용 가능 여부, 등급차액 계산 시 사용 가능 여부 등)
VC	Voluntary Changes	Voluntary Change(ATC 재발행 시 확인 항목)
VR	Voluntary Refunds	Voluntary Refund(ATC 환불 시 확인 항목)

(4) Tax 조회

FQNTAX/KR
FQNTAX : TAX 조회 기본 지시어 KR : 국가 코드 2자리, Korea

명령어	FQNTAX/KR
응답결과	

```
> FQNTAX/KR

FQNTAX/KR
KR SOUTH KOREA
1. AP 004 SE    SECURITY AND INSURANCE SURCHARGE
                DEPARTURE ISRAELI CARRIERS
2. BP 001 DP    INTERNATIONAL PSC DEPARTURE TAX
                AND GLOBAL DISEASE ERADICATION FUND
3. DA 001 EB    PASSENGER SERVICE CHARGE DOMESTIC
4. G3 001 XX    AIRPORT CONSTRUCTION FEE

----------------------------------------------------------------
1. SECURITY AND INSURANCE SURCHARGE DEPARTURE ISRAELI CARRIERS

TAX CODE:     *AP*
TAX TYPE:     *004*
TAX NATURE:   *SE*

  - OWNER ATP / CARRIER YY

.
LEVIED PER COUPON ON ISRAELI CARRIER FLIGHTS.
                                                  PAGE  1/26
*TRN*
```

(5) Tax Code 상세 조회 Entry

FQNTAX/US/YC
FQNTAX : TAX 조회 기본 지시어 US : 국가 코드 2자리, United States of America YC : Tax Code

명령어	FQNTAX/US/YC
응답결과	> FQNTAX/US/YC FQNTAX/US/YC US UNITED STATES 1. YC 001 AE CUSTOMS USER FEE -- 1. CUSTOMS USER FEE TAX CODE: *YC* TAX TYPE: *001* TAX NATURE: *AE* - OWNER ATP / CARRIER AA . LEVIED ON PASSENGERS ARRIVING IN THE FIFTY UNITED STATES- DISTRICT OF COLUMBIA- OR PUERTO RICO ON FLIGHTS IN WHICH THE JOURNEY ORIGIN IS A POINT OTHER THAN US TERRITORIES AND POSSESSIONS. . . PAGE 1/33 *TRN*

2.3 FQR

Routing을 조회하는 Entry

(1) 기본 Entry

FQDSELSYD/AKE/D10MAR/IL,X/R,NUC –〉 FQR3
FQR : Routing 조회 기본 지시어 3 : 운임 라인 번호

명령어	FQDSELSYD/AKE/D10MAR/IL,X/R,NUC

응답결과	<pre>> FQDSELSYD/AKE/D10MAR/IL,X/R,NUC
	
	FQDSELSYD/AKE/D10MAR/IL,X/R,NUC
	ROE 1199.409825 UP TO 100.00 KRW
	10MAR23**10MAR23/KE SELSYD/NSP;EH/TPM 5184/MPM 6220
	LN FARE BASIS OW NUC RT B PEN DATES/DAYS AP MIN MAX R
	01 LLEVZRKZ 833.74 L + S20FEB 31MAR + - 12M R
	02 KLEVZRKZ 958.80 K + S20FEB 31MAR + - 12M R
	03 LLEVZR1Z 1042.16 L + S20FEB 31MAR + - 12M R
	04 ELEVZRKZ 1083.86 E + S20FEB 31MAR + - 12M R
	05 KLEVZR1Z 1167.24 K + S20FEB 31MAR + - 12M R
	06 HLE0ZRKZ 1208.92 H + S20FEB 31MAR - - 12M R
	07 ELEVZR1Z 1292.30 E + S20FEB 31MAR + - 12M R
	08 ELEV0RKZ 650.31 E + S20FEB 31MAR + - - R
	09 SLE0ZRKZ 1333.98 S + S20FEB 31MAR - - 12M R
	10 HLE0ZR1Z 1417.36 H + S20FEB 31MAR - - 12M R
	11 HLE00RKZ 725.35 H + S20FEB 31MAR - - - R
	12 MLE0ZRKZ 1500.72 M + S20FEB 31MAR - - 12M R
	13 SLE0ZR1Z 1542.42 S + S20FEB 31MAR - - 12M R
	14 ELEV0R1Z 775.38 E + S20FEB 31MAR + - - R
	15 SLE00RKZ 800.39 S + S20FEB 31MAR - - - R
	16 HLE00R1Z 850.41 H + S20FEB 31MAR - - - R
	> PAGE 1/ 3
	TRN</pre>

명령어	FQR3

응답결과	<pre>> FQR3
	
	FQR3
	ROE 1199.409825 UP TO 100.00 KRW
	10MAR23**10MAR23/KE SELSYD/NSP;EH/TPM 5184/MPM 6220
	LN FARE BASIS OW NUC RT B PEN DATES/DAYS AP MIN MAX R
	03 LLEVZR1Z 1042.16 L + S20FEB 31MAR + - 12M R
	ADDON SPECIFIED KE6500 ADDON EFF17FEB20
	  1 * SEL-SYD
	  2 * SEL-BNE-QF/VA-SYD
	> PAGE 1/ 1
	TRN
	
	></pre>
	※ Route Map 적용 방법
	① 도시와 도시 사이에 -(하이픈)은 해당 운임을 설정한 항공사가 생략된 것이다.
	예) SEL-SYD : SEL-KE-SYD
	② 도시와 항공사 사이에 -(하이픈)은 AND(연결)를 의미하고 /(슬래시)는 OR(또는)를 의미한다.
	예) SEL-BNE-QF/VA-SYD : SEL-KE-BNE-QF-SYD 또는 SEL-KE-BNE-VA-SYD

③ Fare Quote Tools(FQM, FQC, FQA)

3.1 FQM

Mileage 조회(HE FQM) Entry이다.

(1) 기본 Entry

FQMSELTYOBOMDELPARLON
FQM : Mileage 조회 기본 지시어(Fare Quotation Mileage) SELTYOBOMDELPARLON : 각 구간의 도시코드

명령어	FQMSELTYOBOMDELPARLON
응답결과	(아래 화면 참조)

```
> FQMSELTYOBOMDELPARLON

FQM   SEL   TYO   BOM   DEL   PAR   LON

CTY   DC   TPM   CUM    MPM DC LVL  <HGL  >LWL   25M XTRA   GCM
SEL 3
TYO 3 EH   758   758    909 EH  0M   151     0  1136    0   722
BOM 3 EH  4201  4959   4329 EH 15M    19   198  5411    0  4181
DEL 3 EH   708  4967   3480 EH EXC     0   617  4350  700   707
PAR 2 EH  4076  9743   8685 EH 15M   244   190 10856    0  4087
LON 2 EH   214  9957   8914 EH 15M   294   152 11142    0   215
>                                              PAGE  1/ 1
*TRN*
```

코드	설명
CTY	각 구간의 도시코드/도시 옆의 숫자는 Area
DC	구간별 방향지표(GI)
TPM	구간별 발권구간거리, 실제거리(Ticketed Point Mileage)
CUM	구간별 누적된 TPM의 합
MPM	출발지로부터 각 구간까지의 최대 허용거리(Maximum Permitted Mileage)
DC	출발지로부터 경유지 포함한 각 구간까지의 누적된 방향지표(GI)
LVL	출발지로부터 경유지 포함한 각 구간까지의 초과거리 할증률, CUM과 MPM을 비교한 결괏값

3.2 Currency 변환(HE FQC)

(1) 기본 Entry

FQC500HKD/KRW
FQC : Currency 변환 기본 지시어(Fare Quotation Currency) 500HKD/KRW : 500 HKD를 KRW로 변환

명령어	FQC500HKD/KRW
응답결과	> FQC500HKD/KRW FQC500HKD/KRW BSR CONVERSION OF HKD TO KRW KRW 77700 - ROUNDED AS FARES KRW 77700 - ROUNDED AS OTHER CHARGES KRW 77654 - AMOUNT TRUNCATED BSR USED 1 HKD = 155.308595 KRW EFF 19MAR22 DISC 21MAR22 ROUNDING OF FARES UP TO 100 KRW ROUNDING OF OTHER CHARGES UP TO 100 KRW HKD - HONGKONG DOLLAR KRW - S.KOREAN WON > PAGE 1/ 1 *TRN* ■

FQAKRW 또는 FQAKRW/01OCT21
FQA : IATA ROE 기본 지시어 KRW : 통화코드 01OCT21 : 과거 날짜(과거 12개월 전까지 조회 가능)

3.3 IATA ROE 조회(HE FQA)

명령어	FQAKRW
응답결과	> FQAKRW FQAKRW EFF 01MAR22 *** DISC INDEF 1 NUC 1199.409825 KRW ROUNDING UP TO 100.00 KRW NUC - NEUTRAL UNIT OF CONSTRUCTION KRW - S.KOREAN WON > PAGE 1/ 1 *TRN* ■ >

<table>
<tr><th>명령어</th><th>FQAKRW/01OCT21</th></tr>
<tr><td>응답결과</td><td><pre>
> FQAKRW/01OCT21

FQAKRW/01OCT21
              EFF 01OCT21 *** DISC INDEF
1 NUC   1162.687447 KRW   ROUNDING UP TO   100.00 KRW

NUC - NEUTRAL UNIT OF CONSTRUCTION
KRW - S.KOREAN WON
>   PAGE 1/ 1
TRN

>
</pre></td></tr>
</table>

④ 자동운임계산

4.1 Informative Pricing(HE FQP)

완성된 PNR 없이 여정과 항공사만으로 운임을 산출하는 방법으로 여러 가지 Option을 사용하여 Pricing할 수 있다(Group Fare 및 Air Pass 운임 제외). 도시코드보다 공항코드를 이용하여 Pricing하면 정확한 Tax를 산출할 수 있고 과거 24개월 이전부터 미래 12개월 후까지 적용 가능하며 왕복 기준 16개 SEG, 편도 기준 15개 SEG(최대 2개의 Surface 포함)까지 Pricing 가능하다.

Informative Pricing 기본 조건은 첫 번째, 성인 운임이어야 하고 두 번째, 첫 Segment는 오늘 출발, 나머지 Segment는 날짜 미확정으로 처리한다. 세 번째는 Class별 높은 운임에서 낮은 운임 순이고 네 번째는 모든 도시에서 체류하는 것이다.

(1) 기본 Entry

FQPICN/AKEBKKICN -> FQQ5 또는 FQH5
FQP : Informative Pricing 기본 지시어 ICNBKKICN : 출발지-목적지 공항코드 /AXX : 항공사 지정(A : Airline, XX : 항공사 코드, KE : 대한항공) FQQ5 : 5번 운임 세부 계산 내역 조회(가로 보기) FQH5 : 5번 운임 세부 계산 내역 조회(세로 보기)

명령어	FQPICN/AKEBKKICN
응답결과	

```
> FQPICN/AKEBKKICN

FQPICN/AKEBKKICN

 * FARE BASIS *  DISC    *  PTC        * FARE<KRW>  * MSG   *T
01 PRT        *          * 1           *   3163700  *RB     *Y
02 JRT        *          * 1           *   2362700  *RB     *Y
03 CRT        *          * 1           *   2162500  *RB     *Y
04 YRT        *          * 1           *   1538300  *RB     *Y
05 UKEVZRKS   *          * 1           *    710700  *RB     *Y
*5*RESTRICTIONS MAY APPLY/CHECK FQN
*5*TICKET STOCK RESTRICTION
>                                             PAGE   1/ 1
*TRN*

>
```

명령어	FQQ5

응답결과

```
> FQQ5
FQQ5
05 UKEVZRKS    *          * 1          *     710700   *RB    *Y
LAST TKT DTE 21MAR22 - DATE OF ORIGIN
------------------------------------------------------------
     AL FLGT  BK   DATE  TIME  FARE BASIS      NVB  NVA   BG
 SEL
 BKK KE        U    21MAR       UKEVZRKS              21SEP 1P
 SEL KE        U                UKEVZRKS              21SEP 1P

KRW   550000       21MAR22SEL KE BKK229.27KE SEL229.27NUC
                   458.54END ROE1199.409825
KRW   103200-YR    XT KRW 1300-E7 KRW 1300-E7 KRW 600-G8 KRW
KRW    28000-BP    600-G8 KRW 25700-TS
KRW    29500-XT
KRW   710700
BAG/SEAT/SERVICES AT A CHARGE MAY BE AVAILABLE-ENTER FXK
TICKET STOCK RESTRICTION
BG CXR: KE/KE
>                                                  PAGE  2/ 3
*TRN*
■
```

명령어	FQH5

응답결과

```
> FQH5
FQH5


  FCP  AL  BK TPM   MPM   EMA  EMS R GI CC  NVB  NVA    BG
  SEL
  BKK  KE  U                       R EH KE     21SEP   1P
 FARE BASIS:UKEVZRKS        AMOUNT IN NUC:         229.27
  SEL  KE  U                       R EH KE     21SEP   1P
 FARE BASIS:UKEVZRKS        AMOUNT IN NUC:         229.27

 TOTAL FARE CALCULATION:                           458.54
 ROE: 1199.409825                  FARE KRW:       550000
 TAX: YRVA         103200   BPDP            28000
      E7AP           1300   E7AD             1300
      G8DP            600   G8AE              600
      TSLA          25700
 TOTAL:                                            710700
>                                                PAGE  2/ 2
*TRN*
■
```

명령어	FQH5
응답결과	① BK : 해당 운임의 Auto Pricing Booking Class(SEL-BKK E Class, BKK-SEL E Class) ② R : 운임 계산 방식(R : Routing Fare, M : Mileage Fare) ③ GI : 방향지표(EH) ④ CC : 운임 선택 항공사(KE) ⑤ NVB(Not Valid Before) : 최소 체류기간(MIN STAY), Blank인 경우는 제한이 없는 운임을 의미 ⑥ NVA(Not Valid After) : 최대 체류기간(MAX STAY), 2월 13일까지 모든 여정을 사용하여야 한다. ⑦ 운임 산출 내역(Fare Calculation) : 운임마디별 NUC와 Total NUC 그리고 적용된 ROE ⑧ Shown Fare ⑨ TAX 정보 ⑩ 승객 지불 총액(운임 + TAX)

(2) Option Entry

FQPICN/AKE/D10DEC/CF/VEHCAI--CDG/AKE/D20DEC/CY/VTSICN/RCH

```
> FQPICN/AKE/D10DEC/CF/VEHCAI--CDG/AKE/D20DEC/CY/VTSICN/RCH

FQPICN/AKE/D10DEC/CF/VEHCAI--CDG/AKE/D20DEC/CY/VTSICN/RCH

  * FARE BASIS *  DISC     *  PTC        * FARE<KRW>  * MSG   *T
01 PRT+YNX0Z* * CH         * 1           *   4954600  *       *Y
>                                                  PAGE  1/ 1
*TRN*
```

FQP : Informative Pricing 기본 지시어
/AKE : 항공사 지정(A : Airline, XX : 항공사 코드, KE : 대한항공)
/D10DEC : 출발일 지정(D : Departure)
/CF : Booking Class(C : Class)
/VEH : Global Indicator(V : Via)
-- : 비항공운송구간(Surface)
/RCH : 소아할인(CH : Child 할인코드)

<table>
<tr><th>명령어</th><th>FQH1</th></tr>
<tr><td>응답결과</td><td><pre>
> FQH1
FQH1

  FCP AL BK TPM   MPM   EMA EMS R GI CC NVB NVA   BG
  SEL
  CAI KE F 5237 6285   M EH KE   31DEC   3P
 FARE BASIS:PRT/CH00   AMOUNT IN NUC: 2910.09
/-PAR
  SEL KE Y   R TS KE   10DEC   1P
 FARE BASIS:YNX0ZRMK/CH25   AMOUNT IN NUC: 944.21

 TOTAL FARE CALCULATION: 3854.30
 ROE: 1199.409825   FARE KRW: 4622900
 TAX: YRVA   223200   BPDP   28000
      F7VB   2400   FRSE   11500
      FRTI   15800   IZEB   6100
      O4VC   4100   QXAP   40600
 TOTAL: 4954600
>   PAGE 2/ 2
TRN
</pre></td></tr>
</table>

(3) Informative Pricing Option

항공사 및 Class 지정 Option을 포함하는 경우에 새로운 항공사 또는 Booking Class가 추가되기 전까지는 처음 지정된 Option이 전 여정에 그대로 적용됨을 유의해야 한다.

요청 내용	Option	위치
특정 항공사 지정	/AAF	해당 도시 사이
특정 날짜 지정	/D20APR	
Booking Class 지정	/CF	
Global Indicator 지정	/VTS	
Surface Sector 지정	--	
Fare Break Point 지정	/B	해당 도시 앞
Fare Break Point 미지정	/N	
Stopover Point 지정	-	해당 도시 뒤
전 구간 같은 항공사 지정	/OAF	Entry의 마지막
할인운임 Code 지정	/RCH	
Passenger Type Code(PTC) 지정	/RSTU	
Group Fare 지정	성인: /RGV 소아 : /RGV-CH	
IT Fare 지정	성인: /RIT 소아: /RIT-CH	
Lowest Price 지정	/L	
항공권 판매지, 발권지 지정	/R,SEL,SEL	Entry의 마지막(R,SEL : 판매지, SEL : 발권지)

(4) 주요 할인 Code 및 Passenger Type Code

내용	Discount Code	Passenger Type Code(PTC)
Infant(유아)	IN	INF
Child(소아)	CH	Cnn (예 : C09 -9살 소아)
Adult(성인)	-	ADT
Student(학생)	SD	STU
Youth(청소년)	ZZ	YTH
Seaman(선원)	SC	SEA
Military(군인)	MM	MIL
Emigrant(이민)	EM	EMI
Agent(여행사)	AD	AGT
Air Industry Employee(항공사 직원)	ID	-
Senior Citizen(경로 우대)	CD	YCD
Group Inclusive Tour(단체)	GV	GIT
Individual Inclusive Tour(개인 패키지)	IT	IIT
Tour Conductor(여행 인솔자)	CG	TUR

4.2 PNR Pricing(HE FXP)

(1) 기본 Entry

FXP : 자동운임계산 및 TST 생성 FXX : 자동운임계산 및 TST 미생성
TST : 운임 저장 후 발권을 위해 필요한 모든 정보가 담겨 있는 Field

(2) PNR Pricing 순서(TST 생성)

PNR 조회 → FXP → (FXT2)
FXP : PNR Pricing 기본 지시어(TST 생성) (FXT2 : 운임이 2개 이상일 경우 적용할 운임 라인 번호 선택)

명령어	RT2258-8563
응답결과	> RT2258-8563 --- RLR --- RP/SELK13900/SELK13900 AA/SU 21MAR22/1423Z 5GD77K 2258-8563 1.LEE/TAEGYU MR 2 KE 121 M 10MAY 2 ICNSYD HK1 1955 0825 11MAY E KE/5GD77K 3 KE 122 M 15MAY 7 SYDICN HK1 2115 0615 16MAY E KE/5GD77K 4 AP 02-258-8563 INHA TOUR 5 AP M*010-9839-1478 6 TK OK21MAR/SELK13900 7 OPW SELK13900-25MAR:1900/1C7/KE REQUIRES TICKET ON OR BEFORE 28MAR:1900 ICN TIME ZONE/TKT/S2-3 8 OPC SELK13900-28MAR:1900/1C8/KE CANCELLATION DUE TO NO TICKET ICN TIME ZONE/TKT/S2-3 *TRN* >
명령어	FXP
응답결과	> FXP FXP 01 LEE/TAEGY* LAST TKT DTE 10MAY22 - DATE OF ORIGIN -- AL FLGT BK DATE TIME FARE BASIS NVB NVA BG SEL SYD KE 121 M 10MAY 1955 MLE0ZRKZ 10MAY 1P SEL KE 122 M 15MAY 2115 MLE0ZRKZ 10MAY 1P KRW 1800000 10MAY22SEL KE SYD750.36KE SEL750.36NUC 1500.72END ROE1199.409825 KRW 223200-YR XT KRW 53600-AU KRW 104000-WY KRW 28000-BP KRW 157600-XT KRW 2208800 BAG/OTHER SERVICES AT A CHARGE MAY BE AVAILABLE-ENTER FXK BG CXR: KE/KE PRICED VC KE - OTHER VC AVAILABLE HR > PAGE 2/ 3 *TRN*
명령어	RT
응답결과	> RT --- TST RLR --- RP/SELK13900/SELK13900 AA/SU 21MAR22/1423Z 5GD77K 2258-8563 1.LEE/TAEGYU MR 2 KE 121 M 10MAY 2 ICNSYD HK1 1955 0825 11MAY E KE/5GD77K 3 KE 122 M 15MAY 7 SYDICN HK1 2115 0615 16MAY E KE/5GD77K 4 AP 02-258-8563 INHA TOUR 5 AP M*010-9839-1478 6 TK OK21MAR/SELK13900 7 OPW SELK13900-25MAR:1900/1C7/KE REQUIRES TICKET ON OR BEFORE 28MAR:1900 ICN TIME ZONE/TKT/S2-3 8 OPC SELK13900-28MAR:1900/1C8/KE CANCELLATION DUE TO NO TICKET ICN TIME ZONE/TKT/S2-3 9 FE PAX 1.NONENDS. RISS CHRG APPLY. RFND PNTY APPLY./S2-3 10 FV PAX KE/S2-3 *TRN* >

PNR 조회 → FXX → (FQQ2 또는 FQH2)
FXX : PNR Pricing 기본 지시어(TST 미생성) (FQQ2 또는 FQH2 : 운임이 2개 이상일 경우 적용할 운임 라인 번호 선택)

(3) PNR Pricing 순서(TST 미생성)

명령어	RT2258-8563
응답결과	> RT2258-8563 --- RLR --- RP/SELK13900/SELK13900 AA/SU 21MAR22/1423Z 5GD77K 2258-8563 1.LEE/TAEGYU MR 2 KE 121 M 10MAY 2 ICNSYD HK1 1955 0825 11MAY E KE/5GD77K 3 KE 122 M 15MAY 7 SYDICN HK1 2115 0615 16MAY E KE/5GD77K 4 AP 02-258-8563 INHA TOUR 5 AP M*010-9839-1478 6 TK OK21MAR/SELK13900 7 OPW SELK13900-25MAR:1900/1C7/KE REQUIRES TICKET ON OR BEFORE 28MAR:1900 ICN TIME ZONE/TKT/S2-3 8 OPC SELK13900-28MAR:1900/1C8/KE CANCELLATION DUE TO NO TICKET ICN TIME ZONE/TKT/S2-3 *TRN* >
명령어	FXX
응답결과	> FXX FXX 01 LEE/TAEGY* LAST TKT DTE 10MAY22 - DATE OF ORIGIN -- AL FLGT BK DATE TIME FARE BASIS NVB NVA BG SEL SYD KE 121 M 10MAY 1955 MLE0ZRKZ 10MAY 1P SEL KE 122 M 15MAY 2115 MLE0ZRKZ 10MAY 1P KRW 1800000 10MAY22SEL KE SYD750.36KE SEL750.36NUC 1500.72END ROE1199.409825 KRW 223200-YR XT KRW 53600-AU KRW 104000-WY KRW 28000-BP KRW 157600-XT KRW 2208800 BAG/OTHER SERVICES AT A CHARGE MAY BE AVAILABLE-ENTER FXK BG CXR: KE/KE PRICED WITH VALIDATING CARRIER KE - REPRICE IF DIFFERENT VC > PAGE 2/ 3 *TRN*

명령어	RT

응답결과	```
	> RT
	
	--- RLR ---
	RP/SELK13900/SELK13900 AA/SU 21MAR22/1423Z 5GD77K
	2258-8563
	  1.LEE/TAEGYU MR
	  2 KE 121 M 10MAY 2 ICNSYD HK1 1955 0825 11MAY E KE/5GD77K
	  3 KE 122 M 15MAY 7 SYDICN HK1 2115 0615 16MAY E KE/5GD77K
	  4 AP 02-258-8563 INHA TOUR
	  5 AP M*010-9839-1478
	  6 TK OK21MAR/SELK13900
	  7 OPW SELK13900-25MAR:1900/1C7/KE REQUIRES TICKET ON OR BEFORE
	      28MAR:1900 ICN TIME ZONE/TKT/S2-3
	  8 OPC SELK13900-28MAR:1900/1C8/KE CANCELLATION DUE TO NO
	      TICKET ICN TIME ZONE/TKT/S2-3
	TRN
	
	>
	``

(4) PNR Pricing Option

Entry	설명
FXP/P2,3 FXX/P2,3	승객 지정(Passenger Association)
FXP/S2-4 FXX/S2-4	여정 지정(Segment Association)
FXP/RCH FXX/RCH	Discount 코드 적용(Passenger Discount code)
FXP/INF FXX/INF	유아 지정(Infant Association)
FXP/PAX FXX/PAX	유아 제외 모든 승객 지정(성인, 소아)
FXP/R,U	Nego Fare 지정
FXP/R,UP	공시운임 및 Nego Fare 지정

4.3 Best Pricer(HE FXB)

이미 예약된 여정에 대하여, 하위의 'Available'(좌석 예약 가능)한 Booking Class와 낮은 요금, 또는 같은 Class더라도 더 낮은 운임을 확인하여 운임 산출 결과를 보여주는 최적의 운임 산출 기능이다.

(1) 기본 Entry

PNR 조회 → FXB : 하위 운임으로 Pricing, 재예약 및 TST 생성
TST : 운임 저장 후 발권을 위해 필요한 모든 정보가 담겨 있는 Field

명령어	FXB

응답결과

```
> FXB

FXB

01 LEE/TAEGY*
ITINERARY REBOOKED
LAST TKT DTE 24MAR22/23:59 LT in POS - SEE ADV PURCHASE
------------------------------------------------------------
     AL FLGT  BK   DATE  TIME  FARE BASIS      NVB  NVA   BG
 SEL
 SYD KE   121 L *  10MAY 1955  LLEVZRKZ             10MAY 1P
 SEL KE   122 L *  15MAY 2115  LLEVZRKZ             10MAY 1P

KRW  1000000       10MAY22SEL KE SYD416.87KE SEL416.87NUC
                   833.74END ROE1199.409825
KRW   223200-YR    XT KRW 53600-AU KRW 104000-WY
KRW    28000-BP
KRW   157600-XT
KRW  1408800
BAG/SEAT/SERVICES AT A CHARGE MAY BE AVAILABLE-ENTER FXK
TICKET STOCK RESTRICTION
BG CXR: KE/KE
>                                                  PAGE  2/ 3
*TRN*
```

명령어	RT

응답결과

```
> RT

--- TST RLR ---
RP/SELK13900/SELK13900           AA/SU  21MAR22/1423Z   5GD77K
2258-8563
  1.LEE/TAEGYU MR
  2  KE 121 L 10MAY 2 ICNSYD DK1  1955 0825  11MAY  E  0 333 DB
     INTERNATIONAL SAFE TRAVEL ZONE FLT
     SEE RTSVC
  3  KE 122 L 15MAY 7 SYDICN DK1  2115 0615  16MAY  E  0 333 BL
     SEE RTSVC
  4 AP 02-258-8563 INHA TOUR
  5 AP M*010-9839-1478
  6 TK OK21MAR/SELK13900
  7 FE PAX 1.NONENDS. RISS CHRG APPLY. RFND PNTY APPLY. NO MILE
       UG./S2-3
  8 FV PAX KE/S2-3
*TRN*
```

(2) Best Pricer Entry

Entry	설명
FXB	하위 운임으로 Pricing, 재예약 및 TST 생성
FXR	하위 운임으로 Pricing, 재예약 및 TST 미생성
FXA → FXU 또는 FXZ	FXA : 좌석 예약 가능한 하위 운임으로 목록 조회 FXU : FXA 후 재예약 및 TST 생성 FXZ : FXA 후 재예약 및 TST 미생성
FXL	좌석 예약 가능 상태를 고려하지 않고, 대기자까지 포함하여 예약 가능한 가장 저렴한 운임 산출(재예약 불가 및 TST 미생성)
FXB/R,U	Nego Fare 지정
FXB/R,UP	공시운임 및 Nego Fare 지정

4.4 Master Pricer Expert(HE FXD)

FXD는 입력된 여정에 대해 예약 가능한 비행편과 운임 정보를 추천하고 여정 정보 또는 PNR을 이용하여 검색과 최대 50개까지의 운임을 조회할 수 있다. 2 Surface 포함, 6개 Segment까지 검색이 가능하고 추천 운임 결과 조회 후, FXU(재예약과 동시에 TST 생성) 또는 FXZ(재예약은 되나 TST 미생성)을 이용하여 예약할 수 있다.

(1) 기본 Entry(PNR이 있는 경우)

PNR 조회 → FXD → FXS2
FXD : Master Price Expert 기본 지시어 FXS2 : 두 번째 추천 운임 선택

<table>
<tr><th>명령어</th><th>FXD</th></tr>
<tr><td>응답결과</td><td><pre>
> FXD

FXD
16 GROUPS AND 34 RECOMMENDATIONS RETURNED FROM KRW 797400 TO 1408800
---------- BEST AVAIL. FARE FOR CURRENT PNR (KRW 1408800)----------
  PTC   CUR   TAX   FARE BASIS
1 ADT   1 KRW   1408800   408800   LLEVZRKZ
  TOTAL   1 KRW   1408800   408800
1   KE 121   L   10MAY ICN 2 SYD 1 1955 0825+1 E0/333   1130
2   KE 122   L   15MAY SYD 1 ICN 2 2115 0615+1 E0/333   1000
>> FXZ1 TO REBOOK >> FXU1 TO REBOOK AND CREATE TST
1 300000 KRW PENALTY APPLIES
1 LAST TKT DTE24MAR22 - SEE ADV PURCHASE
---------- RECOMMENDATION 1 OF 1 IN GROUP 2 (KRW 797400)----------
  PTC   CUR   TAX   FARE BASIS
1 ADT   1 KRW   797400   277400   QLASKR
  TOTAL   1 KRW   797400   277400
1   JL9950 Q 10MAY GMP I HND 3 1210 1415   E0/772
     QF 26 Q 10MAY HND 3 SYD 1 2200 0850+1 E0/333 1940
2   QF 25 Q 15MAY SYD 1 HND 3 2050 0555+1 E0/333
     JL 91 Q 16MAY HND 3 GMP I 0825 1045   E0/788 1455
)>

> MD

>> FXS2 TO SELECT   >> FXZ2 TO BOOK   >> FXU2 TO BOOK AND CREATE TST
1 TICKETS ARE NON-REFUNDABLE
1 LAST TKT DTE28MAR22 - SEE ADV PURCHASE
---------- RECOMMENDATION 1 OF 1 IN GROUP 3 (KRW 797400)----------
  PTC   CUR   TAX   FARE BASIS
1 ADT   1 KRW   797400   277400   QLASKR
  TOTAL   1 KRW   797400   277400
1   JL 92 Q 10MAY GMP I HND 3 1205 1415   E0/788
     QF 26 Q 10MAY HND 3 SYD 1 2200 0850+1 E0/333 1945
2   QF 25 Q 15MAY SYD 1 HND 3 2050 0555+1 E0/333
     JL 91 Q 16MAY HND 3 GMP I 0825 1045   E0/788 1455
>> FXS3 TO SELECT   >> FXZ3 TO BOOK   >> FXU3 TO BOOK AND CREATE TST
1 TICKETS ARE NON-REFUNDABLE
1 LAST TKT DTE28MAR22 - SEE ADV PURCHASE
---------- RECOMMENDATION 1 OF 1 IN GROUP 4 (KRW 814300)----------
  PTC   CUR   TAX   FARE BASIS
1 ADT   1 KRW   814300   244300   QLASKR+NLASKR
  TOTAL   1 KRW   814300   244300
1   JL9950 Q 10MAY GMP I HND 3 1210 1415   E0/772
)>
</pre></td></tr>
<tr><th>명령어</th><th>FXS2</th></tr>
<tr><td>응답결과</td><td><pre>
> FXS2

FXS2
1 RECOMMENDATIONS IN GROUP 2(KRW 797400)

---------- RECOMMENDATION 1 OF 1 IN GROUP 2 (KRW 797400)----------
  PTC   CUR   TAX   FARE BASIS
1 ADT   1 KRW   797400   277400   QLASKR
  TOTAL   1 KRW   797400   277400

1   JL9950 Q 10MAY GMP I HND 3 1210 1415   E0/772
     QF 26 Q 10MAY HND 3 SYD 1 2200 0850+1 E0/333 1940
2   QF 25 Q 15MAY SYD 1 HND 3 2050 0555+1 E0/333
     JL 91 Q 16MAY HND 3 GMP I 0825 1045   E0/788 1455
>> FXZ1 TO BOOK >> FXU1 TO BOOK AND CREATE TST >> MPFXD TO RETURN
1 TICKETS ARE NON-REFUNDABLE
1 LAST TKT DTE28MAR22 - SEE ADV PURCHASE

     ** END OF DISPLAY **
█
</pre></td></tr>
</table>

(2) 기본 Entry(PNR이 없는 경우)

FXDICN/D10MAYBKK/D20MAYICN → FXS1
FXD : Master Price Expert 기본 지시어 ICN/D10MARBKK : 구간(SEL/BKK) 및 해당 구간 여행일(/D10MAR) BKK/D20MARICN : 구간(BKK/SEL) 및 해당 구간 여행일(/D20MAR) FXS1 : 첫 번째 추천 운임 선택

명령어 FXDICN/D10MAYBKK/D20MAYICN

응답결과

```
> FXDICN/D10MAYBKK/D20MAYICN

FXDICN/D10MAYBKK/D20MAYICN
48 GROUPS AND 50 RECOMMENDATIONS RETURNED FROM KRW 396700 TO 2291500
---------- RECOMMENDATION 1 OF 1 IN GROUP 1 (KRW 396700)----------
  PTC       CUR                  TAX           FARE BASIS
1 ADT     1 KRW    396700     57500            KKT
  TOTAL   1 KRW    396700     57500
1   TW 101  K  10MAY  ICN 1 BKK    2025  0025+1 E0.737  0600
2   TW 102  K  20MAY  BKK   ICN 1  0120  0855   E0.737  0535
>> FXS1 TO SELECT  >> FXZ1 TO BOOK  >> FXU1 TO BOOK AND CREATE TST
1 LAST TKT DTE10MAY22 - DATE OF ORIGIN
---------- RECOMMENDATION 1 OF 2 IN GROUP 2 (KRW 409700)----------
  PTC       CUR                  TAX           FARE BASIS
1 ADT     1 KRW    409700     73700            VT3KRRL
  TOTAL   1 KRW    409700     73700
1   SQ 607  V  10MAY  ICN 1 SIN 0  0900  1420   E0/787
    SQ 712  V  10MAY  SIN 3 BKK    1600  1725   E0/359  1025
2   SQ 711  V  20MAY  BKK   SIN 0  1830  2155   E0/359
    SQ 608  V  21MAY  SIN 3 ICN 1  0010  0745   E0/787  1115
>> FXS2 TO SELECT  >> FXZ2 TO BOOK  >> FXU2 TO BOOK AND CREATE TST
)>
```

명령어 FXS1

응답결과

```
> FXS1

FXS1
1 RECOMMENDATIONS IN GROUP 1(KRW 396700)

---------- RECOMMENDATION 1 OF 1 IN GROUP 1 (KRW 396700)----------
  PTC       CUR                  TAX           FARE BASIS
1 ADT     1 KRW    396700     57500            KKT
  TOTAL   1 KRW    396700     57500

1   TW 101  K  10MAY  ICN 1 BKK    2025  0025+1 E0.737  0600
2   TW 102  K  20MAY  BKK   ICN 1  0120  0855   E0.737  0535
>> FXZ1 TO BOOK  >> FXU1 TO BOOK AND CREATE TST  >> MPFXD TO RETURN
1 LAST TKT DTE10MAY22 - DATE OF ORIGIN

      ** END OF DISPLAY **
```

(3) Master Pricer Expert 응용 Entry

Entry	설명
FXD4ICN/D24DECBKK/D30DECICN	ICN(24DEC)BKK(30DEC)ICN 조건, 4좌석 예약 가능한 좌석 및 운임 정보 추천 요청
FXDICN/D24DECBKK/D30DECICN//PB800000	ICN(24DEC)BKK(30DEC)ICN 조건, 최대 80만 원 이내 예약 가능한 좌석 및 운임 정보 추천 요청
FXDICN/D24DECBKK/D30DECICN/RCH	ICN(24DEC)BKK(30DEC)ICN 조건, 소아 할인 운임(RCH) 예약 가능한 좌석 및 운임 정보 추천 요청
FXDICN/D24DECBKK/D30DECICN//FN	직항편(Non-Stop Flight)만 조회
FXDICN/D24DECBKK/D30DECICN//R,U	Nego Fare 조회
FXDICN/D24DECBKK/D30DECICN//R,UP	공시운임과 Nego Fare 조회

CHAPTER

5

항공운임계산(entry mode)

Chapter 5

항공운임계산(entry mode)

생각해 봅시다

가족들과 함께 사이판으로 여행을 가고 싶습니다. 항공권이 얼마일까요?

- 항공운임은 출발하는 날짜와 구매하는 시점에 따라 다르다.
- 일반적으로 승객의 항공 여행은 단순히 두 지점 간의 편도 또는 왕복으로 이루어지는 경우보다는 최초 출발지와 목적지 사이에 여러 도시를 경유하는 경우가 있다.
- 나이와 신분에 따라 할인이 적용된다.

학습목표

이 과정의 학습을 통해

- Entry Mode로 항공운임의 종류를 알 수 있다.
- 항공운임에 적용되는 Mileage System Routing System의 원리를 이해할 수 있다.
- 운임 제한규정을 학습한다.

차례

1. 항공운임의 종류
2. Carrier Fare Selection Criteria
3 공시운임과 판매가
4. 항공운임의 계산방법
5. Routing System
6. Mileage System
7. Mileage System 보완규정(HIP)

① 항공운임의 종류

1.1 정상운임(Normal Fare)

정상운임은 무제한 정상운임(Unrestricted)과 제한 정상운임(Restricted)으로 구분된다.

제한 정상운임은 사용 시기(Seasons), 주중/주말(Days), 도중체류(Stopover) 등의 제한이 있고 정상운임을 적용한 항공권의 유효기간은 발행일로부터 1년 이내에 첫 구간(Flight Coupon)을 사용해야 하며 나머지 구간은 첫 구간 사용 후 1년 이내에 모두 사용해야 한다.

명령어	FQDSELCHC/AKE/IL,X/R,-NML

응답결과	<pre>> FQDSELCHC/AKE/IL,X/R,-NML
	
	FQDSELCHC/AKE/IL,X/R,-NML
	ROE 1199.409825 UP TO 100.00 KRW
	21MAR22**21MAR22/KE SELCHC/NML;EH/TPM 6294/MPM 7628
	LN FARE BASIS OW KRW RT B PEN DATES/DAYS AP MIN MAX R
	01 YRT 3800000 Y + - - - - - M
	02 YOW 2090100 Y + - - - - - M
	03 CRT 5000000 C + - - - - - M
	04 COW 2750000 C + - - - - - M
	05 JRT 5545000 J + - - - - - M
	06 JOW 3050000 J + - - - - - M
	07/PRT 7218400 P + O31DEC - - - - M
	08/POW 3970200 P + O31DEC - - - - M
	> PAGE 1/ 1
	TRN</pre>

명령어	FQN1

응답결과	<pre>> FQN1
	
	FQN1
	** RULES DISPLAY **
	21MAR22**21MAR22/KE SELCHC/NML;EH/TPM 6294/MPM 7628
	LN FARE BASIS OW KRW RT B PEN DATES/DAYS AP MIN MAX R
	01 YRT 3800000 Y + - - - - - M
	FCL: YRT TRF: 8 RULE: 5000 BK: Y
	PTC: ADT-ADULT FTC: EU -ECONOMY UNRESTRICTED
	OPTION LIST
	   RU.RULE APPLICATION SR.SALES RESTRICT
	   TR.TVL RESTRICTION CD.CHILD DISCOUNTS
	   AD.AGTS DISCOUNTS OD.OTHER DISCOUNTS
	   SO.STOPOVERS TF.TRANSFERS/RTGS
	   SU.SURCHARGES TE.TKT ENDORSEMENT
	   PE.PENALTIES CO.COMBINABILITY
	   VC.VOLUNTARY CHANGES VR.VOLUNTARY REFUNDS
	        ****** SELECT CATEGORIES ******
	                                              PAGE 1/ 1
	TRN</pre>

1.2 특별운임(Special Fare)

특별운임은 정상운임을 제외한 모든 운임이다. Excursion, PX, APEX, IT(Inclusive Tour), GV(Group) Fare로 구분되며 승객의 여행 조건에 따라 다양한 제한 조건을 두어 정상운임보다 저렴한 운임으로 구성되어 있다

명령어	FQDSELCHC/AKE/IL,X/R,-SPL
응답결과	(아래 참조)

```
> FQDSELCHC/AKE/IL,X/R,-SPL

FQDSELCHC/AKE/IL,X/R,-SPL
ROE 1199.409825 UP TO 100.00 KRW
21MAR22**21MAR22/KE SELCHC/SPL;EH/TPM  6294/MPM  7628
LN FARE BASIS     OW     KRW   RT     B PEN  DATES/DAYS    AP MIN MAX R
01 LLEVZRKZ                 1400000 L  +  S21FEB  31MAR    + -   12M R
02 KLEVZRKZ                 1550000 K  +  S21FEB  31MAR    + -   12M R
03 ELEVZRKZ                 1700000 E  +  S21FEB  31MAR    + -   12M R
04 HLE0ZRKZ                 1850000 H  +  S21FEB  31MAR    -  -  12M R
05 SLE0ZRKZ                 2000000 S  +  S21FEB  31MAR    -  -  12M R
06 ELEV0RKZ   1020000               E  +  S21FEB  31MAR    + -    -  R
07 MLE0ZRKZ                 2200000 M  +  S21FEB  31MAR    -  -  12M R
08 HLE00RKZ   1110000               H  +  S21FEB  31MAR    -  -   -  R
09 SLE00RKZ   1200000               S  +  S21FEB  31MAR    -  -   -  R
10 MLE00RKZ   1320000               M  +  S21FEB  31MAR    -  -   -  R
11 BLE0ZRKZ                 2700000 B  +  S21FEB  31MAR    -  -  12M R
12 BLE00RKZ   1620000               B  +  S21FEB  31MAR    -  -   -  R
13 YNE0ZRKZ                 3500000 Y  +    -       -      -  -  12M R
>                                                   PAGE  1/ 1
*TRN*
```

명령어	FQN1
응답결과	(아래 참조)

```
> FQN1

FQN1
**  RULES DISPLAY  **
21MAR22**21MAR22/KE SELCHC/SPL;EH/TPM  6294/MPM  7628
LN FARE BASIS     OW     KRW   RT     B PEN  DATES/DAYS    AP MIN MAX R
01 LLEVZRKZ                 1400000 L  +  S21FEB  31MAR    + -   12M R
FCL: LLEVZRKZ  TRF:   8 RULE: KZ03 BK:  L
PTC: ADT-ADULT              FTC: XEX-REGULAR EXCURSION
OPTION LIST
   RU.RULE APPLICATION                MX.MAX STAY
   SE.SEASONS                         SR.SALES RESTRICT
   TR.TVL RESTRICTION                 AP.ADVANCE RES/TKT
   CD.CHILD DISCOUNTS                 AD.AGTS DISCOUNTS
   OD.OTHER DISCOUNTS                 SO.STOPOVERS
   TF.TRANSFERS/RTGS                  SU.SURCHARGES
   TE.TKT ENDORSEMENT                 PE.PENALTIES
   CO.COMBINABILITY                   MD.MISCELLANEOUS DATA
   VC.VOLUNTARY CHANGES               VR.VOLUNTARY REFUNDS
          ****** SELECT CATEGORIES ******
                                                    PAGE  1/ 1
*TRN*
```

1.3 할인운임

(1) 유아운임(IN)

- 여행기준 14일 이상 만 2세 미만의 좌석을 점유하지 않는 승객 (항공사마다 다를 수 있음, KE, OZ는 만 7일 이상으로 적용)
- 성인운임의 10% 적용
- 무료 수하물은 항공사마다 다름
- 한국/미국/캐나다의 국내선 무료(국가마다 운임규정이 상이함)

(2) 소아운임(CH)

- 최초 여행일 기준 만 2세 이상 만 12세 미만으로 성인 보호자가 동반하는 승객
- 성인운임의 75% 적용
- 무료 수하물은 성인과 동일
- 국가별, 항공사별로 소아운임이 상이하므로 Rule Check를 해야 한다.

(3) 비동반 소아 운임(UM)

- 최초 여행일 기준 만 5세 이상 12세 미만 승객으로 보호자 없이 혼자 여행하는 승객
- 성인운임과 동일하게 적용
- 무료 수하물은 성인과 동일
- 구비서류는 운송신청서 및 서약서가 필요하다.

* Entry

〉SR UMNR-UM7 X M KOR X CARRIAGE AUTH

〉SR OTHS-DEP KIM SUHYUN 82-10-1234-5678 ARR LEE MINJEONG 7564589

2 Carrier Fare Selection Criteria

2.1 일반규정

(1)과 (2) 중에서 저렴한 운임을 적용한다.

(1)	-Area 간 여정 시, 첫 번째 Area 간 이동하는 항공사
	-Area 내 여정 시, 첫 번째 Sub-Area 간 이동항공사
	-동일한 Sub-Area 내 여정 시, 첫 번째 국제선 항공사
(2)	동일 항공사에 의한 운송된 국제선 구간의 TPM 합이 가장 큰 항공사

예제 1

		•선택 I 항공사 : EK (Area3 BOM에서 Area2 DXB로 이동)	☞SEL PAR 구간 : EK 운임과 KE 운임 비교하여 저렴한 운임 선택
	SEL	- SEL, BOM : TC3	
KE	BOM TPM 3457	- DXB, PAR : TC2	
EK	DXB TPM 1201		
AF	PAR - TPM 3254	•선택 II 항공사 : KE (마디 TPM이 가장 큰 항공사 : 3457)	

③ 공시운임과 판매가

3.1 공시운임과 판매가

공시운임(Published Fare)	각 항공사들이 특정 시장 및 수요에 따라 운임을 정하여 각국 정부로부터 인가 받아 배포하는 공식 운임
판매가(Selling Price)	항공사의 공시된 운임 외에 여러 조건에 따라 할인이 적용된 운임

3.2 Shown Fare와 Net Fare

Shown Fare	공시운임과 각종 Charge(Stopover Charge, 운임 Surcharge 등)가 포함된 금액
Net Fare	항공사 판매가와 각종 Charge(Stopover Charge, 운임 Surcharge 등)가 포함된 금액
Discount(DC) 금액	Shown Fare - Net Fare

3.3 항공사 판매가 시스템

- 공시운임과 판매가, DC 금액, 필요에 따라 승인번호까지 모두 일괄 입력
- 항공사별 사용하는 항공사와 사용하지 않는 항공사가 있으므로 구분 및 확인 필요
- 특정 항공사 경우, 별도 특가 운임인 경우에만 따로 적용하는 경우도 있음

(1) 항공사 판매가 시스템 운임 계산 Entry

판매가 조회	FQDSELBKK/D10OCT/AKE/R,U
PNR 이용 판매가 자동 계산	FXP/R,U

(2) 공시운임과 판매가 조회

명령어 FQDSELBKK/D22OCT/AKE/IL,X (공시운임 조회 KE)

응답결과

```
> FQDSELBKK/D22OCT/AKE/IL,X

FQDSELBKK/D22OCT/AKE/IL,X
ROE 1199.409825 UP TO 100.00 KRW
22OCT22**22OCT22/KE SELBKK/NSP;EH/TPM  2286/MPM  2743
LN FARE BASIS     OW    KRW   RT    B PEN  DATES/DAYS    AP MIN MAX R
01 ULEVZRKS                  450000 U  +  S09OCT  31OCT+  + -   6M R
02 LLEVZRKS                  490000 L  +  S09OCT  31OCT+  + -   6M R
03 KLEVZRKS                  540000 K  +  S09OCT  31OCT+  + -   6M R
04 ELEVZRKS                  610000 E  +  S09OCT  31OCT   + -   6M R
05 KLEV0SKS     324000              K  +  S09OCT  31OCT+  + -   -  R
06 HLE0ZRKS                  680000 H  +  S09OCT  31OCT   - -   6M R
07 ELEV0RKS     366000              E  +  S09OCT  31OCT   + -   -  R
08 SLE0ZRKS                  760000 S  +  S09OCT  31OCT   - -   6M R
09 HLE00RKS     408000              H  +  S09OCT  31OCT   - -   -  R
10 MLE0ZRKS                  870000 M  +  S09OCT  31OCT   - -  12M R
11 SLE00RKS     456000              S  +  S09OCT  31OCT   - -   -  R
12 BLE0ZRKS                 1010000 B  +  S09OCT  31OCT   - -  12M R
13 MLE00RKS     522000              M  +  S09OCT  31OCT   - -   -  R
14 MNE00EKS     568300              M  +    -       -   + - -   -  M
15 BLE00RKS     606000              B  +  S09OCT  31OCT   - -   -  R
16 YRT                      1377600 Y  +    -       -     - -   -  M
>                                               PAGE  1/ 2
*TRN*
```

명령어 FQDSELBKK/D22OCT/AKE/R,U (판매가 조회 KE)

응답결과

```
> FQDSELBKK/D22OCT/AKE/R,U

FQDSELBKK/D22OCT/AKE/R,U
MORE FARES AVAIL IN USD                   TAX MAY APPLY
ROE 1199.409825 UP TO 100.00 KRW          SURCHG MAY APPLY-CK RULE
22OCT22**22OCT22/KE SELBKK/NSP;EH/TPM     2286/MPM   2743
LN FARE BASIS     OW    KRW   RT    B PEN  DATES/DAYS     AP MIN MAXFR
01 HLE0ZRKSC                 612000 H  +  S09OCT  31OCT+ -   -    6MAR
                                          B31MAR E01APR
                                          O31MAR   -
02 HLE0ZRKSA                 612000 H  +  S09OCT  31OCT+ -   -    6MAR
                                          B31MAR E01APR
                                          O31MAR   -
03 SLE0ZRKSC                 684000 S  +  S09OCT  31OCT+ -   -    6MAR
                                          B31MAR E01APR
                                          O31MAR   -
04 SLE0ZRKSA                 684000 S  +  S09OCT  31OCT+ -   -    6MAR
                                          B31MAR E01APR
                                          O31MAR   -
05 HLE00RKSC    367200              H  +  S09OCT  31OCT+ -   -    - AR
                                          B31MAR E01APR
                                          O31MAR   -
>                                               PAGE  1/ 3
*TRN*
```

④ 항공운임의 계산방법

4.1 단순 편도/왕복 여정 운임 계산

단순 편도,
단순 왕복 여정

VS

최초 출발지와
최종 목적지 사이에
중간 지점 경유하는 여정

➡ 출발지와 목적지간 운임 그대로 사용

4.2 최초 출발지와 최종 목적지 사이에 중간지점 경유 여정 운임 계산

단순 편도,
단순 왕복 여정

VS

최초 출발지와
최종 목적지 사이에
중간 지점 경유하는 여정

➡ 항공운임의 계산은 이러한 형태별 특성을 고려하여 고안

마일리지 시스템 (Mileage System)	루팅 시스템 (Routing System)
거리 제도 승객의 여행 거리에 의해 운임 산출	Mileage에 관계없이 Routing Map (중간경유지, 항공사, Booking Class) 기준으로 그 준수 여부에 따라 운임 결정

(1) Mileage 운임과 Routing 운임 구분

<table>
<tr><th>명령어</th><th>FQDSELBKK/D22OCT/AKE/IL,X/CY/R,NUC</th></tr>
<tr><td>응답결과</td><td><pre>
> FQDSELBKK/D22OCT/AKE/IL,X/CY/R,NUC

FQDSELBKK/D22OCT/AKE/IL,X/CY/R,NUC
ROE 1199.409825 UP TO 100.00 KRW
22OCT22**22OCT22/KE SELBKK/NSP;EH/TPM 2286/MPM 2743
LN FARE BASIS   OW   NUC RT   B PEN DATES/DAYS   AP MIN MAX R
01 YRT   1148.56 Y +   -   -   -   -   - M
02 YOW   631.72   Y +   -   -   + -   -   - M
>   PAGE 1/ 1
TRN
</pre>
M : 마일리지 운임
R : 루팅 운임</td></tr>
</table>

(2) Sector Fare와 Through Fare

1 Sector Fare 계산

SEL
↓ 운임마디 1 Sector Fare
BKK -
↓ 운임마디 2 Sector Fare
SIN - -

- SELBKK 운임 + BKKSIN 운임
- 운임마디 2개
- 운임마디가 많아질수록 전체운임은 높아지게 됨

2 Through Fare 계산

SEL
BKK 운임마디 1 Through Fare
↓
SIN - -

- SEL/SIN 운임으로 전체 구간 Through 계산
- 운임마디 1개
- 운임마디가 적어져 전체 운임이 낮아지게 됨

(3) 운임마디(Fare Component)와 운임분리지점(Fare Break Point)

운임마디 (Fare Component)

- ✓ 항공 운임 계산 과정에서 하나의 단위로 계산되는 구간들의 집합
- ✓ Through Fare : 두 구간 이상을 하나의 운임마디로 계산할 때 적용되는 운임
- ✓ 하나의 여정을 몇 개의 운임마디로 나누든지 관계없으나 일반적으로 운임마디가 적을수록 전체 운임이 낮아짐 → 가능한 운임마디 수를 줄이는 것이 바람직함

운임분리지점(Fare Break Point)

- ✓ 운임마디 나누는 지점
- ✓ 여정상의 모든 지점이 원칙적으로 운임분리지점이 될 수 있음
- ✓ 일반적으로 왕복 여정이나 일주 여정의 경우에는 출발지에서 가장 먼 지점이나 운임이 가장 높은 지점을 선정
- ✓ 운임마디의 구분이 필요한 편도여정의 경우에는 여정의 방향이 바뀌는 지점 선정

⑤ Routing System

5.1 Routing System 개요

출발지와 목적지 간 운임과 여정(Routing)이 함께 공시되어 승객의 여정이 이에 부합될 경우 해당 운임을 그대로 징수하는 방식이다. 경유도시뿐만 아니라 항공사, Booking Class도 함께 공시되는 경우가 대부분이므로 Routing 적용 시에는 이와 같은 제한 조건을 모두 준수하여야 한다.

(1) Routing System 적용 방법

운임마디별 방향 지표를 확인(FQM)
출발지에서 목적지 간 Routing Fare 공시 여부 확인(FQD)
Route Map을 확인하여 승객의 여정이 Route Map에 부합되는지 확인(FQR)
해당 항공사의 Booking Class 확인
상기 조건을 충족하는 경우 출발지에서 목적지 간 운임을 그대로 적용

(2) Routing System의 특징

Routing Fare 적용 시 EMS, HIP 등 Mileage System 관련 규정은 Check하지 않는다. Route Map은 한쪽 방향으로 공시되어 있으나 반대 방향으로도 적용 가능하고 중간 경유지점은 생략될 수 있지만 추가될 수는 없다. Routing은 반드시 공시된 항공사를 이용해야 하며, 여러 항공사가 공시된 경우에는 승객 임의로 선택하여 이용할 수 있다.

5.2 Routing System 적용 절차

예제 1 : 오늘 출발, 일반석 가장 저렴한 운임

① 방향지표(GI) : FQM

② 출발지-목적지 Routing Fare 공시 여부 확인 : FQD

③ Route Map 확인 : FQR

④ 자동운임계산 : FQP

⑤ 해당 항공사의 Booking Class 확인 : FQS

	SEL		
VN(R)	X/HAN		
VN(N)	PAR	313.38	RHOXKR
	NUC	313.38	
	ROE	1212.550306	
	KRW	380000	

예제 2 : 3월 15일 출발, 일반석 가장 저렴한 운임

① 방향지표(GI) : FQM
② 출발지-목적지 Routing Fare 공시 여부 확인 : FQD
③ Route Map 확인 : FQR
④ KE 운임 적용 시 OAL(Other Airline) Booking Class 확인 : GG AIR KE CLS XX (XX : 항공사 2자리 코드)
⑤ 자동운임계산 : FQP

	SEL		
KE(E)	SYD		
QF(O-Q-N)	AKL	639.14	ELEVZR1Z
KE(E)	SEL	577.29	ELEVZRKZ
	NUC	1216.43	
	ROE	1212.550306	
	KRW	1475000	

5.3 Transfer와 Stopover

환승 (Transfer)	승객이 한 항공사에서 동일 항공사(Online Transfer) 또는 다른 항공사(Interline Transfer)의 항공편으로 갈아타는 경우
도중 체류 (Stopover)	승객이 중간 경유 지점에 도착 후 출발하는 스케줄이 24시간을 초과하는 경우
당일 연결 (No-Stopover)	승객이 중간 경유 지점에 도착 후 출발하는 스케줄이 24시간 미만 또는 정확히 24시간인 경우 해당 도시 앞에 'X/TPE'처럼 표시

SEL X/TPE HKG MNL X/SIN PAR	* Transfer : 4회 (TPE, HKG, MNL, SIN) * Stopover : 2회 (HKG, MNL) * No-Stopover : 2회 (TPE, SIN) ※ 출발지 SEL과 목적지 PAR는 제외

6 Mileage System

6.1 Mileage System

Mileage System은 승객의 항공 여행거리(마일리지)에 따라 운임을 산출하는 제도이다. 여러 도시를 경유할 때, 구간별 탑승거리의 합계와 출발지와 목적지 간의 최대 허용 거리를 비교하여 운임을 산출하는 방식이다

6.2 Mileage System 3대 요소

TPM (Ticketed Point Mileage) 실제 탑승거리

- ✔ 승객이 여행하는 실제 거리 항공편 운항 구간에만 설정
- ✔ 예) SEL–SIN 2883 Miles

MPM (Maximum Permitted Mileage) 최대 허용거리

- ✔ 두 지검 간 여행 가능한 최대허용 거리
- ✔ 실제 거리(TPM)보다 15~20% 정도 높게 설정. 중간지점 경유하더라도 동일 수준의 운임 적용 가능(운임의 탄력성)
- ✔ 예) SEL(출발지)–BKK(경유지)–SIN(목적지)의 거리 합계 3175 Miles, SEL–SIL의 MPM 3459 Miles

EMS (Excess Mileage Surcharge) 초과거리할증

- ✔ 승객의 실제 여행 거리인 TPM의 합계가 출발지에서 목적지 간의 MPM보다 큰 경우에 적용하는 할증
- ✔ 초과 비율 5단계로 구분 → 출발지 목적지 간 운임에 추가 할증

6.3 EMS(Excess Mileage Surcharge) 할증률

[EMS의 할증률]

거리 초과 비율	운임 할증률	운임 계산
0% 초과 5% 이하	5%	해당 운임×1.05
5% 초과 10% 이하	10%	해당 운임×1.1
10% 초과 15% 이하	15%	해당 운임×1.15
15% 초과 20% 이하	20%	해당 운임×1.2
20% 초과 25% 이하	25%	해당 운임×1.25
25% 초과	운임마다 나누어 계산	–

거리초과비율 (EMS) 계산

- Tatal TPM ÷ MPM한 후 초과분을 백분율로 나타낸 값
- 예) 출발지에서 목적지 간 운임 : 742.21

  MPM : 6220 Miles 〈 Total TPM : 7023 Miles

  EMS = 7023 ÷ 6220 = 1.12

〉초과분 0.12 × 백분율 = 12% → 15% 할증

〉운임계산 : 해당운임 × 1.15 = 742.21 × 1.15 = 853.54

〉FQM Entry를 이용하여 EMS 계산 가능

6.4 Mileage 조회

명령어: FQM SEL TYO BOM DEL PAR LON

응답결과

```
> FQM SEL TYO BOM DEL PAR LON

FQM   SEL   TYO   BOM   DEL   PAR   LON

CTY   DC   TPM   CUM   MPM DC LVL  <HGL  >LWL   25M XTRA   GCM
SEL 3
TYO 3 EH   758   758   909 EH  0M   151     0  1136    0   722
BOM 3 EH  4201  4959  4329 EH 15M    19   198  5411    0  4181
DEL 3 EH   708  4967  3480 EH EXC     0   617  4350  700   707
PAR 2 EH  4076  9743  8685 EH 15M   244   190 10856    0  4087
LON 2 EH   214  9957  8914 EH 15M   294   152 11142    0   215
>                                               PAGE  1/ 1
*TRN*
```

CTY	각 구간의 도시코드/도시 옆의 숫자는 Area
DC	구간별 방향지표(GI)
TPM	구간별 발권구간거리, 실제거리
CUM	구간별 누적된 TPM의 합
MPM	출발지로부터 각 구간까지의 최대 허용거리
DC	출발지로부터 경유지 포함한 각 구간까지의 누적된 방향지표(GI)
LVL	출발지로부터 경유지 포함한 각 구간까지의 초과거리 할증률 CUM과 MPM을 비교한 결괏값

* CUM(TPM 합) 9957 〉 MPM 8918
* EMS : 15%

◈ 하나의 운임마디로 계산

1) SEL
MNL
HKG
JKT

```
> FQMSELMNLHKGJKT

FQM   SEL   MNL   HKG   JKT

CTY   DC   TPM   CUM   MPM DC LVL  <HGL  >LWL   25M XTRA   GCM
SEL 3
MNL 3 EH  1627  1627  1952 EH  0M   325     0  2440    0  1630
HKG 3 EH   712  2339  1554 EH EXC     0   397  1942    0   699
JKT 3 EH  2029  4368  3937 EH 15M   159    38  4921    0  2009
>                                            PAGE  1/ 1
```

하나의 운임마디로 계산 가능 : 15% 할증하여 운임 적용(운임마디 : 1개)

2) SEL
HKG
SIN
DXB

```
> FQMSELHKGSINDXB

FQM   SEL   HKG   SIN   DXB

CTY   DC   TPM   CUM   MPM DC LVL  <HGL  >LWL   25M XTRA   GCM
SEL 3
HKG 3 EH  1295  1295  1554 EH  0M   259     0  1942    0  1295
SIN 3 EH  1594  2889  3459 EH  0M   570     0  4323    0  1604
DXB 2 EH  3635  6524  5043 EH EXC     0   221  6303    0  3629
>                                            PAGE  1/ 1
```

하나의 운임마디로 계산 불가 : 25% 초과(EXC), SIN에서 운임 분리해야 함(운임마디 : 2개)

6.5 Mileage System 적용 절차

예제 1 : 오늘 출발, Economy Normal Fare

① 방향지표(GI) 및 초과거리할증(EMS) : FQM
② 출발지-목적지 운임 조회 : FQD
③ EMS 발생 시 할증 적용
④ 출발지국 통화로 환산 : FQC
⑤ 자동운임계산 : FQP
※ 항공사별 Booking Class는 Routing System 적용 시 확인 방법과 동일

```
                    SEL
KE(Y)               X/AKL        20M
NZ(L-T-W-V-Q)       SYD   ---    1890.12   YOW
------------------------------------------
          NUC       1890.12
          ROE       1212.550306
          KRW       2291900
```

* 20M : EMS
* 1890.12 : SEL-SYD YOW 운임 × 1.2

예제 2 : 12월 20일 출발, Business Normal Fare

자동운임계산 : FQPSEL/D20DEC/AKEBKK/AAIBOM-/AMHKUL/AKESEL ➔ FQH5
※ 항공사별 Booking Class는 Routing System 적용 시 확인 방법과 동일

```
                  SEL
KE(C)           X/BKK          5M
AI(J)             BOM  ---   1182.69   CRT
MH(D-C-J)       X/KUL         25M
KE(C)             SEL        1407.97   CRT
------------------------------------------
          NUC       2590.66
          ROE       1212.550306
          KRW       3141400
```

* Out-Bound : SEL-BOM 1/2 CRT 운임 × 1.05
* In-Bound : SEL-BOM 1/2 CRT 운임 × 1.25

⑦ Mileage System 보완규정(HIP)

7.1 중간 높은 운임(HIP, Higher Intermediate Point) Check

Mileage System 의 규정	▪ 여러 구간을 하나의 단위로 계산함으로써 항공여행의 특성에 부합하도록 한 것 ▪ 실제 운임계산에 있어 여러 가지 불합리한 점이 발견됨에 따라 각종 보완규정을 보게 됨
중간 높은 운임 (Higher Intermediate Point Check: HIP)	▪ Mileage System의 기본 규정에 따르면, 출발지와 목적지 간의 공시운임을 기준으로 운임을 계산하게 되지만, 출발지와 목적지 간의 운임보다 중간지점의 운임이 더 높을 수가 있음 ▪ 중간지점의 높은 운임을 무시하고 출발지와 목적지 간의 운임을 적용한다면 불합리하게 될 것 ▪ 불합리를 보완하는 규정으로 중간 높은 운임(Higher Intermediate Point: HIP) Check가 고안됨

[A 승객]

SEL
KE PAR 1586.36 YOW

NUC 1586.36
KRW 1918700

[B 승객]

SEL
KE PAR M
AZ ROM 1370.00 YOW

NUC 1370.00
KRW 1661200

➡

	[A 승객]		[B 승객]
탑승구간	1구간	«	2구간
운 임	1918700	»	1661200

불합리함

7.2 HIP Check 방법

(1) 운임마디 내에 도중체류지점(Stopover)이 있는 경우 반드시 체크한다.

(2) 출발지에서 목적지까지의 운임을 기준으로 다음 3가지 경우의 운임을 비교하여 가장 높은 운임을 적용한다.

출발지 – 도중체류지점 간의 운임
도중체류지점 – 목적지 간의 운임
도중체류지점 – 도중체류지점 간의 운임

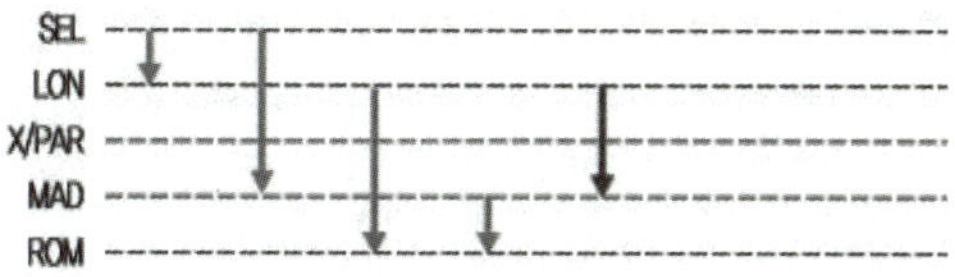

출발지	SEL
목적지	ROM
도중체류지점	LON, MAD

① 출발지-도중체류지점 간의 운임 : SEL/LON, SEL/MAD
② 도중체지점-목적지 간의 운임 : LON/ROM, MAD/ROM
③ 도중체류지점-도중체류지점 간의 운임 : LON/MAD

7.3 HIP 적용 절차

	방향지표(GI) 및 초과거리할증(EMS) : FQM
	출발지-목적지 운임 조회 : FQD
	HIP Check
HIP Check	출발지-목적지 운임과 HIP 운임 비교 *출발지-목적지 운임 〈 HIP 운임 : HIP운임 적용 *출발지-목적지 운임 ≥ HIP 운임 : 출발지-목적지 운임 적용
	EMS 발생 시 HIP 운임 할증 적용
	출발지국 통화로 환산 : FQC
	자동운임계산 : FQP

예제 1 : 오늘 출발, Economy Normal Fare

```
        SEL        20M
KE      AKL        SELAKL
QF      SYD        1942.96  YOW   ← SEL-AKL 운임(HIP 운임) X 1.20
--------------------------------
        NUC        1942.96
        ROE        1212.550306
        KRW        2356000
```

HIP 운임이 적용됨을 표시하기 위해
EMS 표시 후 HIP이 발생한 두 도시를 표기

예제 2 : 오늘 출발, Economy Normal Fare

```
          SEL
KE        X/MAD        M
OS        VIE ---      1245.39  YRT
SU        MOW          M
                       SELMOW
KE        SEL          1302.46  YRT
----------------------------------------
          NUC          2547.85
          ROE          1212.550306
          KRW          3089400
```

Out-Bound : SEL-VIE 1/2YRT 운임

In-Bound : SEL-MOW (HIP 운임) 1/2YRT 운임

7.4 HIP Check 유의사항

(1) 초과거리할증(EMS)이 적용된 경우, HIP 운임을 할증

```
SEL
SIN     15M          SINFRA HIP 5329.17 X 1.15
ZRH     SINFRA
FRA     6128.54
--------------------
NUC     6128.54
ROE     1175.686000
KRW     7205300
```

SEL/FRA	1928.74
SEL/SIN	707.67
SEL/ZRH	1928.74
SIN/FRA	5329.17
ZRH/FRA	2425.74
SIN/ZRH	4954.97

(2) HIP Check는 운임마디별로 실시

```
SEL
FUK     20M      ┐
HKG     FUKMNL   ├ 1ST 운임마디 (FUKMNL HIP 운임 X 1.2)
MNL --  2880.39  ┘
MFM     25M      ┐
X/SGN   MFMKUL   ├ 2ND 운임마디 (MFMKUL HIP 운임 X 1.25)
KUL     994.81   ┘
------------------
NUC   3875.20
ROE   1175.686
KRW   4556100
```

* 첫 번째 운임마디

SEL/MNL	441.95
SEL/FUK	204.22
SELHKG	441.95
FUK/MNL	2400.33
HKG/MNL	345.41
FUK/HKG	2219.00

* 두 번째 운임마디

MNL/KUL	556.00
MNL/MFM	309.00
MFM/KUL	795.85

(3) HIP Check는 해당 운임마디의 운임 적용 방향

```
SEL  │
AMS  │       M
PAR  ↓--   1515.71
SIN  ↑       15M
BKK  │     SINPAR
SEL  │     4377.21
--------------------
NUC     5892.92
ROE     1175.686
KRW     6928300
```

* Out-Bound 운임마디

SEL/PAR	1515.71(TS)
SEL/AMS	1479.47
AMS/PAR	559.83

* In-Bound 운임마디

SEL/BKK	585.87
SEL/SIN	643.28
BKK/PAR	2065.15
SIN/PAR	3806.27
BKK/SIN	482.44
SEL/PAR	1483.60(EH)

(4) OW 운임은 OW 운임과, 1/2RT 운임은 1/2RT 운임과 비교

SEL M
TPE TPEHKG
HKG -- 415.15 ↵
SEL 413.26 ↵

NUC 828.41↵
ROE 1212.550306↵
KRW 1004500↵

SEL/HKG	413.26(1/2RT)
SEL/TPE	274.13(1/2RT)
TPE/HKG	415.15(1/2RT)

(5) HIP Check 대상 구간에 하나 이상의 운임이 존재할 경우 Stopover, Transfer 등 Fare Rule에 맞는 가장 저렴한 운임을 선택한다.

CHAPTER

6

PNR 작성

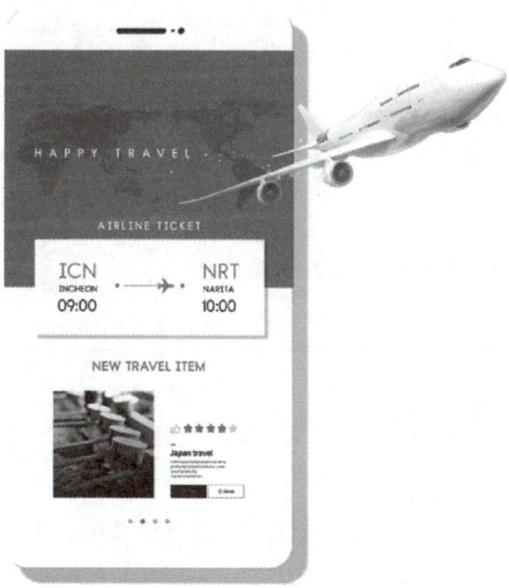

Chapter 6

PNR 작성

생각해 봅시다

고객이 항공편 예약과 항공권 구매를 요청합니다.
이 요청사항을 수행하기 위해 확인해야 할 사항은 무엇일까요?

- 항공편 예약
- 항공편 구매

학습목표

이 과정의 학습을 통해

- 예약, 발권 업무 시 사용하는 KALis시스템을 이해하고 사용할 수 있다.
- 예약 기록의 구성요소를 이해하고 발권 시 필요한 기본적인 PNR을 작성할 수 있다.

차례

1. KALis의 이해
2. PNR 작성

① KALis의 이해

1.1 CRS(Computerized Reservation System)

- Computer 단말기를 통해 항공편의 예약, 발권은 물론 항공 운임 및 기타 여행에 관한 종합적인 서비스를 제공하는 System을 말한다.
- CRS가 제공하는 주요 서비스는 항공 예약 관련 정보(항공편 운항 Schedule, 좌석 가능 현황, 좌석 확보 등), 항공 운임 관련 정보, Hotel 관련 정보(예약, 요금, 부대 시설 등), Rent-a-car 관련 정보, 기내식 정보 등이 있으며, 항공사용 CRS(In-house CRS)와 여행사용 CRS(중립 CRS)로 구분된다.

1.2 GDS(Global Distribution System)

- 여행사(대리점)용 중립 CRS 중에서 전 세계적으로 네트워크를 갖추고 영업하는 대형 CRS를 말한다. 대표적인 GDS로는 Travelport(Galileo, Apollo, Worldspan 운영), Amadeus 등이 있다. 항공사는 GDS 운영사가 구축한 전 세계 대리점 판매망을 이용하기 위해 GDS 운영사에 가입하고 항공편 스케줄, 좌석 상황 등 자사 상품 정보를 제공한다. GDS를 통해 항공사 상품이 판매되면 그 대가로 항공사가 GDS 운영사에 예약 대행 수수료(Booking Fee)를 지급한다.

1.3 Amadeus

- 여행사 및 항공사용 여행 IT(InformationTechnology) 정보 기술 솔루션을 제공하는 업체 또는 그 여객시스템으로서, 여행사용 GDS 업체로서는 세계 제1의 시장 점유율을 유지하고 있다. 대한항공은 2014년 9월 Amadeus사의 Altea라는 상품의 항공사용 여객시스템(PSS)을 적용하였다. 또한 1999년 Amadeus와 합작회사인 토파스(TOPAS) 여행정보를 설립하였으며, 토파스 여행정보는 한국지역 여행사에 TOPAS Sell Connect이라는 예약시스템을 보급하고 마케팅을 대행하고 있다.

1.4 KALis

- 대한항공에서 예약, 발권 업무를 위해 사용하는 GUI(Graphic User Interface) 방식의 단말기로 Amadeus 호스트 시스템을 기반으로 자체 개발한 시스템이다

- 'KE의 서비스 모든 것이 들어 있는(KAL is) 쉽고 간편한 시스템(Easy System)'이라는 의미를 갖고 있으며 '칼리스'라고 읽는다

* GUI : 아이콘 · 메뉴 등의 그래픽 화면을 통해 컴퓨터와 정보 교환이 가능한 작업 환경(쉬운 사용법, 업무 표준화 및 생산성 향상, 서비스 품질 향상/균일화, 교육시간 단축)

* 단말기 : 중앙 컴퓨터와 통신망으로 연결되어 자료를 입력하거나 출력하는 장치

* 호스트(Host) : 네트워크를 구성하는 컴퓨터 시스템에서, 각각의 단말기로부터의 자료 처리 요구를 받아 처리하는 중심이 되는 컴퓨터

Cryptic (예약728, 발권443)	FQDSELHKG/AKE/D20DEC/R,NUC,-NML

```
ROE 1267.403987 UP TO 100.00 KRW
20DEC22**20DEC22/KE SELHKG/NML;EH/TPM  1295/MPM  1554
LN FARE BASIS    OW    NUC  RT    B PEN  DATES/DAYS    AP MIN MAX R
01 YRTLJ                    473.40 Y  -      -      -   + -   -   -  R
                                                     PAGE  1/ 2
 >MD
20DEC22**20DEC22/KE SELHKG/NML;EH/TPM  1295/MPM  1554
LN FARE BASIS    OW    NUC  RT    B PEN  DATES/DAYS    AP MIN MAX R
02 YRT                      745.30 Y  +      -      -   + -   -   -  M
03 YOW           409.97            Y  +      -      -   + -   -   -  M
04 CRT                     1094.04 C  +      -      -   + -   -   -  M
05 COW           601.78            C  +      -      -   + -   -   -  M
06 JRT                     1203.56 J  +      -      -   + -   -   -  M
07 JOW           661.98            J  +      -      -   + -   -   -  M
08 PRT                     1640.04 P  +  031DEC     -   + -   -   -  M
09 POW           902.08            P  +  031DEC     -   + -   -   -  M
 USING FARE DISPLAY OPTIONS
 --------------------------
 THE OPTIONS ENABLE YOU TO REQUEST MORE SPECIFIC DETAILS TO
 FILTER THE INFORMATION RETURNED BY THE SYSTEM. THE OPTIONS ARE
 GROUPED UNDER THE FOLLOWING BASIC, ROOT OPTIONS:

 - /A - AIRLINE OPTIONS
 - /D - DATE OPTIONS
 - /V - GLOBAL DIRECTION OPTIONS
 - /C - BOOKING CODE OPTIONS
 - /K - CABIN CODE OPTIONS
 - /S - SHOPPER DISPLAY OPTIONS
 - /I - DISPLAY OPTIONS
 - /R - REMARKS OPTIONS - USED TO SPECIFY MANY SPECIAL
        OVERRIDE OPTIONS.
```

GUI

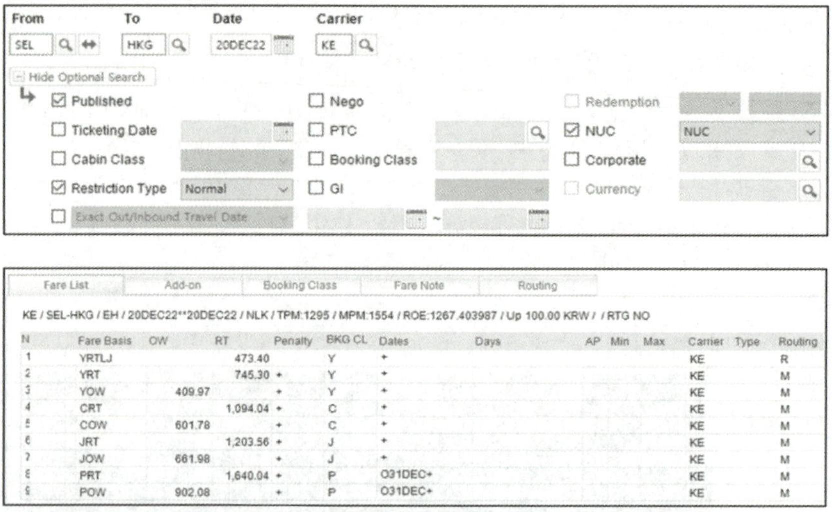

1.5 화면 구조적 특징

- 좌측에 메뉴트리와 우측 업무 메인 화면으로 나누어진다.
- 업무 영역 상단에서는 어떤 화면에서도 공통적으로 사용할 수 있는 기능 제공 (Quick Search)
- 로그인 시 Search 화면으로 진입하여 PNR, SKYPASS, Ticket, EMD를 조회할 수 있다.

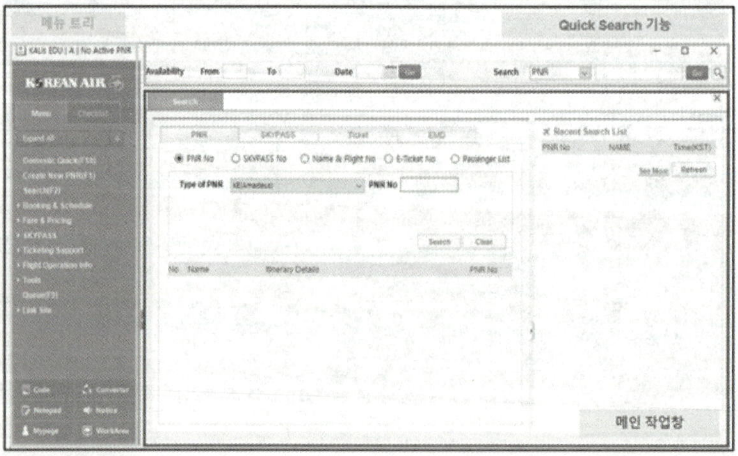

1.6 화면의 구성

① 작업장 위치 | Active | PNR No

② 메뉴 트리

③, ④ 상단에 고정되어 어떤 화면에서도 기본 Availability와 PNR, SKYPASS, Ticket, EMD 번호를 입력하여 조회

⑤ 스플리터 기능 : 해당 영역 접기/펼치기, 축소/확대

⑥ Office ID 정보 | Duty Code | User ID | 사용자 영문 이름 | 작업장 위치 | 비정상 운항 정보

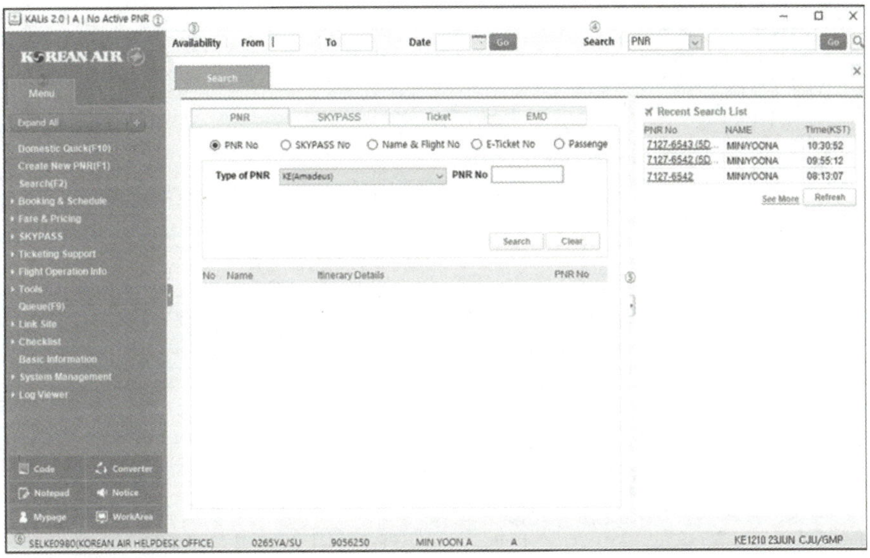

1.7 탭

- PNR을 구성하는 네 개의 탭은 업무 프로세스 순서대로 유지됨

Booking	Pricing	Pricing Detail	Payment & Issue
(PNR 작성)	(항공운임계산)	(운임 저장 및 조회)	(지불 정보 입력 및 항공권 발행)

① Header Field : 예약번호, PNR을 생성한 Office/날짜/직원 Sign, Time Limit

② Name & Contact Field : 승객 이름과 연락처 정보

③ Itinerary Field : 예약한 여정 정보

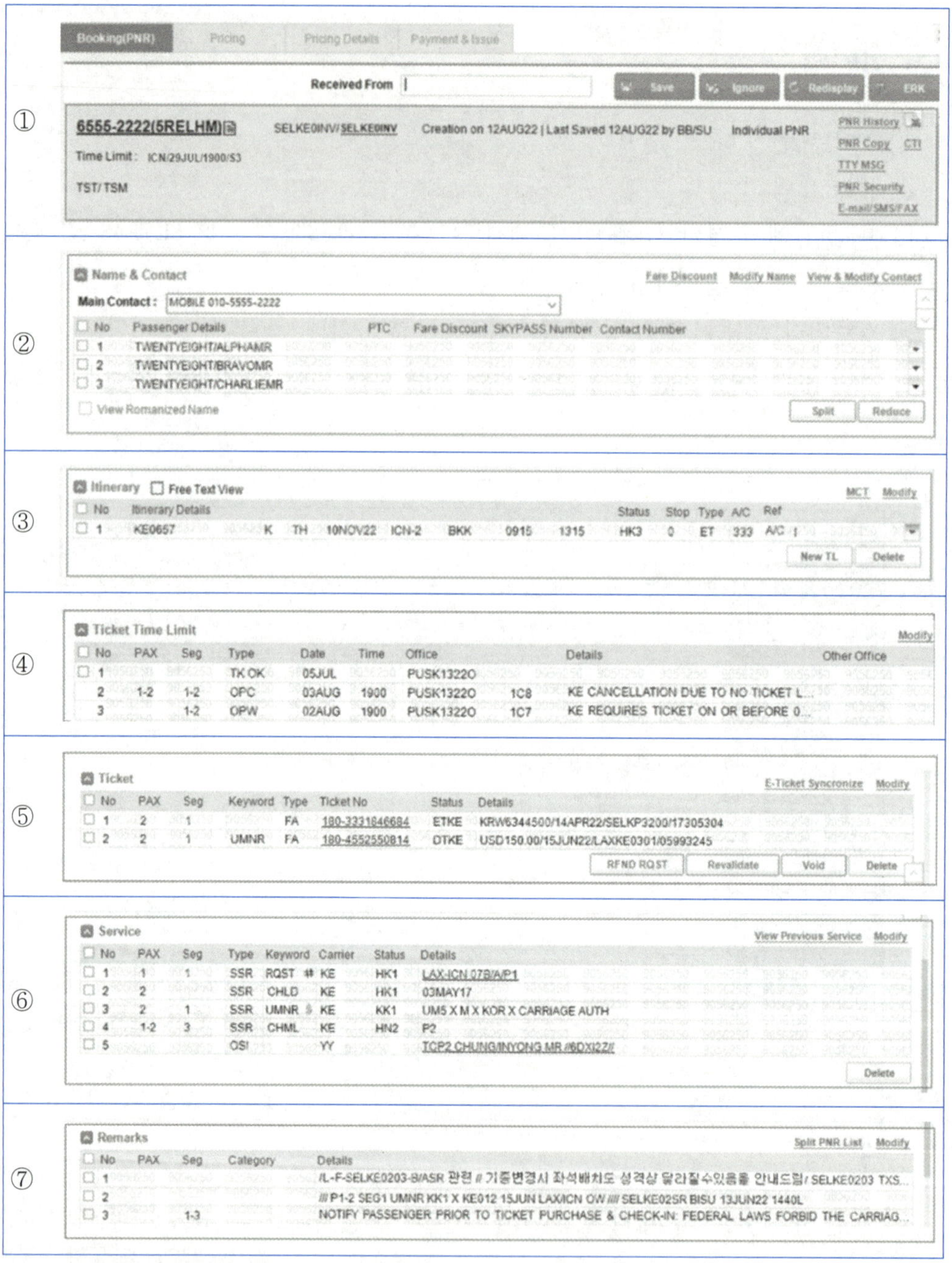

④ Time Limit Field : 항공권 구매시한(OPC-구매시한, OPW-Auto Warning) 기한 내 항공권 구매를 하지 않을 경우 예약이 자동 취소됨

⑤ Ticket Field : PNR 내 여정과 연결된 승객의 항공권 및 EMD 번호 확인 가능

⑥ Service Field : 여행에 필요한 승객의 제반 요구 사항 반영

⑦ Remarks Field : 지점 간 업무연락을 위한 메세지 전달 / ITR 전송 내역 / 승객 안내 사실 기재

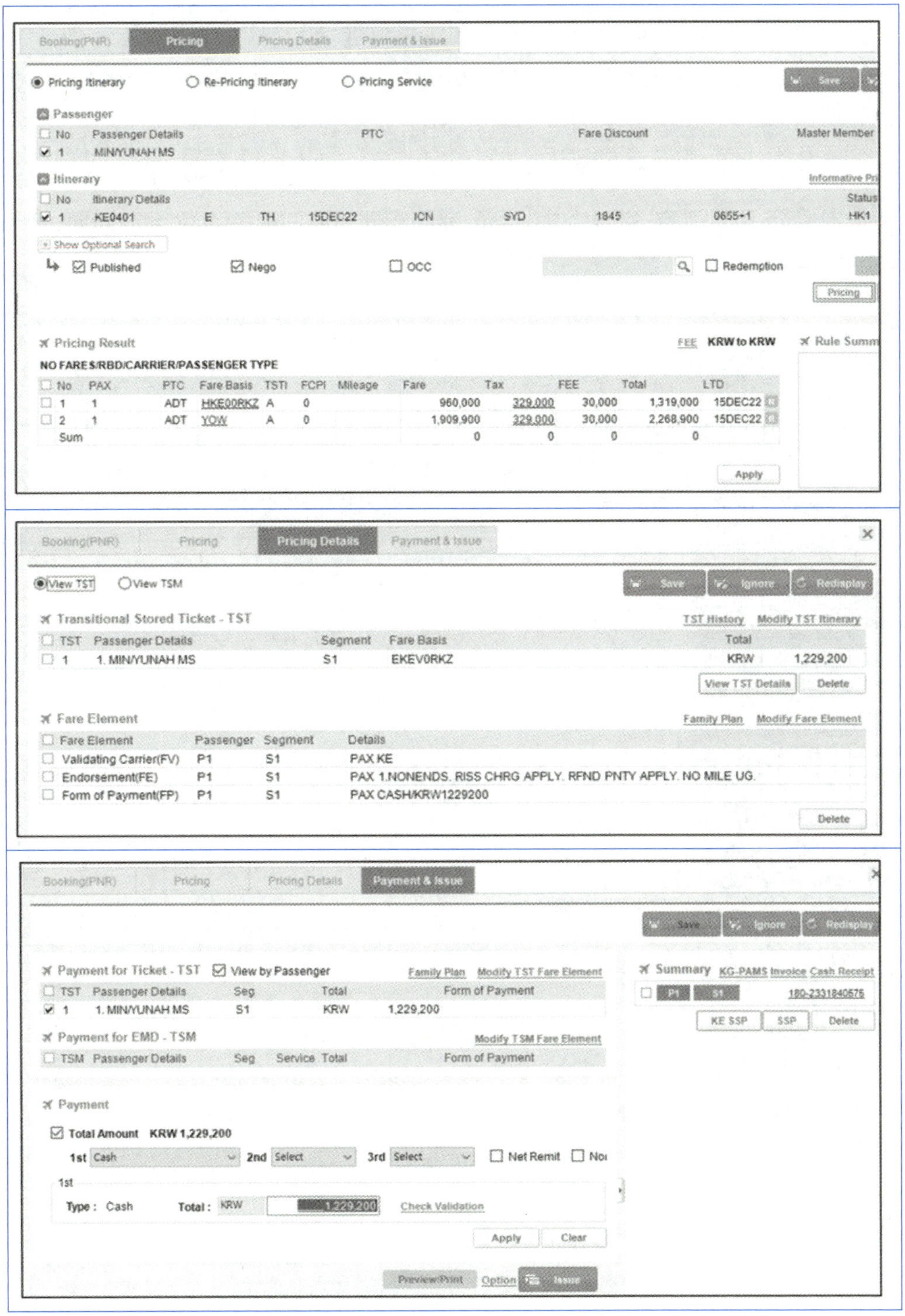

② PNR 작성

PNR(Passenger Name Record)이란 승객에게 필요한 제반 서비스 사항을 정해진 형식에 따라 예약 전산시스템에 기록한 것이며 항공권의 발행, 고객의 운송 및 객실 서비스 등 항공 운송업무의 기초 Data가 된다.

PNR 작성 시 필수 요소는 여정, 이름, 연락처, 내전인이다. 필수 구성 요소 이외의 부대 서비스 요청은 유/소아의 기내식을 제외하고 기본 PNR 작성 완료 이후에 요청하여도 된다.

2.1 PNR Creation

[Menu] – [Create New PNR]

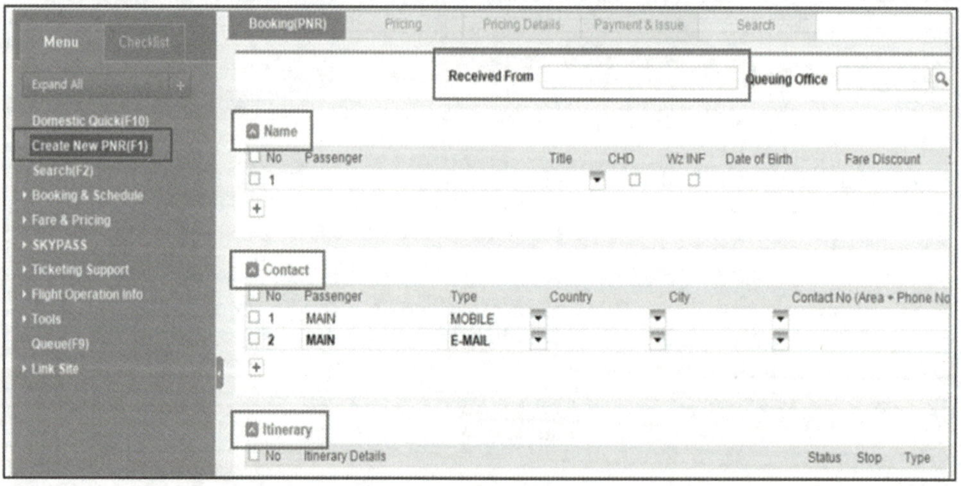

(1) 예약 절차

① 항공편 스케줄 확인(Availability 조회)

② 알맞은 Booking Class 선택

③ 이름/전화번호/내전인 입력하여 PNR 생성

2.2 여정 작성(Itinerary)

- Availability 조회 : 예약 가능한 항공편의 Schedule과 좌석현황을 조회하는 화면이다.

[Menu] – [Booking & Schedule] – [Booking By Schedule]

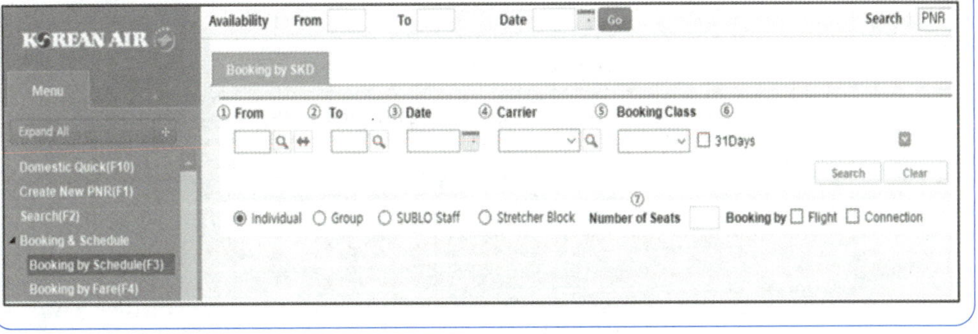

① From : 출발지

② To : 목적지(를 이용하여 도시 코드 검색 가능)

③ Date : 출발일

④ Carrier : 특정 항공사 지정

⑤ Booking Class : 특정 Booking Class 지정

⑥ 31 Days : 31일 이내 First Available Date 조회 시 사용 - Booking Class 정보 필수 입력

⑦ Number of Seats : 승객 수, 좌석 예약 시 입력한 수만큼 좌석이 확보됨

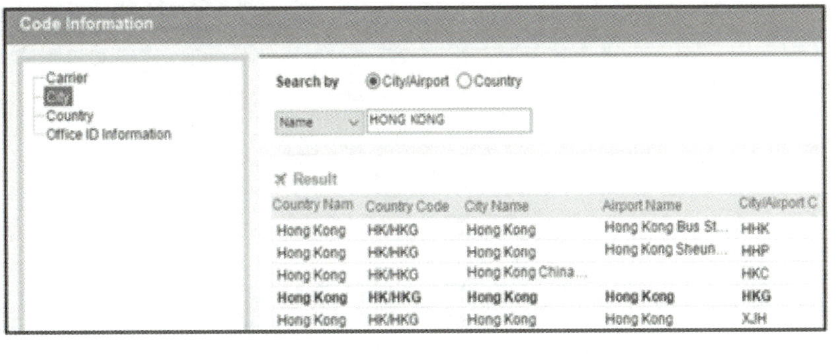

• 좌석 요청 : Booking Class와 점유 좌석 수 선택하여 예약 진행

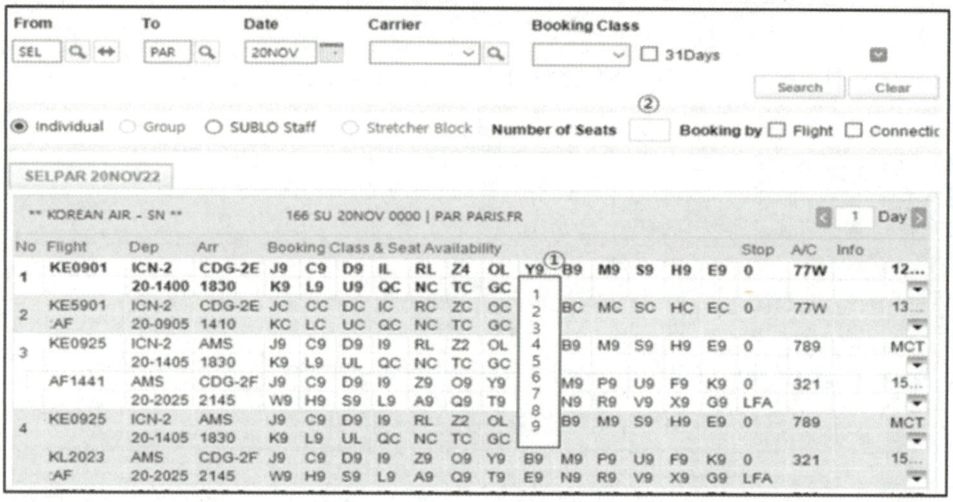

① Booking Class 선택 시 1-9까지 보이며 원하는 승객 수만큼 숫자 클릭

② 숫자가 입력된 경우 요청 Class 더블 클릭

(1) KE Booking Class

• 서비스 등급(Cabin Class)
실제 항공편에 설치 운영되는 등급으로 First Class, Prestige Class, Economy Class 등이 있다.

• 예약 등급(Booking Class)
판매, 예약 시 수요 특성별로 세분화한 것으로 판매등급이라고 한다.

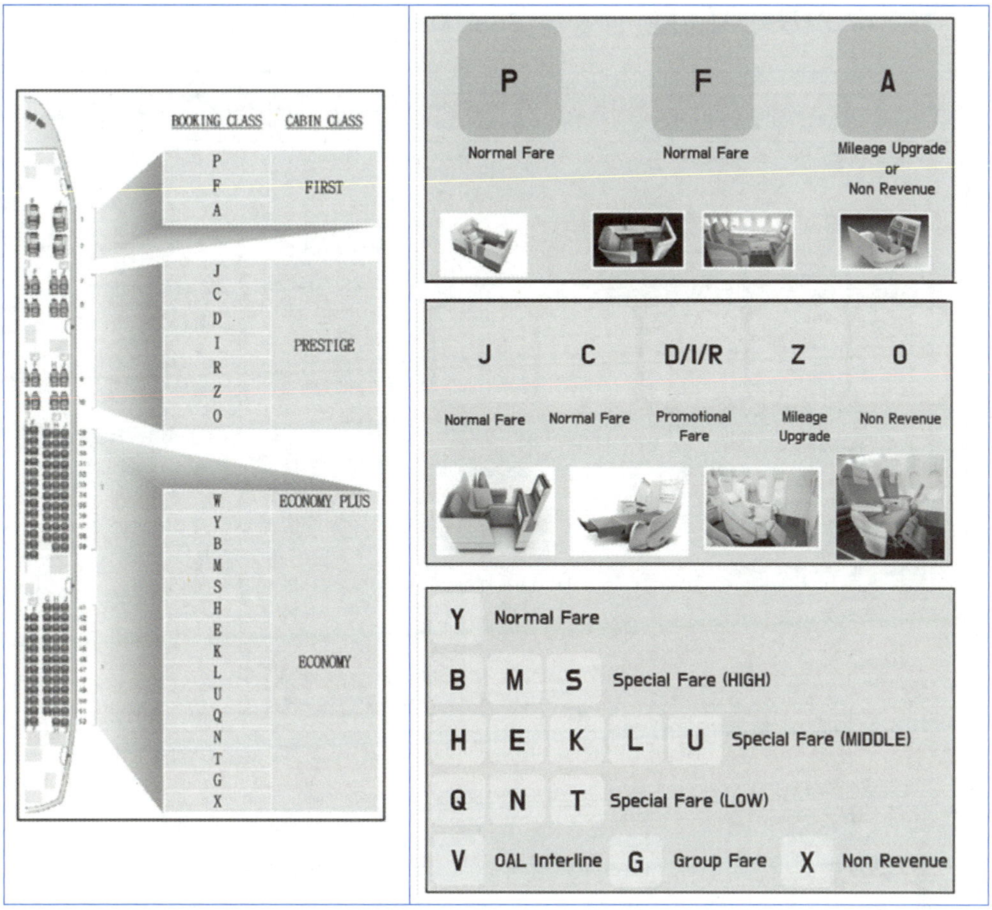

(2) Booking Class & Seat Availability–Status Code

Code	의미
1~9	예약 가능한 잔여 좌석 수, 최대 9석까지 예약 가능
0	대기 가능 또는 마감, 우선 신청 후 Reply에 따라 후속 조치 필요
L	대기 가능
S, C	대기 마감, No Seats Available
X	판매하지 않음을 표시
R	Request Only
E	KE 이외 타 항공사 조회 시 표출, 해당 항공사로 직접 예약 필요

(3) 기종(A/C) 클릭 시 기종 정보 및 Seat Map 확인 가능

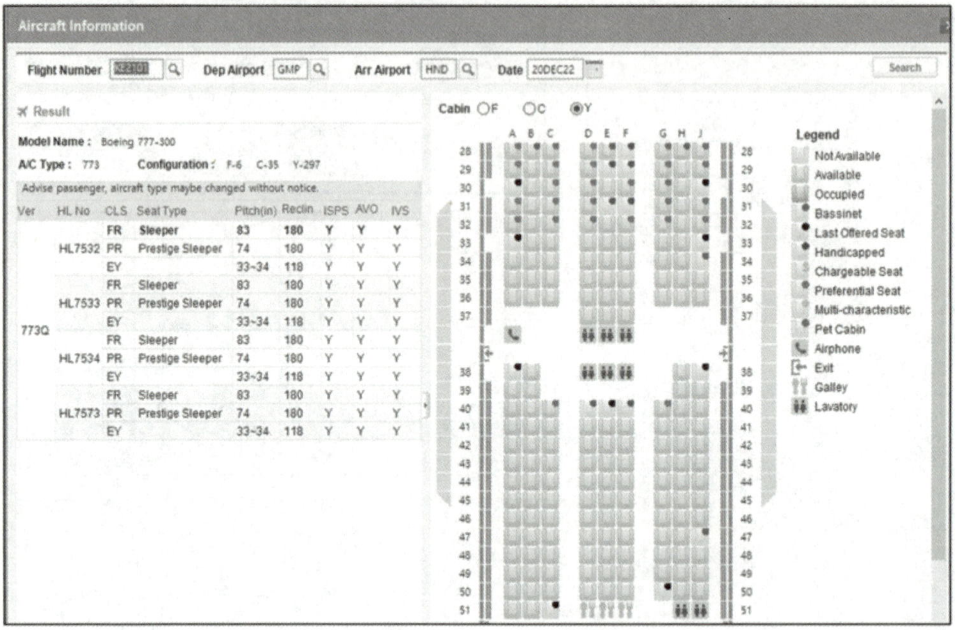

- 결과 확인

Availability 조회 화면의 Summary 항목에서 요청한 좌석, PNR의 Name 및 Itinerary 정보 확인 가능하며 Go To PNR 클릭하여 PNR로 이동할 수 있다.

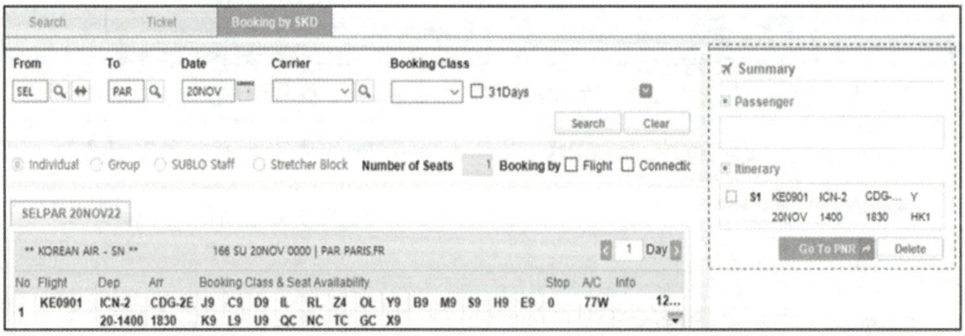

Itinerary ☐ Free Text View

☐ No	① Itinerary Details	②	③	④	⑤	⑥	⑦	⑧	⑨ Status	⑩ Stop	⑪ Type	⑫ A/C
☐ 1	KE0901	E	SU	20NOV22	ICN-2	CDG-2E	1400	1830	HK1	0	ET	77W
☐ 2	KE0902	E	WE	30NOV22	CDG-2E	ICN-2	2100	1555+1	HK1	0	ET	77W

① Flight Number : Codeshare 의 경우(Marketing Carrier) By(Operating Carrier) 표출

② Booking Class

③ 출발 요일

④ 출발 날짜

⑤ 출발지 : ICN-2(ICN, Terminal 2)

⑥ 도착지 : CDG-2E(CDG, Terminal 2E)

⑦ STD : Schedule Time of Departure

⑧ STA : Schedule Time of Arrival(+1 : 하루 뒤, +2 : 이틀 뒤)

⑨ Booking Status Code

⑩ 경유지 정보

⑪ e-Ticket 발행 가능 여부

⑫ 기종 정보

(4) 여정의 상태 코드(Booking Status Code)

- 요청 코드(Action Code)

  NN : Need. 좌석 요청한 상태

- 응답 코드(Advise Code)

  KK : Confirmed. 요청된 내용이 확약되었음을 통보

  UU : Unable, Have waitlisted. 요청된 내용이 불가하여 대기 명단에 있음

  UC : Waitlisted Closed. 요청된 내용이 불가하며 대기자도 불가함

  UN : Unable. 좌석 요청한 편이 운항하지 않음

  KL : Confirming from waiting list. 대기 명단으로부터 좌석이 확약됨

  HX : Cancelled. 취소됨

  TK : Confirm된 여정에 스케줄 변경 발생 시 New Segment에 생성

- 상태 코드(Status Code)

  HN : Have Requested. 현재 Status는 미정인 상태

  HK : Holds Confirmed. 예약 확약 상태

  HL : Have Waitlisted. 예약 대기 상태

  RR : Reconfirmed. 예약 재확인 상태

(5) 여정 변경

완료된 예약의 변경이 필요할 경우 예약된 Itinerary 항목에서 [Modify] 기능을 이용하여 예약을 수정할 수 있다.

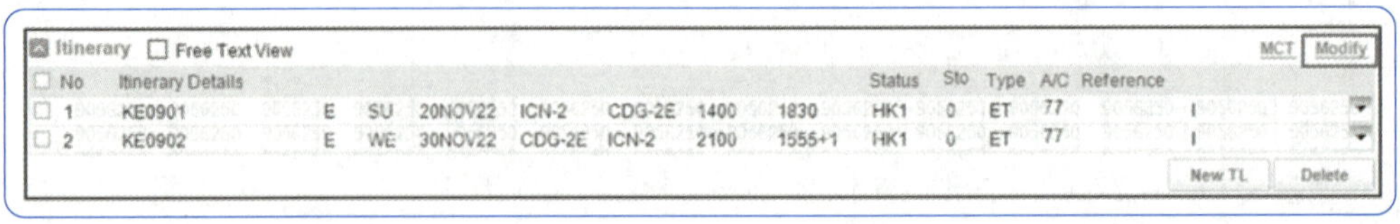

예약 변경을 원하는 구간을 선택한 후 Change 버튼을 클릭하면 Rebook 항목이 생성된다. 새로운 여정 정보로 Data 수정 후 Apply 클릭 시 변경된다.

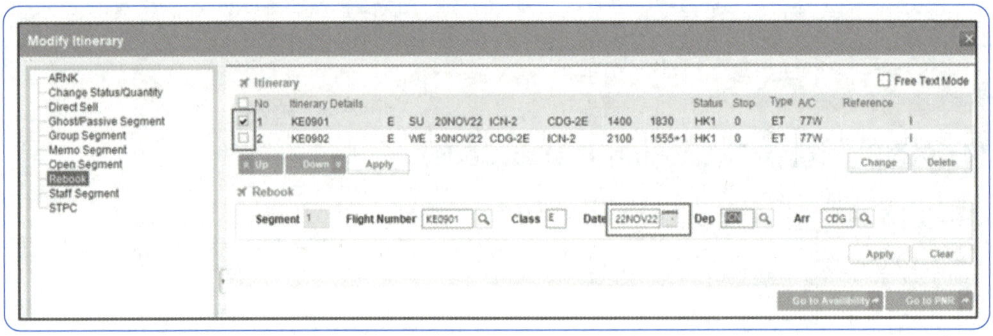

(6) 여정 삭제

해당 Segment를 선택 후 [Delete] 버튼을 클릭 시 삭제된다.

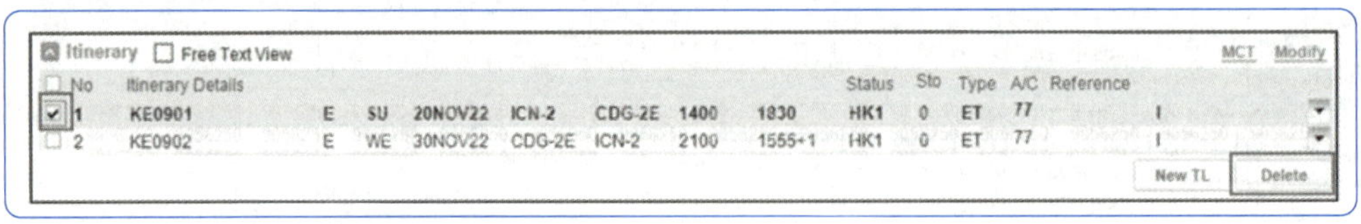

2.3 성명 작성(Name)

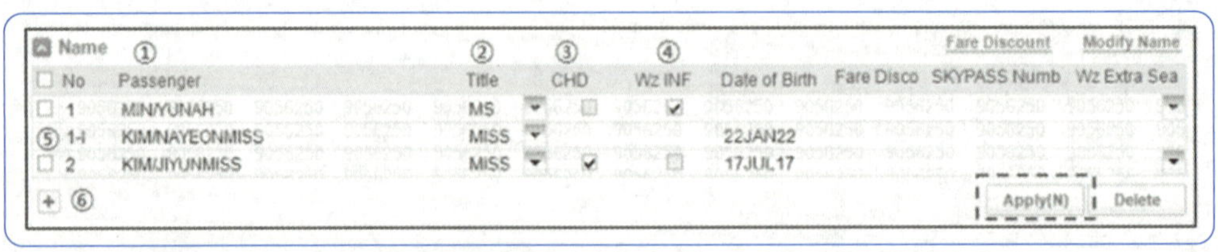

① 이름 입력 : 여권상의 이름을 기준으로 성을 먼저 기입하고 “ / (Slash)” 후 이름을 기입

② Title 입력 : 성별 또는 신분에 맞는 Title을 콤보에서 선택 또는 직접 입력

성별		신분	
MR	성인 남성	PROF	Professor
MRS	기혼 여성	CAPT	Captain (기장 또는 선장)
MS	미혼 또는 기혼 여성	DR	Doctor
MSTR	만 12세 미만 남자 소아	REV	Reverend (성직자)
MISS	만 12세 미만 여자 소아 또는 미혼 여성	SIR, LORD, LADY	영국 귀족에게 사용

③ 소아 승객인 경우 선택 및 DOB 입력

④ 성인 승객이 Infant를 동반하는 경우 해당 성인 승객 이름 칸의 WZ INF 선택

⑤ WZ INF 선택 시 Infant 정보 입력을 위한 Row 생성 : 이름, Title, DOB 정보 입력

⑥ 승객 이름을 추가하여 입력할 경우 줄 늘림 가능

2.4 연락처 작성(Contact)

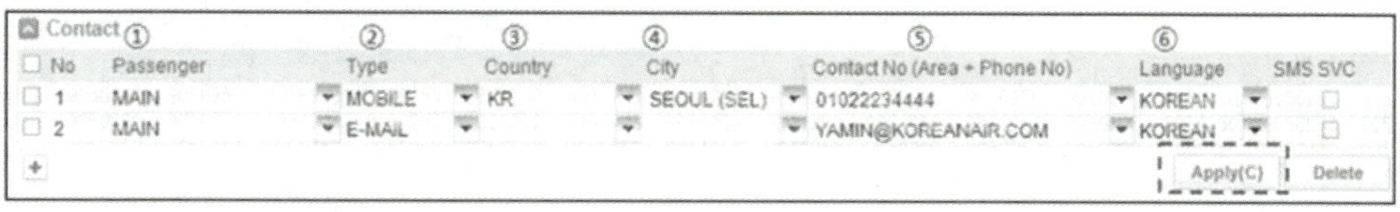

① Passenger : Main(승객미지정)으로 기본 세팅되며 수정 시 콤보 버튼을 클릭하여 Passenger 선택 Passenger 선택 입력 시, 전체 승객의 연락처 미작성 시 저장 불가하므로 모든 승객별 연락처를 입력하거나 Main(승객미지정)으로 입력

② Type : Mobile과 email로 기본 세팅되나 콤보에서 선택 가능(Mobile, email, Home, Business, Agent, FAX)

③ Country : Mobile 입력 시 필수 입력

④ City : Mobile 입력 시 필수 입력

⑤ Contact No : Free Text로 입력

⑥ Language : 선호 언어 입력

2.5 Save PNR

(1) 내전인 입력 : 예약 작성이나 예약 변경 작업시에 작업을 요청한 사람이 누구인지 기재

- 최초 예약 저장(End of Transaction)을 위해서는 반드시 입력 필요

(2) 저장(Save)

- PNR 작성을 마친후 Filing하는 작업
- Filing이 성공적으로 이루어지면 PNR Address가 주어진다.
- PNR Address는 8자리 이내의 숫자로 구성되며 승객이 원하는 번호로 지정 가능하다.
- 최초 Save 시 PNR에 입력된 전화번호가 예약번호로 자동 부여된다.

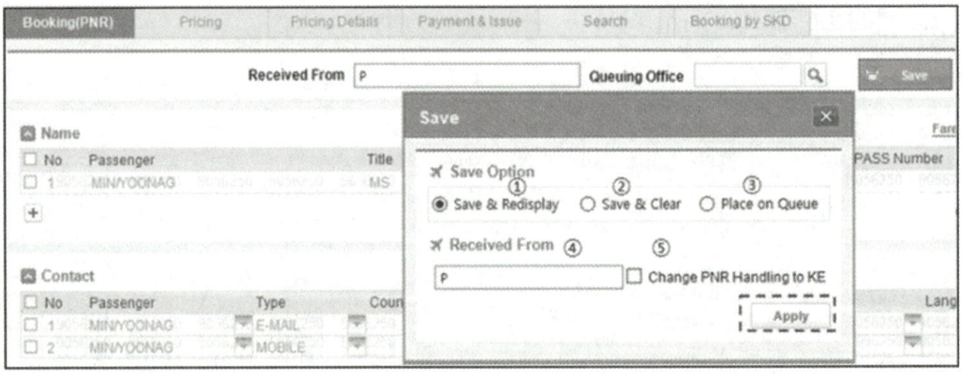

① 저장 후 PNR 조회 화면으로 이동

② 저장 후 PNR 조회 화면을 Clear되고 자동으로 Search 탭으로 이동

③ Queuing(작성이 완료된 PNR만 Queuing 가능)

④ 요청자 정보 입력(P-Passenger 본인인 경우)

⑤ GDS PNR을 KE PNR로 변환

2.6 소아/유아 기내식 신청

(1) [PNR] – [Service] – [Modify]

- Service 항목 : 여행에 필요한 승객의 제반 요구사항 수록 기내식, 기내좌석, 휠체어, PET 등 표준 CODE로 입력

- 구분 : SSR(Special Service Requirement)
  OSI(Other Service Information)
  SK(Special Keyword)

Service　　View Previous Service　Modify

No	PAX	Seg	Type	Keyword	Carrier	Status	Details
1	1	1	SSR	INFT	KE	HK1	KIM/NAYEONMISS 22JAN22
2	2		SSR	CHLD	KE	HK1	17JUL17

Delete

(2) [Modify Special Service] – [Special Meal]

- Special Meal : 유아식, 소아식, 야채식, 종교식, 식사 조절식, 알레르기식 등 기타 특별식

- 유아식
  만 2세 미만의 유아
  분유를 포함하는 영아식(Infant Meal)은 보호자가 사전 준비
  완제품(음식을 삶아서 갈아 놓은 형태의 음식)을 구매하여 제공

이유식 2종	유기농 베이비주스	베이비 워터

- 소아식
  만 2세~만 12세 미만의 소아

(한국 출발)

불고기 볶음	치즈 스파게티	BBQ치킨과 크로켓
		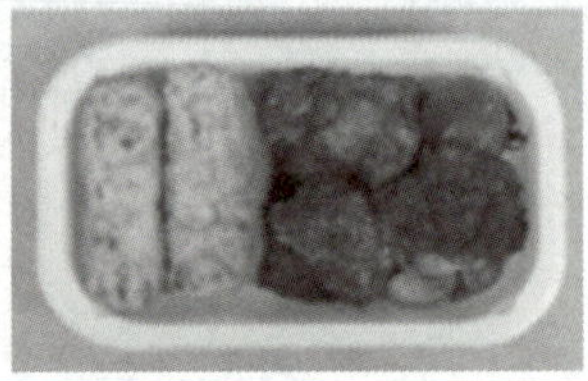

(해외 출발)

스파게티	피자	핫도그
		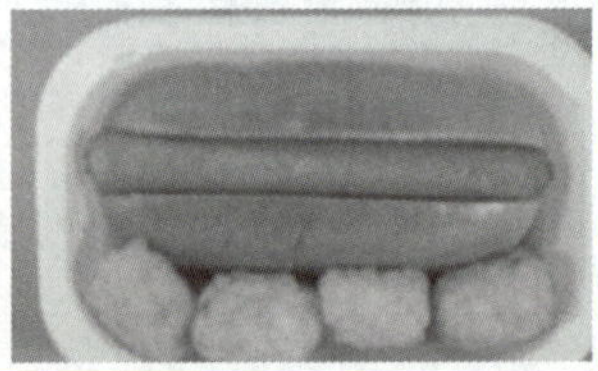

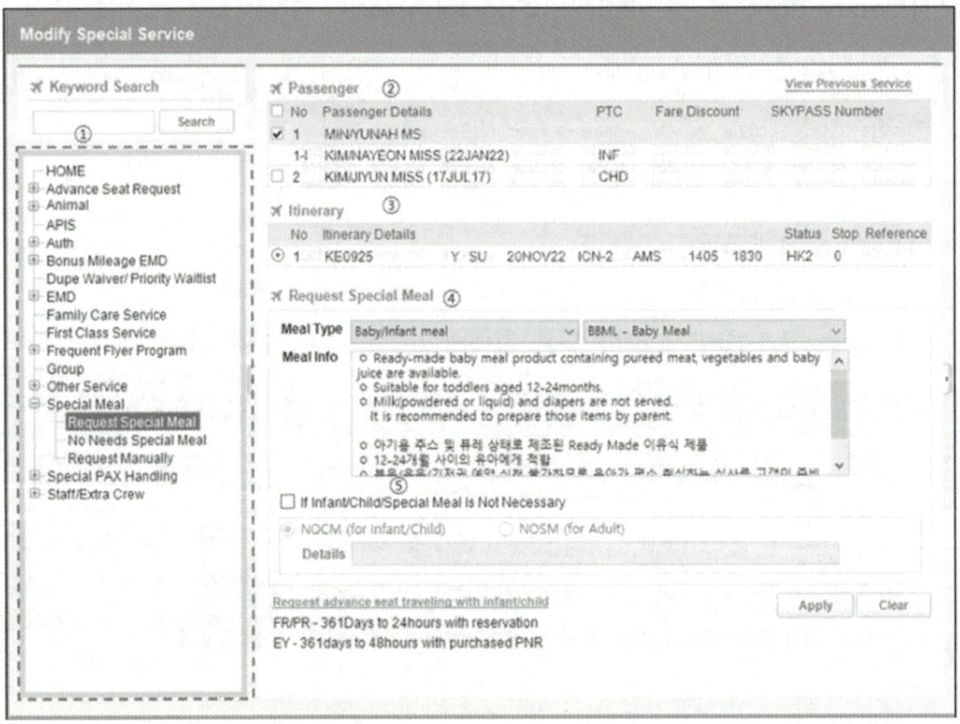

① 메뉴트리에서 [Special Meal] - [Request Special Meal] 선택

② 승객 선택

③ 여정 선택

④ Meal Type 선택. Meal 선택시 Meal Info란에 해당 Meal 관련 정보 표출
Child Meal 선택시 Meal 제공 횟수만큼 메뉴를 선택할 수 있는 칸이 생성

⑤ 승객이 Special Meal 신청을 원하지 않는 경우 선택하고 NOCM(No Child Meal) 또는 NOSM(No Special Meal)을 선택한다.

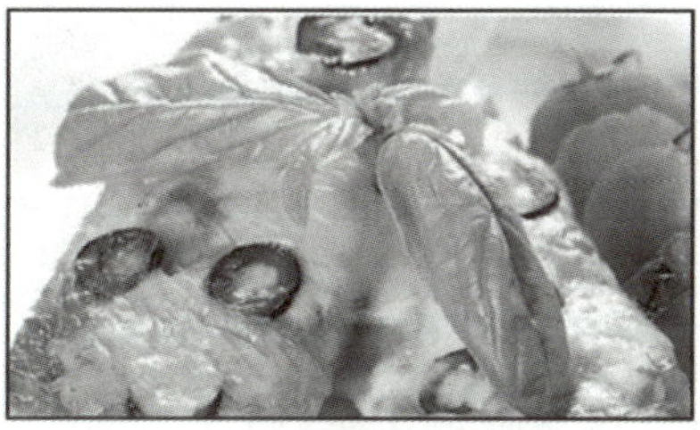

연 습 문 제

1. 아래 고객의 일정을 참고하여 PNR을 작성하시오.

- 승객 : 2명 (본인 외 성인 1명)
- 전화번호 : 성인1 010-222-3333
  성인2 010-444-5555
- 여정 : ICN-AMS10NOV Economy Class (Low Special Fare 이상)
  AMS-ICN20NOV Economy Class (Low Special Fare 이상)
- 내전인 : KIM/DAEHAN MR

- 승객 : 본인 1명
  소아 1명
  유아 1명
- 전화번호 : 성인 010-333-2222
- 여정 : KE645 ICN-SIN 02NOV Economy Class (Middle Special Fare 이상)
  KE646 SIN-ICN 10NOV Economy Class (Middle Special Fare 이상)
- 내전인 : HONG/KILDONG MR

CHAPTER

7

Pricing System

Chapter 7

Pricing System

생각해 봅시다

로스앤젤레스, 뉴욕, 모스크바, 파리, 상파울루…
이 많은 노선 및 기타 연결 노선까지, 다양하고 복잡한 운임과 규정을 어떻게 조회하고 계산하여 항공권을 판매하는 것일까요?

학습목표

이 과정의 학습을 통해

- Pricing System에서 조회되는 운임의 종류를 알 수 있다.
- Pricing System의 Fare Display, Informative Pricing 기능과 PNR을 이용한 자동 운임 계산 기능을 익히고 활용할 수 있다.

차례

1. Fare Display(구간운임 조회)
2. Informative Pricing(여정운임 조회)
3. PNR Pricing

① Fare Display(구간운임 조회)

1.1 개요

- 여정의 출발지부터 목적지까지의 운임 및 규정을 조회할 수 있다. 출발지부터 목적지 간 중간 경유지가 있더라도 직항과 동일한 방법으로 조회한다.
- 항공운임은 출발일 기준으로 적용하며 출발국의 통화로 조회된다.

1.2 기능

- [Menu]-[Fare & Pricing]-[Fare Display]
- 검색조건

(1) 필수 입력 항목

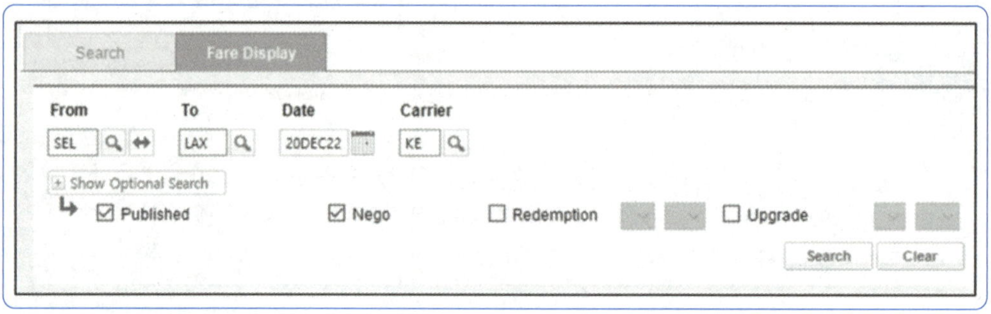

① From : 출발지

② To : 목적지

③ Date : 출발일

④ Carrier : 항공사

(2) 추가 옵션 : Show Optional Search 클릭

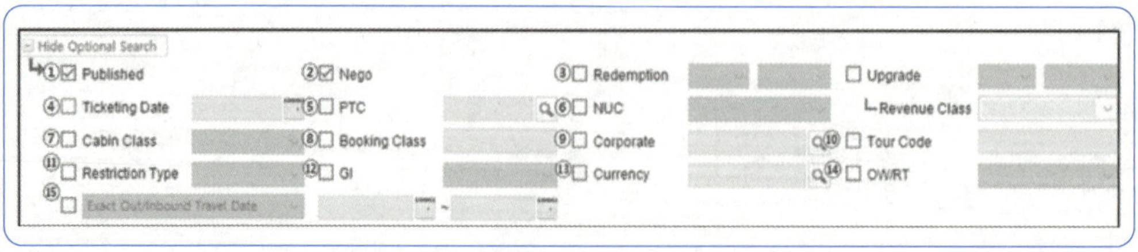

① Published : Published Fare(공시운임) 조회

② Nego : Negoshiated Fare(할인된 판매가, 특가) 조회

- 모든 조회화면에서 Published, Nego가 기본값으로 체크되어 있음

③ Redemption / Upgrade

: KE, Skyteam 및 제휴 항공사별 보너스/업그레이드 공제 마일리지 조회

④ Ticketing Date : 발권일 지정하여 운임 조회

⑤ PTC : Passenger Type Code(유아, 소아, 장애인, 선원 등 승객 Type Code)

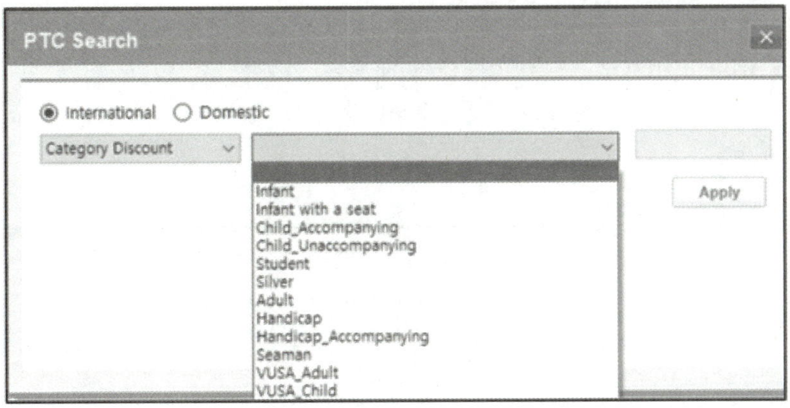

⑥ NUC : 운임 값을 NUC(Neutral Unit of Construction)로 운임 조회

* NUC/2 : 1/2 RT 운임 조회

⑦ Cabin Class : F, C, Y 등 Cabin Class 선택

⑧ Booking Class : 특정 Booking Class 운임만 조회

⑨ Corporate : 특정 기업이나 고객 그룹의 운임 조회

⑩ Tour Code : 운임에 부여되는 Auth No를 입력하여 운임 조회

⑪ Restriction Type : Normal Fare와 Special Fare로 구분하여 조회

⑫ GI : 여정지표(Global Indicator) 지정하여 운임 조회

⑬ Currency : 통화 지정

⑭ OW/RT : 편도 또는 왕복으로 구분하여 조회

⑮ Exact Out/Inbound Travel Date : 출도착일 지정하여 적용 가능 운임 조회

Range of Travel Start Date : 출발일 Range 지정하여 적용 가능 운임 조회

* <u>여정의 형태에 따른 운임의 선택</u>

운임의 종류	여정의 형태
OW 운임	편도여정(OW)
1/2 RT 운임	왕복여정(RT) 일주여정(CT) 가위벌린여정(OJT)

1.3 검색결과

Fare List가 표출되며 결과 화면에서 Fare Basis, BKG CLS, Routing 등을 더블 클릭하면 각각의 해당 TAB으로 이동되어 상세 내용을 확인할 수 있다.

(1) Fare List

Fare Display (Ticket Handling Charge Not Included)

Fare List | Add-on | Booking Class | Fare Note | Routing

①
KE / SEL-LAX / PA / 20DEC22**20DEC22 / NSP / TPM:5973 / MPM:7167 / ROE:1267.403987 / Up 100.00 KRW / / RTG NO

N	② Fare Basis	③ OW	④ RT	⑤ Penalty	⑥ BKG CLS	⑦ Dates	⑧ Days	⑨ AP	⑩ Min	⑪ Max	⑫ Carrier	⑬ Type	⑭ Routing
1	UKX0ZKYK		1,350,000	+	U	S17DEC-23DEC+	MO,TU,WE,TH,FR+	+	+	12M	KE		R
2	LKX0ZKYK		1,500,000	+	L	S17DEC-23DEC+	MO,TU,WE,TH,FR+	+	+	12M	KE		R
3	UKW0ZKYK		1,500,000	+	U	S17DEC-23DEC+	SA,SU+	+	+	12M	KE		R
4	UKX0ZKTK		1,500,000	+	U	S17DEC-23DEC+	MO,TU,WE,TH,FR+	+	+	12M	KE		R(560)
5	KKX0ZKYK		1,650,000	+	K	S17DEC-23DEC+	MO,TU,WE,TH,FR+	+	+	12M	KE		R
6	LKW0ZKYK		1,650,000	+	L	S17DEC-23DEC+	SA,SU+	+	+	12M	KE		R
7	LKX0ZKTK		1,650,000	+	L	S17DEC-23DEC+	MO,TU,WE,TH,FR+	+	+	12M	KE		R(560)
8	UKW0ZKTK		1,650,000	+	U	S17DEC-23DEC+	SA,SU+	+	+	12M	KE		R(560)
9	WKX0ZKWD		1,750,000	+	W	S17DEC-23DEC+	MO,TU,WE,TH,FR+		+	6M	KE		R(730)
1	LKX00KYK	900,000		+	L	S17DEC-23DEC+	MO,TU,WE,TH,FR+	+			KE		R
1	KKW0ZKYK		1,800,000	+	K	S17DEC-23DEC+	SA,SU+	+	+	12M	KE		R
1	KKX0ZKTK		1,800,000	+	K	S17DEC-23DEC+	MO,TU,WE,TH,FR+	+	+	12M	KE		R(560)
1	LKW0ZKTK		1,800,000	+	L	S17DEC-23DEC+	SA,SU+	+	+	12M	KE		R(560)
1	EKX0ZKYK		1,850,000	+	E	S17DEC-23DEC+	MO,TU,WE,TH,FR+	+	+	12M	KE		R
1	HKX0ZKYKC		1,890,000	+	H	S17DEC-23DEC+ A18APR B31MAR O31MAR	MO,TU,WE,TH,FR+		+	12M	KE	A	R
1	HLX0ZKYKA		1,710,000	+	H	S03OCT-16DEC+ A18APR B31MAR O31MAR	MO,TU,WE,TH,FR+		+	12M	KE	A	R

① KE / SEL-LAX / PA / 20DEC22**20DEC22 / NSP / TPM 5973 / MPM 7167 / ROE 1267.403987 / UP 100.00 KRW

: KE 운임 / 운임 조회 구간 / GI / 출발일 / Normal & Special 운임 / 최단 운항거리 /두 지점 간 운임을 적용할 수 있는 최대 허용 거리 / 출발지국 통화로 되어 있는 운임을 NUC으로 환산할 때 사용되는 교환 비율 / Rounding Unit(조회된 운임 통화와 끝단위 처리 방법)

② Fare Basis : 항공운임에 대한 정보를 제공하는 Code

예) HKX0ZKYKC

1	2	3	4	5	6	7	8	9~
BKG CLS	Season	Day	AP	MIN	Product Detail			PTC 등
H	K	X	0	Z	K	Y	K	C
	H-High K-Shoulder L-Low	E-EverydayW -Weekend X-Midweek	0-0AP, 3-3 Days 4-14 Days	Z- NONE 1- 10 Days 2-2 Days	Product 목적지 판매처			C-장애인 A-장애인 동반 SC-선원

③ OW : One way fare

④ RT : Round trip fare

⑤ Penalty 정보

+: Penalty가 있음, - : Penalty가 없음, NRF : Non Refundable

⑥ BKG CLS : Booking Class

⑦ Dates : 출발일(Seasonality)

+ : 제한사항이 더 있음으로 표시

[제한사항 형태]

S : 사용 가능 출발일(Seasonality)

L : 지정 일자에만 사용 가능한 운임

A : 지정일자와 지정일자 이후에 발권 가능한 운임

B : 지정일자와 지정일자 이전에 발권 가능한 운임

E : 지정일자 이후로 여행 시 유효한 운임

O : 지정일자 이전에 여행 시 유효한 운임

F : 최초 여행이 지정일자까지 시작되어야 하는 운임

C : 지정일자까지 전 여정을 완료해야 하는 운임

X : 지정일자에 Cancel된 운임

M : 수정된 운임

T : 미래의 출발일/발권일 적용 운임

⑧ Days: 주중/주말 등 출발요일

* 요일 : MO : 월 / TU : 화 / WE : 수 / TH : 목 / FR : 금 / SA : 토 / SU : 일

⑨ AP : 사전 항공권 구입 조건

+: 사전 구입 조건 있음, 7D : 출발일 7일 전까지 발권

⑩ MIN : 최소 체류 의무 기간 (Minimum Stay)

+ : 제한 사항이 있음, 3D : 3일

⑪ MAX : 최대 체류 허용 기간 (Maximum Stay)

+ : 제한 사항이 있음, 6M : 6개월,

Blank : 제한 사항 없음 (항공권 최대 유효기간인 1년)

⑫ Carrier : 운임 공시 항공사

⑬ Type : Blank - Published Fares, A - Nego Fares

⑭ Routing : M - Mileage Fare, R - Routing Fare

(2) Add-on

모든 국제선 도시 간의 운임을 별도 설정하는 것은 어려우므로 주로 Gateway 간에 운임을 설정해 놓고 여기에 연결되는 국내 출/도착 운임을 결합하여 국제선 운임을 설정하는데 이렇게 국제선 운임 결합 시에 사용되는 국내선 운임을 Add-on이라고 한다. Add-on이 결합된 운임은 Fare Basis 앞에 " / " 표시된다.

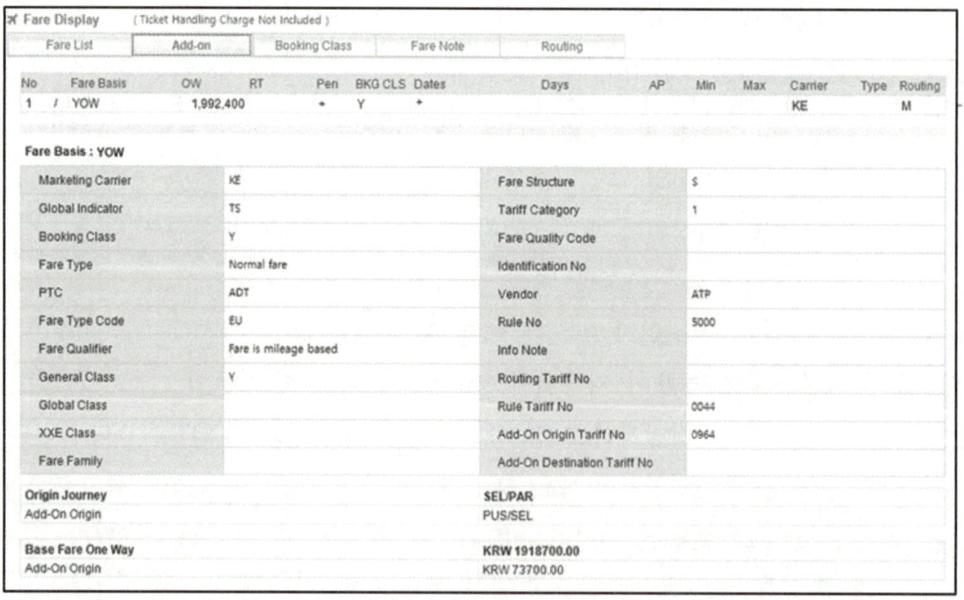

Fare Display (Ticket Handling Charge Not Included)

Fare List | Add-on | Booking Class | Fare Note | Routing

No		Fare Basis	OW	RT	Pen	BKG CLS	Dates	Days	AP	Min	Max	Carrier	Type	Routing
1	/	YOW	1,992,400		*	Y	+					KE		M

Fare Basis : YOW

Marketing Carrier	KE	Fare Structure	$
Global Indicator	TS	Tariff Category	1
Booking Class	Y	Fare Quality Code	
Fare Type	Normal fare	Identification No	
PTC	ADT	Vendor	ATP
Fare Type Code	EU	Rule No	5000
Fare Qualifier	Fare is mileage based	Info Note	
General Class	Y	Routing Tariff No	
Global Class		Rule Tariff No	0044
XXE Class		Add-On Origin Tariff No	0964
Fare Family		Add-On Destination Tariff No	

Origin Journey	SEL/PAR
Add-On Origin	PUS/SEL
Base Fare One Way	KRW 1918700.00
Add-On Origin	KRW 73700.00

- PUS-PAR 일반석 편도 정상 운임 조회 시 Gateway City인 SEL-PAR 일반석 편도 정상운임 KRW 1918700에 PUS-SEL Add-on 금액인 KRW 73700을 더하여 KRW 1992400으로 산정된 것을 알 수 있다.

(3) Booking Class

운임의 목적지까지 타 항공사와 연결 운송하는 경우 해당 항공사의 Booking Class 조회 가능(SPA 또는 OAL Booking Class를 이용하여 조회)

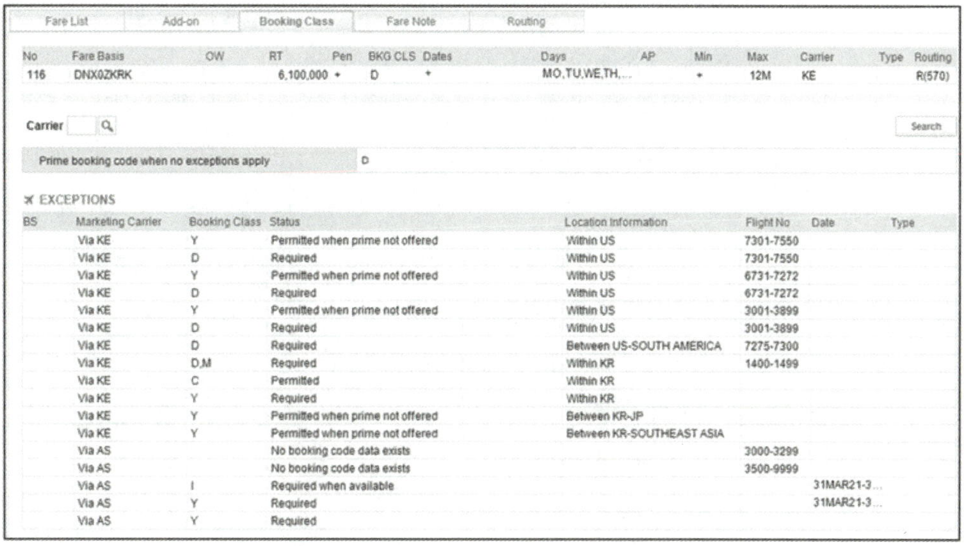

- Prime booking code when no exception apply : D
- Exception : 해당 항공사별로 Booking Class 표출됨

(4) Fare Note(Fare Rule)

운임별 적용 조건과 규정 등 다양한 운임 관련 정보를 포함하고 있다.

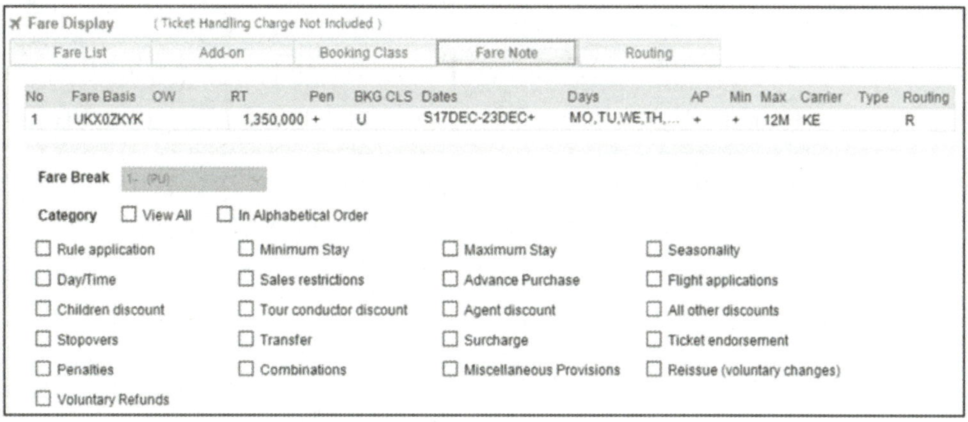

- Category별 상세 운임 규정 조회
  - Rule Application : Area, Class, 운송 Type 등 Rule 적용에 대한 상세 내용
  - Minimum Stay : 최소 체류기간
  - Maximum Stay : 최대 체류기간
  - Seasonability : 운임이 적용되는 기간(성수기, 평수기, 비수기)
  - Day/Time : 운임이 적용되는 DAY/TIME(주중, 주말 등)
  - Sales Restrictions : 항공권 발행 가능 기간, 항공사 등 판매 제한사항
  - Travel Restrictions : 여행 제한사항
  - Advance Purchase : Open 예약, 대기자 예약 허용 여부와 사전 구매 일자
  - Flight Applications : 운임 적용 가능한 편명(Flight Number)이나 제한
  - Children Discount : 소아/유아 할인
  - Tour Conductor discount : Tour Conductor 할인
  - Agent Discount : 대리점 할인
  - All Other Discounts : 기타 할인 정보
  - Stopovers : Stopover 허용 여부
  - Transfer : Transfer 허용 여부
  - Surcharge : 유류할증료 등 추가 수수료
  - Ticket Endorsement : 항공권상에 명기되어야 하는 규정 요약
  - Penalties : Penalty 규정(Cancellation, Change)
  - Combinations : 운임 결합 규정
  - Miscellaneous Provisions : 기타 사항(Skypass 적립, Up-grade 등)

(5) Routing

Routing Fare인 경우, 해당 운임을 적용하기 위해 준수해야 하는 경유지 및 항공사 정보 조회

- 도시와 항공사, 항공사와 도시 사이에 -(Hyphen)은 연결,/(Slash)는 '또는'을 의미
- 도시와 도시 사이에 -(Hyphen)은 해당 운임을 설정한 항공사가 생략
  ⇒ SEL-PRG-OK/KE-PAR : SEL에서 KE로 PRG까지 이동, PRG에서 OK 또는 KE 이용하여 PAR 도착
- -(Hyphen)과 -(Hyphen) 사이에 도시는 생략이 가능하다
  ⇒ NYC-TYO-SEL-TPE : TYO 경유 없이 NYC-SEL-TPE 탑승 가능

Fare Display (Ticket Handling Charge Not Included)

Fare List	Add-on	Booking Class	Fare Note	Routing

No	Fare Basis	OW	RT	Pen	BKG CLS	Dates	Days
6	LLX0ZRM1		1,300,000	+	L	S01NOV-31MAR+	+

6-SELPAR Effective 09APR22

Marketing Carrier	KE Specified fare,Routing 9315	Effective Date

Hide Additional Routing Information

Routing Information

No	Routing Details
1	**SEL-PAR**
2	SEL-LON-BA-PAR
3	SEL-PRG-OK/KE-PAR
4	SEL-AMS-KL-PAR
5	SEL-ROM/MIL-AZ-PAR
6	SEL-MAD-IB/KE/UX-PAR
7	SEL-MOW-SU-PAR
8	SEL-VIE-OS-PAR
9	SEL-BCN/AMS/FRA/IST/LED/LON/MAD/MIL/MOW/PRG/ROM/VIE/ZRH-AF-PAR
10	SEL-IST-TK-PAR
11	SEL-ZRH-ZAG-OU-PAR
12	SEL-ZAG-OU-PAR
13	SEL-ZRH-LX-PAR

연습문제

1. 구간운임을 조회한 아래 화면을 보고 물음에 답하시오.

Fare Display (Ticket Handling Charge Not Included)

Fare List | Add-on | Booking Class | Fare Note | Routing

KE / SEL-HAN / EH / 20DEC22**20DEC22 / NSP / TPM:1678 / MPM:2013 / ROE:1267.403987 / Up 100.00 KRW / / RTG NO

N	Fare Basis	OW	RT	Penalty	BKG CLS	Dates	Days	AP	Min	Max	Carrier	Type	Routing
1	IHE33RKS		1,550,000	+	I	S15DEC-26FEB+		3D+	3D	1M+	KE		R
2	DNE3ZRKS		1,672,400	+	D	+		3D		12M+	KE		R(52)
3	IHE30SKS	853,000		+	I	S15DEC-26FEB+ A01APR B30JUN		3D+			KE		R
4	CRT		1,858,200	+	C	+					KE		M
5	DNE30RKS	1,003,500		+	D	+		3D			KE		R
6	COW	1,022,100		+	C	+					KE		M
7	JRT		2,322,800	+	J	+					KE		M
8	JOW	1,277,600		+	J	+					KE		M

1) 조회한 운임의 출발일, 구간, 항공사, GI를 쓰시오.

2) 왕복운임에 해당하는 Fare Basis를 모두 쓰시오.

3) 사전 구입 조건(AP)이 없는 가장 저렴한 왕복 운임으로 구매하고자 할 때 예약 가능한 Booking Class와 운임(통화, 금액)을 쓰시오.

4) 1년간 사용할 수 있는 가장 높은 왕복운임(통화, 금액)을 쓰시오.
IHE33RKS 운임으로 항공권 구매 시 아래의 운임 규정을 설명하시오.
- 항공권 구입 시한 (날짜로 작성)
- 귀국편 탑승 가능 기간

2. 11월 10일 출발, SEL/LAX 편도, 일반석, 동반 소아에게 적용 가능한 가장 저렴한 운임을 찾아 아래의 질문에 답하시오.

- Fare Basis :
- 동반 소아의 운임 (통화, 금액) :
- Booking Class :
- 해당 운임의 Child Discount 규정 : 나이 - , 운임 수준 -
- 해당 운임으로 탑승 가능한 기간(Seasonal) :
- 해당 운임으로 탑승 가능한 요일 :
- 사전 항공권 구입 조건 :
- 운임의 종류 :

3. 아래와 같이 운임 계산 시 빈 칸을 채우시오.

출발일 : 12월 17일, Booking Class : J

SEL
KE PAR - ①
KE SEL - ②

----

③ NUC
④ ROE
⑤ KRW

4. 11월 20일, NCE를 출발하여 PAR 또는 AMS에서 3일간 체류 후 SEL로 여행하고자 할 때 적용할 수 있는 가장 저렴한 Routing 운임에 대해 설명하시오.

- 일반 성인 운임(통화, 금액)
- PAR 경유 시 구간별탑승 가능한 항공사
- Stopover 규정
- 취소 또는 변경 시 Penalty 규정

② Informative Pricing(여정운임 조회)

2.1 개요

1) PNR 없이 여정을 입력하여 산출하는 방법으로 다양한 옵션을 지정하여 조회할 수 있다.
2) 운임뿐만 아니라 유류할증료, Tax, Surcharge 등 전체 지불 금액을 확인할 수 있다. 정확한 Tax 금액 확인을 위해 공항 Code로 조회해야 한다.
3) 추가 Option이 없으면 성인에 대한 KE의 Cabin Class별 운임을 보여 준다.

2.2 기능

- [Menu] - [Fare & Pricing] - [Informative Pricing]
- 검색조건

(1) 필수 입력 항목

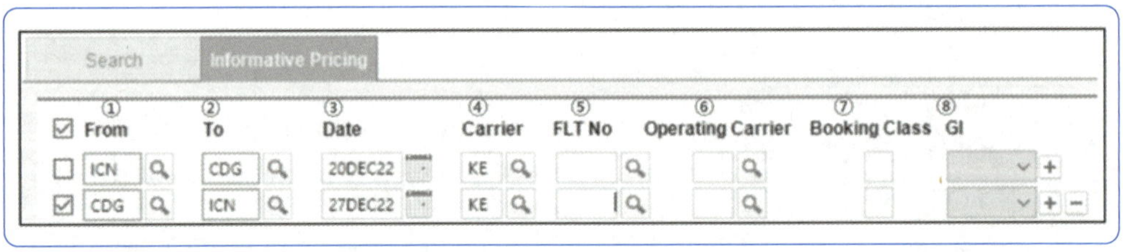

① From : 출발지

② To : 도착지(경유지 및 목적지, 정확한 TAX 산출을 위해 공항 Code로 입력한다)

③ Date : 출발 날짜

④ Carrier : 항공사 코드

⑤ FLT No : 비행편명

⑥ Operating Carrier : 공동 운항하는 경우 운항 항공사 코드

⑦ Booking Class

⑧ GI : Global Indicator

(2) 추가옵션

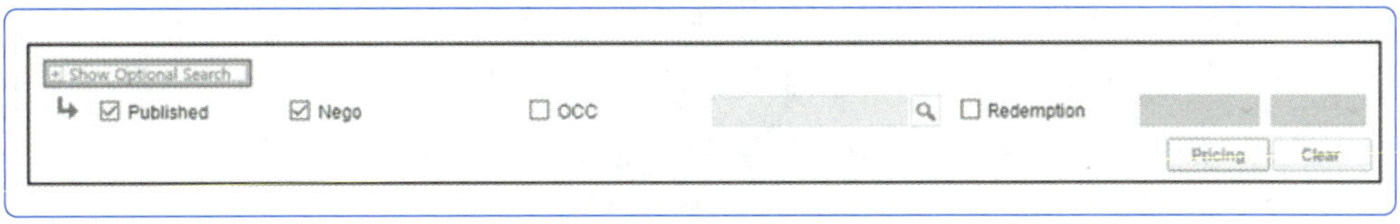

- 모든 조회 화면에서 Published와 Nego가 기본값으로 선택되어 있음
- OCC(Overriding Controlling Carrier) : 지정된 항공사를 운임 비교 대상 항공사에 추가하여, 그중 가장 저렴한 운임을 최종 Pricing 값으로 제안

(3) Show Optional Search 클릭 시 옵션 추가 입력 가능

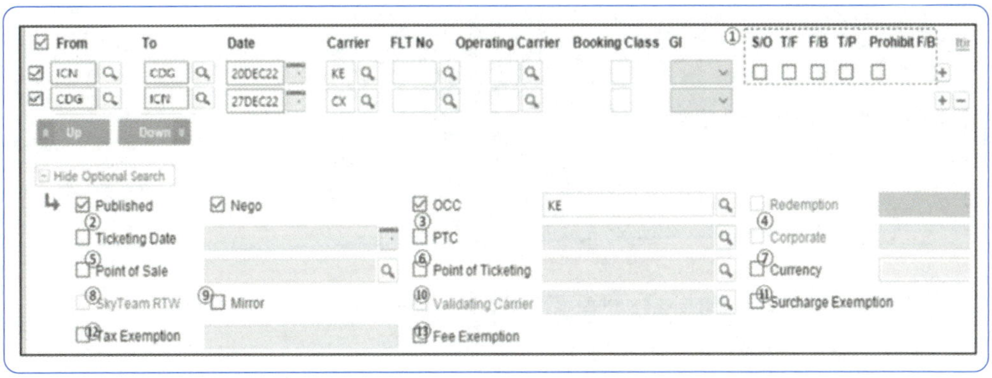

① S/O : Stopover 지정

T/F : Transfer 지정

F/B : Fare Break 지정

T/P : Turnaround Point 지정

Prohibit F/B : Fare Break Point 강제 미지정

② Ticketing Date : 발권일 지정

③ PTC : Passenger Type Code- Infant, Child, 장애인, 선원, Group 등

④ Corporate : 특정 기업이나 고객 그룹 지정

⑤ Point of Sale : 판매지 지정

⑥ Point of Ticketing : 발권지 지정

⑦ Currency : 통화 지정

⑧ Skyteam RTW : Skyteam RTW 운임 조회

⑨ Mirror : 편도 구간만 입력하고 Mirror 선택 시 동일한 여정의 왕복으로 조회

⑩ Validating Carrier : Validating Carrier 지정

⑪ Surcharge Exemption : Surcharge 면제하여 조회

⑫ Tax Exemption : 모든 Tax 면제하여 조회

⑬ Fee Exemption : 항공권 서비스 수수료 면제하여 조회

2.3 검색결과

(1) 결과 화면 상세(Fare List)

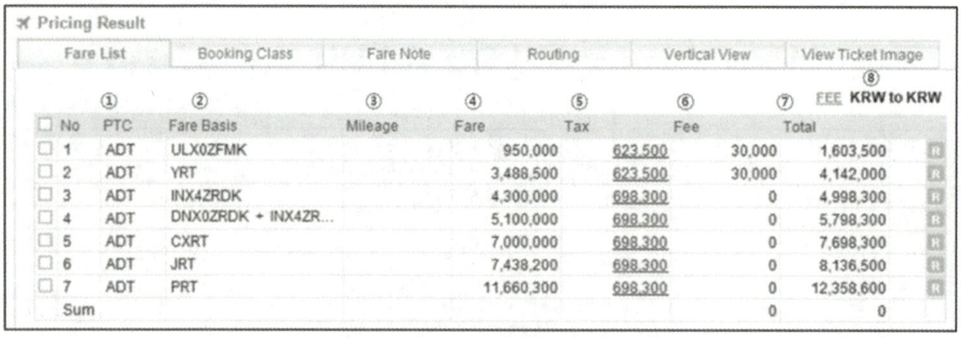

No	① PTC	② Fare Basis	③ Mileage	④ Fare	⑤ Tax	⑥ Fee	⑦ Total
1	ADT	ULX0ZFMK		950,000	623,500	30,000	1,603,500
2	ADT	YRT		3,488,500	623,500	30,000	4,142,000
3	ADT	INX4ZRDK		4,300,000	698,300	0	4,998,300
4	ADT	DNX0ZRDK + INX4ZR...		5,100,000	698,300	0	5,798,300
5	ADT	CXRT		7,000,000	698,300	0	7,698,300
6	ADT	JRT		7,438,200	698,300	0	8,136,500
7	ADT	PRT		11,660,300	698,300	0	12,358,600
Sum						0	0

① PTC : Passenger Type Code(ADT - Adult, IN - Infant, CH - Child)

② Fare Basis : 운임 종류

③ Mileage : Skypass 보너스 항공권 공제 마일리지

④ Fare : 항공운임

⑤ Tax : 국가별 출입국 세금, 공항이용료와 *유류 할증료 합계
금액 클릭 시 *Tax Detail 창 팝업

⑥ Fee : *항공권 서비스 수수료

⑦ Total : Fare, Tax, Fee 합계

⑧ KRW TO KRW : 운임 통화 / 지불 통화

1) **유류할증료** : Surcharge의 일종으로, 국제 유가 상승 시 증가된 운송 비용의 일부를 상쇄하기 위하여 정부 승인하에 승객으로부터 운임 외에 추가로 징수하는 할증료이며 Tax Code "YR"를 이용하여 징수한다.

2) **항공권 서비스 수수료** : 서비스센터 및 시내/공항 지점에서 항공권을 구매 또는 변경하는 경우 부과하는 서비스 수수료

3) Tax Details : TAX, PSC(Passenger Service Charge), PFC(Passenger Facility Charge) Fuel Surcharge 등 상세 내역 조회

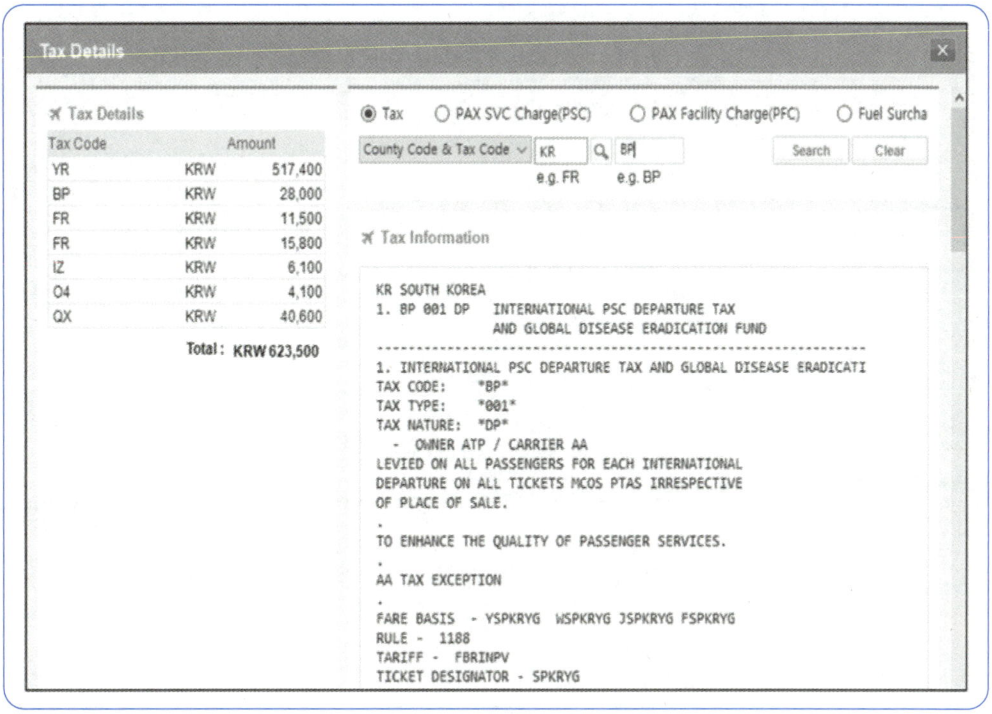

- YR : 유류할증료
- BP : 한국 국제선 출발 PSC(Passenger Service Charge)
- FR, IZ, O4 : 프랑스 출입국 TAX
- QX : 프랑스 국제선 출발 PSC(Passenger Service Charge)

(2) 결과 화면에서 Fare Basis 더블 클릭 시 Booking Class, Fare Note, Routing, Vertical View, View Ticket Image 확인 가능하며 Booking Class, Fare Note, Routing은 Fare Display와 동일하다.

- Vertical View
- 항공 운임 계산 상세 내역 조회

No	PTC	Fare Basis	Mileage	Fare	Tax	Fee	Total
1	ADT	ULX0ZFMK	KRW	950,000	623,500	30,000	1,603,500

Origin/Equivalent Currency	KRW / KRW	PTC	ADT	Fare Type	PUBLISHED FARES,RESERVATION BOOKING DESIGNATOR RESTRICTIONS,ANY CHANGE OF PRICING CONTEXT IMPACTS OB FEES,LAST TKT DTE , SEE ADV PURCHASE

							①			②	③		④	⑤	⑥
No	Portion	AL	BKG	Fare Basis	NUC	Surcharge	TPM	MPM	EMA	EMS	R	GI	CC	NVB	NVA	FBA
1	SEL/PAR	KE	U	ULX0ZFMK	374.78						R	TS	KE	01NOV...	31MA...	1PC
2	PAR/SEL	KE	U	ULX0ZFMK	374.78						R	TS	KE	01NOV...	20DEC...	1PC

Total Fare Calculation

⑦ Total Fare	KRW 1,603,500
⑧ Base Fare	KRW 950,000
Mileage	
⑨ Taxes	KRW517,400YR KRW28,000BP KRW11,500FR KRW15,800FR KRW6,100IZ KRW4,100O4 KRW40,600QX
⑩ Fee	KRW 30,000
⑪ Fare Calculation	20DEC22SEL KE PAR374.78KE SEL374.78NUC749.56END ROE1267.403987
Mileage Calculation	
Construction Rules	
⑫ Penalty	KRW 300,000
⑬ Endorsement	NONENDS. RISS CHRG APPLY. RFND PNTY APPLY. NO MILE UG.
Remarks	AIRLINE FEES INCLUDED

① TPM/MPM/EMA/EMS : Mileage 할증 여부 및 HIP (Higher Intermediate Point) Check 결과

No	Portion	AL	BKG	Fare Basi	NUC	Surcharge	TPM	MPM	EMA	EMS	R	GI	CC
1	**SEL/PAR**	**KE**	**Y**	**YOW**									
2	PAR/ROM	AF	N	YOW	HIP SELPAR 1513.88		6312	8324			M	TS	KE

② R : 운임 종류 (M- Mileage Fare, R-Routing Fare)

③ GI : Global Indicator

④ NVB : Not Valid Before

⑤ NVA : Not Valid After

⑥ FBA : Free Baggage Allowance

⑦ Total Fare : 총 지불금액

⑧ Base Fare : 운임

⑨ Taxes : Tax 상세 내역

⑩ Fee : 항공권 서비스 수수료

⑪ Fare Calculation : NUC 로 계산된 운임 상세 내역, 출발지국 통화로 환산 시 사용된 ROE

⑫ Penalty : 취소, 변경 Penalty 금액

⑬ Endorsement : 항공권 제한 사항 요약

- View Ticket Image

- 여정정보 및 Fare 상세 내역을 Ticket Image 반영 형태로 조회

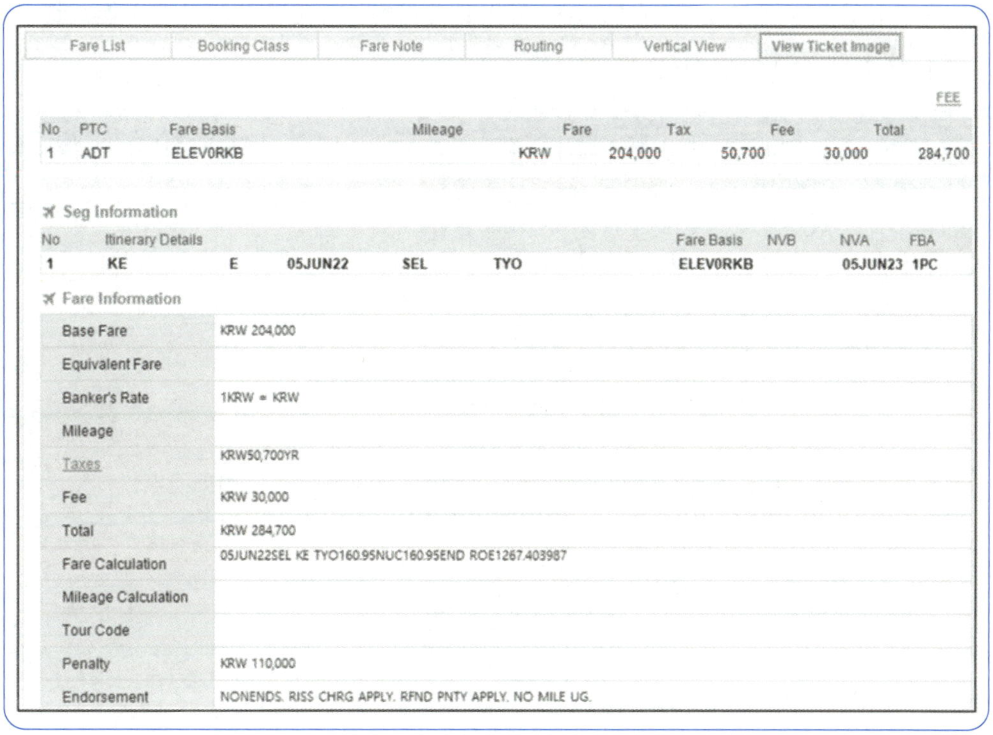

연습문제

1. 아래의 여정에 대해 Informative Pricing을 이용하여 조회한 가장 저렴한 운임을 구하고 아래의 질문에 답하시오.

구간	날짜	항공사
SEL/ATL	11월 28일	KE
ATL/SEL	12월 13일	KE

1) Fare Basis

2) 운임 세부 내역(통화, 금액)

- 운임
- Tax(합계, 세부 내역)
- 유류할증료
- 항공권 서비스 수수료

3) KE의 Booking Class를 쓰시오.

4) 사전 항공권 구입 조건을 쓰시오.

5) 예약 변경으로 인해 항공권을 재발행해야 하는 경우 재발행 수수료를 쓰시오.

③ PNR Pricing

3.1 개요

완성된 PNR이 있는 경우 사용할 수 있는 자동 운임산출 기능이다.

3.2 기능

- [Search] - [PNR] - [Pricing]
- 검색조건

(1) PNR을 Search한다.

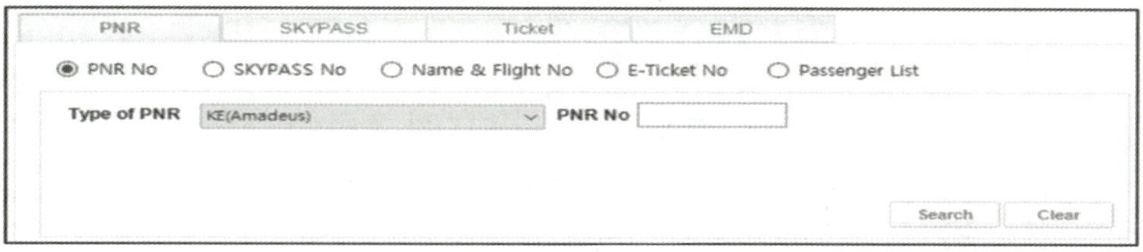

(2) PNR의 Pricing Tab을 클릭한다.

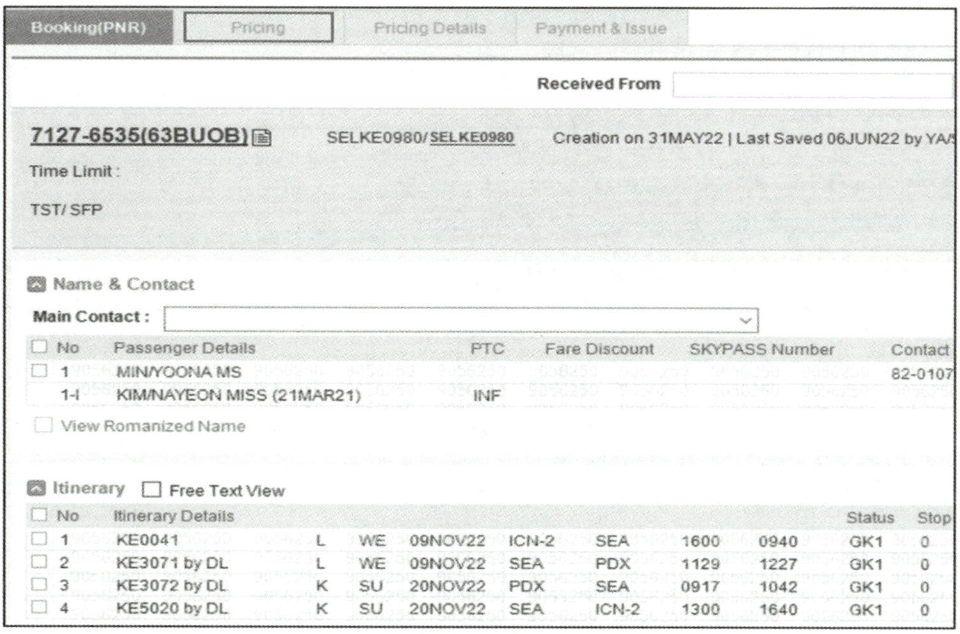

(3) 기본사항입력

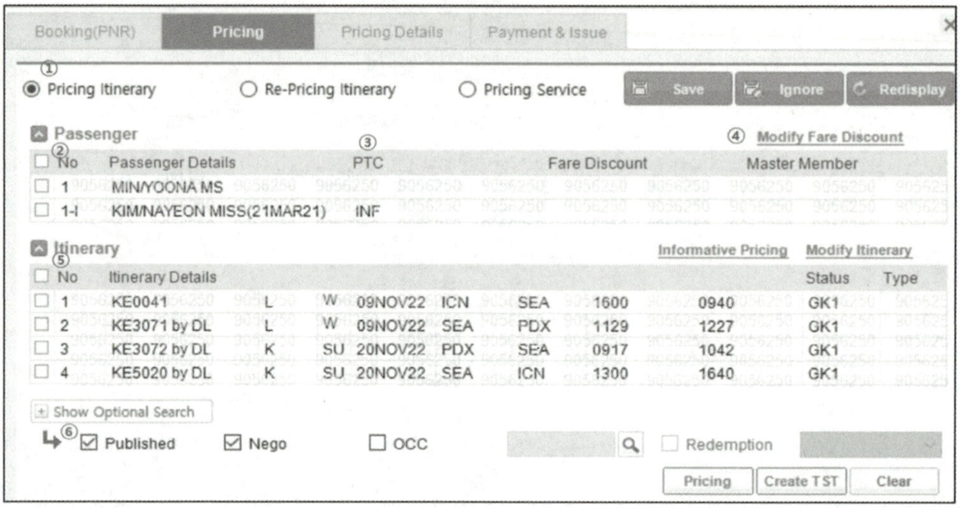

① Pricing Itinerary 선택

② 승객 선택 : 유아는 함께 예약된 성인의 번호와 연결하여 I로 표기(ex 1-I)

③ PNR에서 이름 입력 시 반영된 PTC(Passenger Type Code)

④ PTC 수정이 필요하거나 기타 신분할인 옵션 추가 입력

⑤ Pricing 대상 Segment 선택

⑥ Published와 Nego가 기본값으로 선택

(4) 추가 옵션

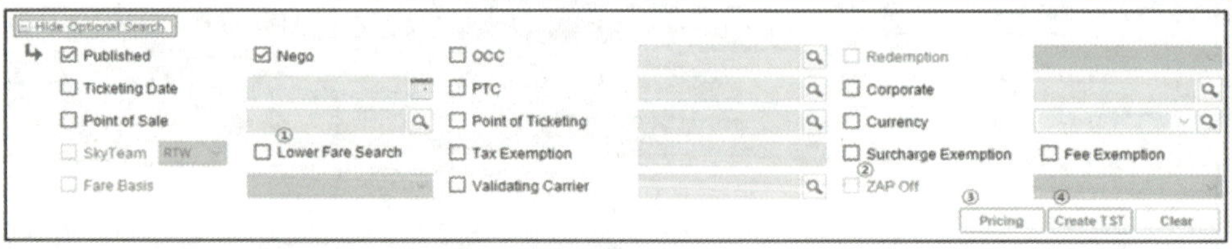

① Lower Fare Search : PNR에 예약된 Class보다 저렴한 하위 Booking Class로 운임 조회 가능하며 조회된 운임 Apply 시 하위 Class로 자동 예약 변경

② ZAP Off : 정률 할인 옵션

③ Pricing : 자동 계산 실행

④ Create TST : 자동 계산을 사용할 수 없을 경우 Manual 생성

* TST(Transitional Stored Ticket) : Ticketing을 위한 Pricing 정보 저장

3.3 검색결과

(1) 결과 화면 상세

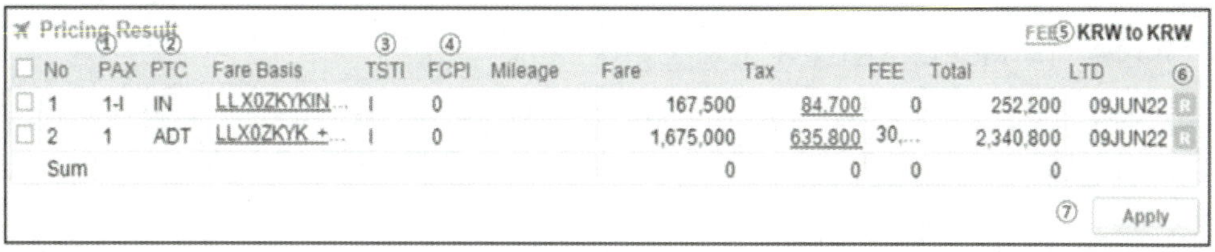

① PAX : PNR의 Passenger Number

② PTC : PTC별 할인 Code

③ TSTI(Transitional Stored Ticket Indicator) : 어떤 운임으로 Pricing 되었는지 표기

Code	Description
A	ATAF Fare
B	Negotiated Fare Manually Updated
F	Negotiated Fare (Airline Responsibility)
G	Negotiated Fare (Agent Responsibility)
I	Published Fare
M	Manual Fare
N	Fare Basis not Validated
O	RBD Override
T	Inclusive Tour
W	Ignore Itinerary at Ticket Issuance

④ FCPI(Fare Calculation Pricing Indicator)

: 어떤 방법으로 Pricing되었는지 보여주는 Indicator로 주요 Code는 아래와 같다.

FCPI	Description
0	Automatically Priced
N	Negotiated Fare Used
5	Not priced at passenger type requested.
G	Dynamic Discounted Fare Used
F	Private Fares have been used (IATA Auto-priced)
1	Manually Stored Fare
3	Ticket by Fare Basis
V	Pricing Override Used-Booking Date not Validated
W	Pricing Override Used-Booking Designator not Validated

S	Pricing Override Used-Booking Designator not Validated
Z	Net Fare Field Manually Updated
4	Manual Manipulation of Taxes
Q	Manually Stored Endorsement before pricing

⑤ KRW To KRW : 운임통화 / 지불통화

⑥ R 클릭 시 오른쪽 Rule Summary 항목에 LTD(Last Ticket Date, 구매시한) 및 항공권 제한 사항 표출

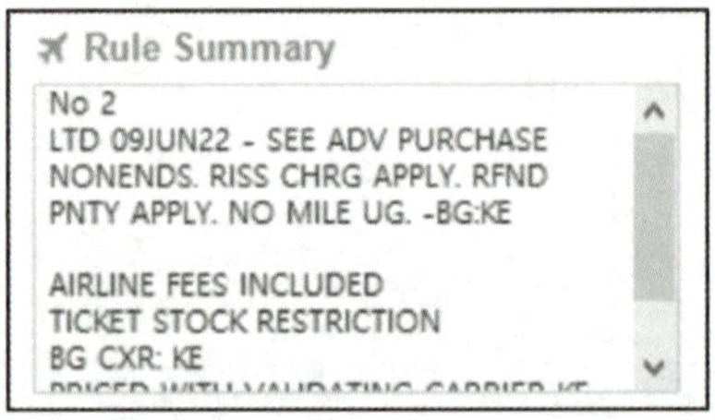

⑦ Apply : 적용하고자 하는 운임 선택 후 Apply 시 Pricing Details 탭에 TST 생성

(2) Fare Details

결과 화면에서 파란색으로 밑줄이 활성화된 Fare Basis 클릭 시 Fare Detail 팝업되어 Booking Class, Fare Note, Routing, Vertical View, View Ticket Image 확인 가능하며 내용은 Fare Display와 Informative Pricing에서 설명한 내용과 동일하다.

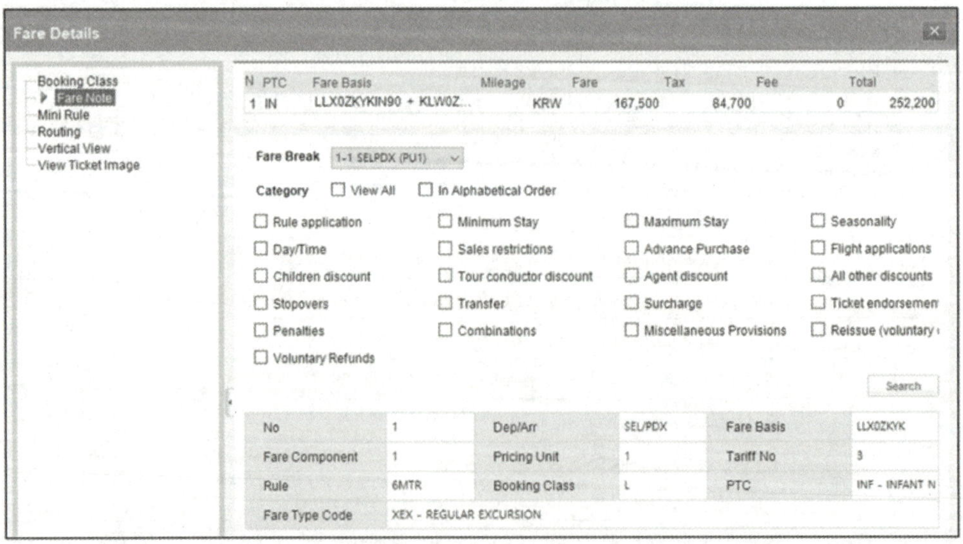

연습문제

1. PNR에서 Pricing Itinerary한 결과를 보고 물음에 답하시오.

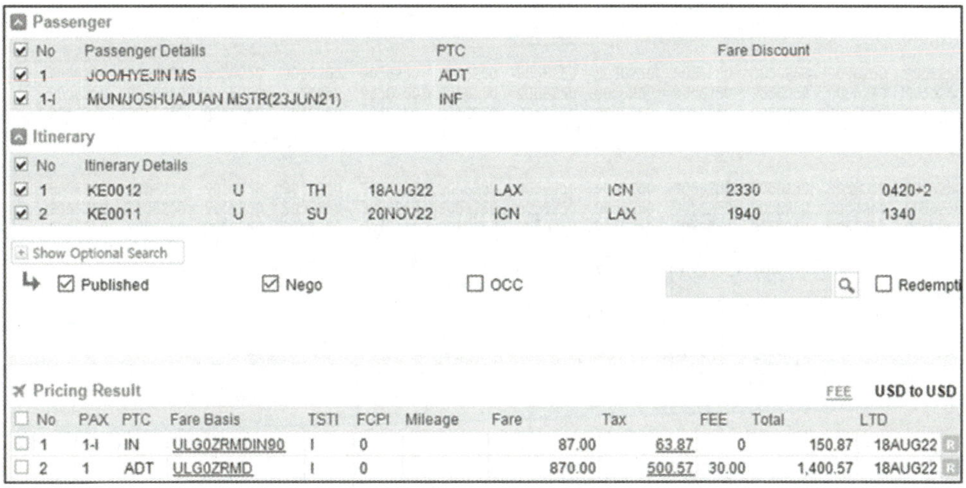

Passenger

No	Passenger Details	PTC	Fare Discount
1	JOO/HYEJIN MS	ADT	
1-I	MUN/JOSHUAJUAN MSTR(23JUN21)	INF	

Itinerary

No	Itinerary Details							
1	KE0012	U	TH	18AUG22	LAX	ICN	2330	0420+2
2	KE0011	U	SU	20NOV22	ICN	LAX	1940	1340

Show Optional Search

☑ Published ☑ Nego ☐ OCC ☐ Redempti

Pricing Result FEE USD to USD

No	PAX	PTC	Fare Basis	TSTI	FCPI	Mileage	Fare	Tax	FEE	Total	LTD
1	1-I	IN	ULG0ZRMDIN90	I	0		87.00	63.87	0	150.87	18AUG22
2	1	ADT	ULG0ZRMD	I	0		870.00	500.57	30.00	1,400.57	18AUG22

1) 승객의 Passenger Type을 설명하시오.

JOO/HYEJIN MS:

MUN/JOSHUAJUAN MSTR :

2) 발권 구간

3) Booking Class

4) 승객별 운임 총금액 (통화, 금액)

JOO/HYEJIN MS:

MUN/JOSHUAJUAN MSTR :

5) 항공권 구매 시한

2. 다음 여정에 대해 PNR을 작성하고 적용 가능한 가장 저렴한 운임을 Pricing하시오.

1) 승객 : SON/SEOKKU MR
 여정 : 11월 10일 SEL/AKL 일반석

2) 승객 : KIM/WOOBIN MR,PARK/SINHYE MISS (DOB 20MAY18)
 여정 : 12월 12일 SEL/SIN 일반석
 12월 19일 SIN/SEL 일반석

3) 승객 : LEE/HUIJAE MS,LEE/SEOYEON MISS (DOB 17JAN21),
 LEE/SEOJUN (DOB 22JUN18)
 여정 : 12월 24일 PAR/SEL 일반석
 12월 31일 SEL/PAR 일반석

CHAPTER

8

항공운임의 계산

Chapter 8
항공운임의 계산

생각해 봅시다

항공운임은 동일한 구간이다 할지라도 그 종류가 아주 다양합니다. 각 운임의 특성은 무엇이고 왜 가격은 다를까요?
직항이 없는 도시는 가격을 어떻게 안내해야 할까요? 중간 경유지는 어떤 기준으로 선정해야 할까요?

학습목표

이 과정의 학습을 통해
- 각 지역별 운임의 종류 및 특성을 조회할 수 있다.
- 승객의 나이, 신분 및 여정에 따른 운임을 적용할 수 있다.
- 경유지 및 OAL이 결부된 여정의 항공 운임 계산 절차를 이해할 수 있다.
- Pricing System의 여러 운임 계산 기능을 익힌다.

차례

1. KE 여정의 항공 운임 계산
2. 타 항공사(OAL) 포함 여정의 항공 운임 계산

① KE 여정의 항공 운임 계산

1.1 한국 출발 여정 운임

o 승객 : 성인, 소아(DOB 20NOV17) o 여정 : KE901/03DEC SEL/PAR(일반석) KE902/09JANPAR/SEL(일반석)	SEL ↓ 1/2RT KE PAR - KE SEL ↑ 1/2RT

(1) Fare Display(구간운임 조회)

- 운임 적용 방향에 따라 From, To 코드 입력
- 운임은 첫 번째 국제선 출발일 기준으로 조회

첫 번째 운임마디	From: SEL ↔ To: PAR Date: 03DEC22 Carrier: KE
두 번째 운임마디	From: SEL ↔ To: PAR Date: 03DEC22 Carrier: KE

(2) 조회결과 확인(Fare List)

Fare Display (Ticket Handling Charge Not Included)

Fare List | Add-on | Booking Class | Fare Note | Routing

KE / SEL-PAR / TS / 03DEC22**03DEC22 / NSP / TPM:5626 / MPM:8342 / ROE:1267.403987 / Up 100.00 KRW / / RTG NO

N	Fare Basis	OW	RT	Penalty	BKG CLS	Dates	Days	AP	Min	Max	Carrier	Type	Routing
1	LLX0ZRMK		1,050,000	+	L	S01NOV-31MAR+	+	+		12M	KE		R
2	KLX0ZRMK		1,150,000	+	K	S01NOV-31MAR+	+	+		12M	KE		R
3	LLW0ZRMK		1,150,000	+	L	S01NOV-31MAR+	+	+		12M	KE		R
4	KLW0ZRMK		1,250,000	+	K	S01NOV-31MAR+	+	+		12M	KE		R
5	ELX0ZRMK		1,300,000	+	E	S01NOV-31MAR+	+	+		12M	KE		R
6	LLX0ZRM1		1,300,000	+	L	S01NOV-31MAR+	+	+	+	12M	KE		R
7	HLX0ZR...		1,305,000	+	H	S01NOV-31MAR+ A18APR B31MAR O31MAR	+			12M	KE	A	R
8	HLX0ZR...		1,305,000	+	H	S01NOV-31MAR+ A18APR B31MAR O31MAR	+			12M	KE	A	R
9	HLW0ZR...		1,395,000	+	H	S01NOV-31MAR+ A18APR B31MAR O31MAR	+			12M	KE	A	R
1	HLW0ZR...		1,395,000	+	H	S01NOV-31MAR+ A18APR B31MAR O31MAR	+			12M	KE	A	R

(3) 운임 규정 확인(Fare Note)

필요 항목 선택 조회(Max, DA, AP, CD, SU, PE, CO) 단순 왕복이므로 SO, TF 확인 불필요

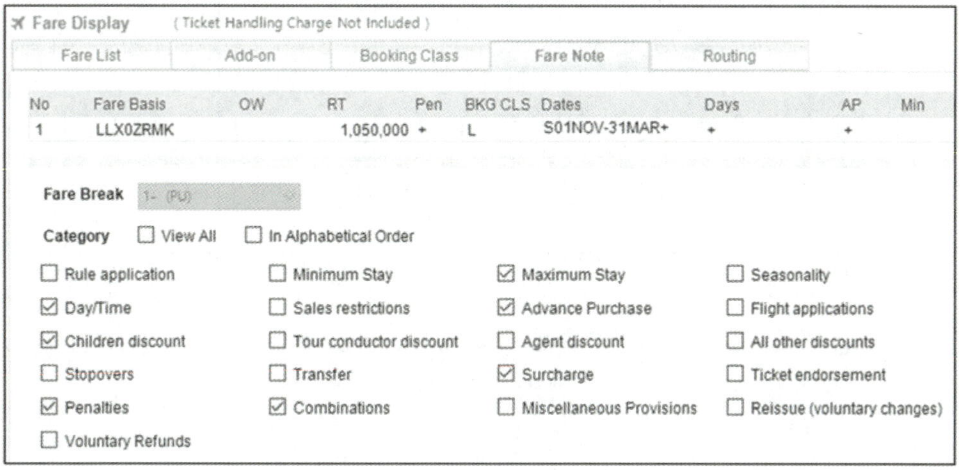

Max	MX.MAX STAY TRAVEL FROM LAST STOPOVER MUST COMMENCE NO LATER THAN 12MONTHS AFTER DEPARTURE FROM FARE ORIGIN.	03DEC~09JAN 〈 12M
DA	[LLX0ZRMK] DA.DAY/TIME BETWEEN KOREA, REPUBLIC OF AND AREA 2 FOR MIDWEEK FARES ORIGINATING KOREA, REPUBLIC OF OUTBOUND - PERMITTED MON THROUGH FRI ON EACH INTERCONTINENTAL SECTOR. ORIGINATING KOREA, REPUBLIC OF INBOUND - PERMITTED SUN THROUGH THU ON EACH INTERCONTINENTAL SECTOR. [LLW0ZRMK] DA.DAY/TIME BETWEEN KOREA, REPUBLIC OF AND AREA 2 FOR WEEKEND FARES ORIGINATING KOREA, REPUBLIC OF OUTBOUND - PERMITTED SAT THROUGH SUN ON EACH INTERCONTINENTAL SECTOR. ORIGINATING KOREA, REPUBLIC OF INBOUND - PERMITTED FRI THROUGH SAT ON EACHINTERCONTINENTAL SECTOR.	○ KE901/03DEC SEL/PAR(SA) : LLW0ZRMK ○ KE902/09JAN PAR/SEL(MO) : LLX0ZRMK

AP	AP.ADVANCE RES/TKT FOR LLX0ZRMK TYPE FARES RESERVATIONS ARE REQUIRED FOR ALL SECTORS. WAITLIST NOT PERMITTED. TICKETING MUST BE COMPLETED WITHIN 3 DAYS AFTER RESERVATIONS ARE MADE.	좌석확약 및 예약 후 3일 이내 발권
CD	CD.CHILD DISCOUNTS ACCOMPANIED CHILD 2-11 - CHARGE 75 PERCENT OF THE FARE. TICKET DESIGNATOR - CH AND PERCENT OF DISCOUNT. MUST BE ACCOMPANIED ON ALL FLIGHTS IN SAME COMPARTMENT BY ADULT 18 OR OLDER. UNACCOMPANIED CHILD 5-11 - CHARGE 100 PERCENT OF THE FARE. NOTE - ANY CHILD/INFANT UNDER 5 YEARS OF AGE WILL NOT BE ACCEPTED FOR CARRIAGE IF NOT ACCOMPANIED BY AN ADULT PASSENGER. SERVICE CHARGE FOR UNACCOMPANIED CHILD SHALL APPLY IN ADDITION TO THE FARE. PLEASE CONTACT KE FOR MORE INFORMATION. 1ST INFANT UNDER 2 WITHOUT A SEAT - CHARGE 10 PERCENT OF THE FARE. TICKET DESIGNATOR - IN AND PERCENT OF DISCOUNT. MUST BE ACCOMPANIED ON ALL FLIGHTS IN SAME COMPARTMENT BY ADULT 18 OR OLDER.	Child - 75%
SU	SU.SURCHARGES BETWEEN KOREA, REPUBLIC OF AND FRANCE IF INFANT UNDER 02 WITHOUT A SEAT. THERE IS NO CHARGE FOR TRAVEL. THE PROVISIONS BELOW APPLY ONLY AS FOLLOWS - TICKETS MUST BE ISSUED ON KEOR DL. THERE IS NO CHARGE FOR TRAVEL. NOTE - YR FEE MAY APPLY	○ 유류할증료 구간당 258,700원 징수 ○ Child - 동일

	OTHERWISE ORIGINATING KOREA, REPUBLIC OF - FOR TICKETING ON/BEFORE 31MAY 22 A SURCHARGE OF KRW 227500 PER FARE COMPONENT WILL BE ADDED TO THE APPLICABLE FARE FOR TRAVEL. NOTE - THE SURCHARGE APPLIES IN ADDITION TO ALL OTHER CHARGES AND IS NOT SUBJECT TO ANY DISCOUNT - INCLUDING THOSE FOR CHILDREN. THE SURCHARGE MUST BE COLLECTED AT TIME OF TICKET ISSUANCE AND WILL BE INCORPORATED IN THE FARE CALCULATION AS A -Q- SURCHARGE BY CONVERTING THE SURCHARGE INTO NUC USING THE APPLICABLE IATA RATE OF EXCHANGE /IROE/. FOR TICKETING ON/AFTER 01JUN 22 A SURCHARGE OF KRW 258700 PER FARE COMPONENT WILL BEADDED TO THE APPLICABLE FARE FOR TRAVEL. NOTE - THE SURCHARGE APPLIES IN ADDITION TO ALL OTHER CHARGES AND IS NOT SUBJECT TO ANY DISCOUNT - INCLUDING THOSE FOR CHILDREN. THE SURCHARGE MUST BE COLLECTED AT TIME OF TICKET ISSUANCE AND WILL BE INCORPORATED IN THE FARE CALCULATION AS A -Q- SURCHARGE BY CONVERTING THE SURCHARGE INTO NUC USING THE APPLICABLE IATA RATE OF EXCHANGE /IROE/.	
PE	PE.PENALTIES BETWEEN KOREA, REPUBLIC OF AND AREA 2 FOR LLX0ZRMK TYPE FARES CANCELLATIONS BEFORE DEPARTURE CHARGE KRW 300000 FOR CANCEL/REFUND. CHILD/INFANT DISCOUNTS APPLY. WAIVED FOR DEATH OF PASSENGER OR FAMILY MEMBER. NOTE - WITHIN 3 DAYS BEFORE DEPARTURE KRW300000 14 DAYS - 04 DAYS BEFORE DEPARTURE KRW240000 60 DAYS - 15 DAYS BEFORE DEPARTURE KRW200000	취소/변경 수수료 있음

90 DAYS - 61 DAYS BEFORE DEPARTURE KRW30000

1/ PENALTY FOR CHILD IS SUBJECT TO CHILD DISCOUNTS RULE FOR THE FARE.

2/ PENALTY DOES NOT APPLY FOR INFANT NOT OCCUPYING A SEAT.

3/ WAIVER DUE TO DEATH OF PASSENGER/IMMEDIATE FAMILY MEMBER

- VALID DEATH CERTIFICATE IS REQUIRED.

4/ IN CASE OF CANCEL/REFUND FOR COMBINED FARES MORE RESTRICTIVE FARE RULE WILL APPLY.

AFTER DEPARTURE

CHARGE KRW 200000 FOR CANCEL/REFUND.

CHILD/INFANT DISCOUNTS APPLY.

WAIVED FOR DEATH OF PASSENGER OR FAMILY MEMBER.

NOTE -

1/ PENALTY FOR CHILD IS SUBJECT TO CHILD DISCOUNTS RULE FOR THE FARE.

2/ PENALTY DOES NOT APPLY FOR INFANT NOT OCCUPYING A SEAT.

3/ WAIVER DUE TO DEATH OF PASSENGER/IMMEDIATE FAMILY MEMBER

- VALID DEATH CERTIFICATE IS REQUIRED.

4/ IN CASE OF CANCEL/REFUND FOR COMBINED FARES MORE RESTRICTIVE FARE RULE WILL APPLY.

FOR TICKETING ON/AFTER 20JUL 20

CHANGES

ANY TIME

CHANGES PERMITTED FOR REVALIDATION.

CHARGE KRW 150000 FOR REISSUE.

CHILD/INFANT DISCOUNTS APPLY.

CO	[LLX0ZRMK, LLW0ZRMK] OPEN JAWS/ROUND TRIPS/CIRCLE TRIPS FARES MAY BE COMBINED ON A HALF ROUND TRIP BASIS -TO FORM SINGLE OR DOUBLE OPEN JAWS WHICH CONSISTS OF NO MORE THAN 2 INTERNATIONAL FARE COMPONENTS AND THE OPEN SEGMENT AT ORIGIN MUST BE IN ONE COUNTRY. THE OPEN SEGMENT AT DESTINATION HAS NO RESTRICTIONS. A MAXIMUM OF TWO INTERNATIONAL FARE COMPONENTSPERMITTED. -TO FORM ROUND TRIPS -TO FORM CIRCLE TRIPS EXCEPT FOR AROUND - THE - WORLD FARES. A MAXIMUM OF TWO INTERNATIONAL FARE COMPONENTS PERMITTED. PROVIDED - COMBINATIONS ARE WITH ANY FARE FOR CARRIER KE IN ANYRULE IN TARIFF IPRAFAS - BETWEEN AFRICA-AREA 3 IPREUAS - BETWEEN EUROPE-AREA 3 IPRMEAS - BETWEEN THE MIDDLE EAST-AREA 3 IPRRU - BETWEEN RUSSIA AND AREA 3 IPRTS - BETWEEN AREA 2-AREA 3 VIA SIBERIA.	LLX0ZRMK, LLW0ZRMK Half and Half Combination 가능

(4) 운임 계산 결과

Fare Display (Ticket Handling Charge Not Included)

Fare List | Add-on | Booking Class | Fare Note | Routing

KE / SEL-PAR / TS / 03DEC22**03DEC22 / NSP / TPM:5626 / MPM:8342 / ROE:1267.403987 / Up 100.00 KRW /

N	Fare Basis	OW	RT	Penalty	BKG CLS	Dates	Days
1	LLX0ZRMK		1,050,000	+	L	S01NOV-31MAR+	+
2	LLW0ZRMK		1,150,000	+	L	S01NOV-31MAR+	+

- 성인KRW 1,150,000 / 2 + KRW 1,050,000 / 2 = KRW 1,100,000
- 소아 : 성인의 75%, KRW 1,100,000 × 0.75 = KRW 825,000

(5) TAX, 유류할증료, 항공권 서비스 수수료 확인

- Informative Pricing(여정운임 조회)으로 조회

[성인]

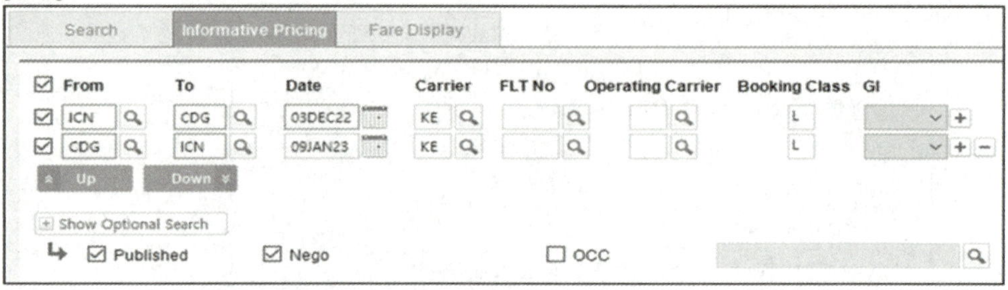

[소아]

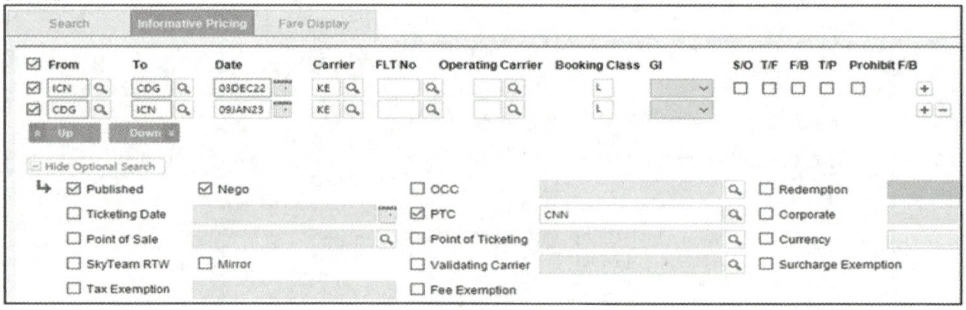

- 조회 결과 확인

[성인]

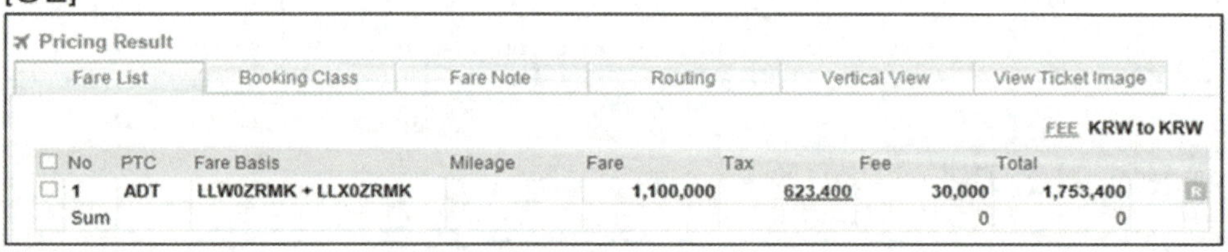

- Tax Amount 클릭

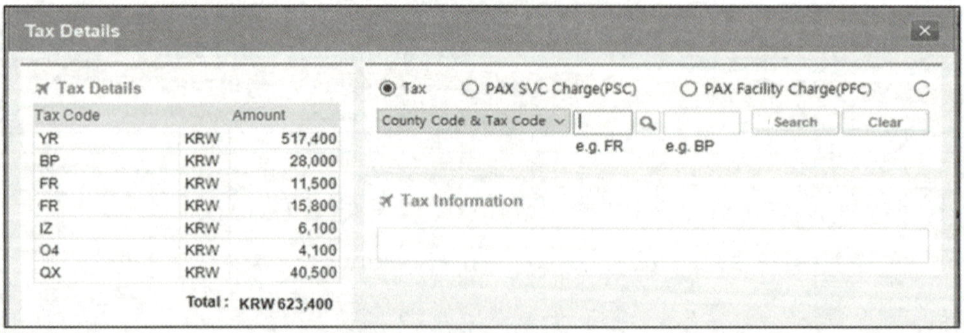

[소아]

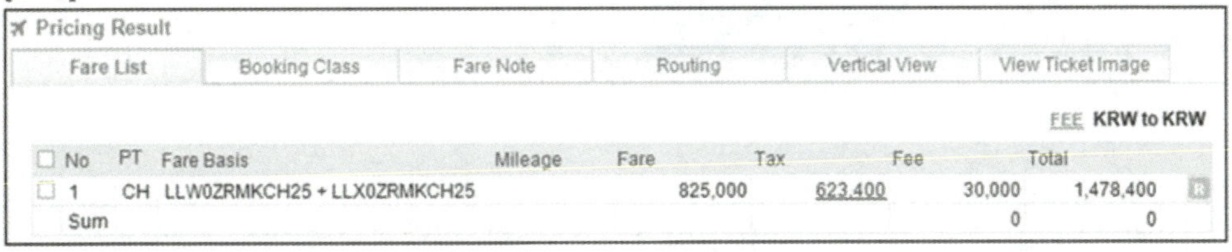

- Tax Amount 클릭

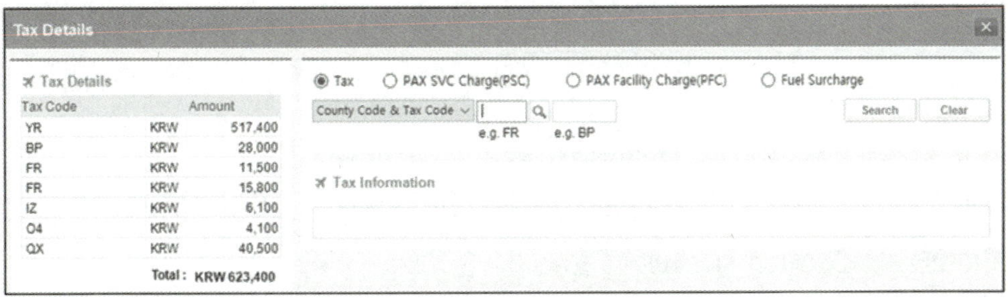

* Tax Code : YR - 유류할증료

YR 이외 - 국가코드 및 Tax Code를 이용하여 조회

연습문제

1. 아래 정보에 따라 가장 저렴한 일반석 성인 운임을 계산하시오.

KE081 / 06DEC(TU) SEL/NYC

KE082 / 18DEC(SU) NYC/SEL

2. 아래 정보에 따라 가장 저렴한 일반석 성인/소아/유아 운임을 계산하시오.

KE185 / 01DEC(TH) SEL/TPE

KE186 / 06AUG(SU) TPE/SEL

1.2 해외 출발 여정 운임

o 승객 : 성인 o 여정 : KE908/10DEC LON/SEL (프레스티지석) KE001/11DEC SEL/TYO (프레스티지석) KE706/21DEC TYO/SEL (프레스티지석) KE907/24DEC SEL/TYO (프레스티지석)	LON KE X/ SEL ↓ 1/2RT KE TYO- KE SEL ↑ 1/2RT KE LON

(1) Fare Display(구간운임 조회)

- 운임 적용 방향에 따라 From, To 코드 입력
- 운임은 첫 번째 국제선 출발일 기준으로 조회

* 첫 번째, 두 번째 운임마디 동일 / Option : Cabin Ciass "C" 선택

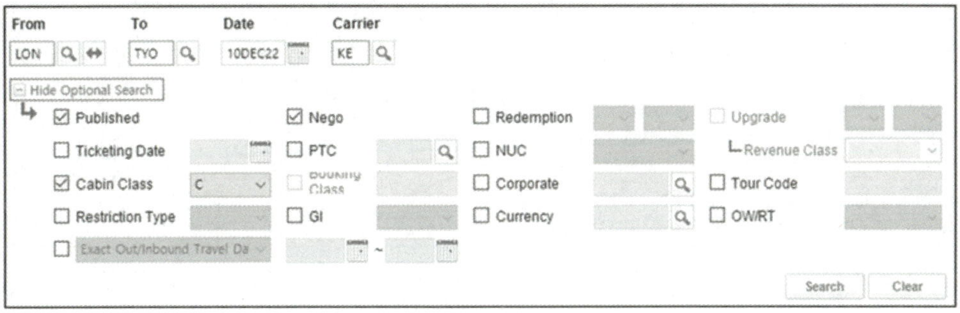

- 조회결과 확인(Fare List)

Fare Display (Ticket Handling Charge Not Included)

Fare List | Add-on | Booking Class | Fare Note | Routing

KE / LON-TYO / TS / 10DEC22**10DEC22 / NSP / TPM:6214 / MPM:7456 / ROE:0.804633 / Off to closest whole number 1.00 GBP / / RTG NO

N	Fare Basis	OW	RT	Penalty	BKG C	Dates	Days	AP	Min	Max	Carrier	Type	Routing
1	INE7ZRUK		2,390	+	I	+		7D		6M	KE		R
2	DNE0ZR...		3,190	+	D	+				12M	KE		R
3	CRTKE		4,090	80+	C	+					KE		R
4	DNE00R...	2,074		+	D	+					KE		R
5	JRTKE		5,290	80+	J	+					KE		R
6	COWKE	2,659		80+	C	+					KE		R
7	CRT		6,390	80+	C	+					KE		M
8	JOWKE	3,439		80+	J	+					KE		R
9	JRT		7,090	80+	J	+					KE		M
1	COW	4,154		80+	C	+					KE		M
1	JOW	4,609		80+	J	+					KE		M

(2) 운임 Routing 확인

Routing Information

No	Routing Details
1	**LON-AF-PAR-SEL-TYO**
2	LON-AF-PAR-SEL-PUS/CJU-TYO
3	LON-UX/IB-MAD-SEL-TYO
4	LON-UX/IB-MAD-SEL-PUS/CJU-TYO
5	LON-SU-MOW-SEL-TYO
6	LON-SU-MOW-SEL-PUS/CJU-TYO
7	LON-TK-IST-SEL-TYO
8	LON-TK-IST-SEL-PUS/CJU-TYO
9	LON-BA-AMS/FRA/IST/MAD/MIL/MOW/PAR/PRG/ROM/ZRH/BCN-SEL-TYO
10	LON-BA-AMS/FRA/IST/MAD/MIL/MOW/PAR/PRG/ROM/ZRH/BCN-SEL-PUS/CJU-TYO
11	LON-LX-ZRH-SEL-TYO
12	LON-LX-ZRH-SEL-PUS/CJU-TYO
13	LON-OS-VIE-SEL-TYO
14	LON-OS-VIE-SEL-PUS/CJU-TYO
15	LON-SEL-TYO
16	LON-SEL-PUS/CJU-TYO
17	LON-KL-AMS-SEL-TYO
18	LON-KL-AMS-SEL-PUS/CJU-TYO
19	LON-AZ-MIL-SEL-TYO
20	LON-AZ-MIL-SEL-PUS/CJU-TYO
21	LON-OU-ZAG-ZRH-SEL-TYO
22	LON-OU-ZAG-ZRH-SEL-PUS/CJU-TYO
23	LON-OU-ZAG-SEL-TYO
24	LON-OU-ZAG-SEL-PUS/CJU-TYO

(3) 운임 규정 확인(Fare Note)

필요 항목 선택 조회(Max, SR, AP, SO, TF, SU, PE)

Fare Display (Ticket Handling Charge Not Included)

Fare List | Add-on | Booking Class | Fare Note | Routing

No	Fare Basis	OW	RT	Pen	BKG CLS	Dates	Days	AP	M	M	Carri	Type	Routing
1	INE7ZRUK		2,390	+	I	+		7D		6	KE		R

Fare Break 1- (PU)

Category ☐ View All ☐ In Alphabetical Order

☐ Rule application	☐ Minimum Stay	☑ Maximum Stay	☑ Sales restrictions
☑ Advance Purchase	☐ Flight applications	☐ Children discount	☐ Tour conductor discount
☐ Agent discount	☐ All other discounts	☑ Stopovers	☑ Transfer
☑ Surcharge	☐ Ticket endorsement	☑ Penalties	☐ Combinations
☐ Miscellaneous Provisions	☐ Reissue (voluntary changes)	☐ Voluntary Refunds	

Max	MX.MAX STAY BETWEEN AREA 2 AND AREA 3 FOR INE7ZRUK TYPE FARES TRAVEL FROM LAST STOPOVER MUST COMMENCE NO LATER THAN 6 MONTHS AFTER DEPARTURE FROM FARE ORIGIN.	10DEC~24DEC 〈 6M
SR	SR.SALES RESTRICT TICKETS MUST BE ISSUED ON/AFTER 01APR 22. *** GENERAL RULE FOLLOWS *** BETWEEN AREA 2 AND AREA 3 FOR INE7ZRUK TYPE FARES TICKETS MUST BE ISSUED ON KE . NOTE - EXTENSION OF TICKET VALIDITY FOR MEDICAL REASONS IS NOT PERMITTED AND - TICKETS MAY NOT BE SOLD IN VENEZUELA/SOUTH SUDAN/ NIGERIA /ANGOLA/IRAN,ISLAMIC REPUBLIC OF/SUDAN.	
AP	AP.ADVANCE RES/TKT FOR INE7ZRUK TYPE FARES RESERVATIONS FOR ALL SECTORS AND TICKETING ARE REQUIRED AT LEAST 7 DAYS BEFORE DEPARTURE. WAITLIST NOT PERMITTED.	좌석확약 및 최소 출발 7일 전까지 발권
SO	SO.STOPOVERS FROM/TO UNITED KINGDOM FOR INE7ZRUK TYPE FARES NOTE - GENERAL RULE DOES NOT APPLY ORIGINATING UNITED KINGDOM - UNLIMITED STOPOVERS PERMITTED IN EACH DIRECTION AT GBP 65.00 EACH. CHILD/INFANT DISCOUNTS APPLY. NOTE -A DISCOUNT FOR CHILD IS SUBJECT TO DISCOUNTS RULE OF THE FARE..	1회 S/O당 GBP 65.00 : SEL에서 1회 S/O 하므로 GBP 65.00 징수
TF	TF.TRANSFERS/RTGS BETWEEN AREA 2 AND AREA 3 NOTE - GENERAL RULE DOES NOT APPLY UNLIMITED TRANSFERS PERMITTED ON THE PRICING UNIT FARE BREAK SURFACE SECTORS NOT PERMITTED AND EMBEDDED SURFACE SECTORS PERMITTED ON THE FARE COMPONENT.	무제한 허용

SU	SU.SURCHARGES BETWEEN JAPAN AND UNITED KINGDOM IF INFANT UNDER 02 WITHOUT A SEAT. THERE IS NO CHARGE FOR TRAVEL. THE PROVISIONS BELOW APPLY ONLY AS FOLLOWS - TICKETS MUST BE ISSUED ON KEOR DL. THERE IS NO CHARGE FOR TRAVEL. NOTE - YR FEE MAY APPLY ORIGINATING UNITED KINGDOM - FOR TICKETING ON/AFTER 20JAN 14 A SURCHARGE OF GBP 110.00 PER FARE COMPONENT WILL BE ADDED TO THE APPLICABLE FARE FOR TRAVEL. NOTE - THE SURCHARGE APPLIES IN ADDITION TO ALL OTHER CHARGES AND IS NOT SUBJECT TO ANY DISCOUNT - INCLUDING THOSE FOR CHILDREN. THE SURCHARGE MUST BE COLLECTED AT TIME OF TICKET ISSUANCE AND WILL BE INCORPORATED IN THE FARE CALCULATION AS A -Q- SURCHARGE BY CONVERTING THE SURCHARGE INTO NUC USING THE APPLICABLE IATA RATE OF EXCHANGE /IROE/.	○ 유류할증료 구간당 GBP 110.00 징수 ○ Child - 동일

PE	PE.PENALTIES FROM/TO UNITED KINGDOM FOR INE7ZRUK TYPE FARES CANCELLATIONS ANY TIME CHARGE GBP 190.00 FOR CANCEL/REFUND. WAIVED FOR DEATH OF PASSENGER OR FAMILY MEMBER. NOTE - 1/ PENALTY FOR CHILD IS SUBJECT TO CHILD DISCOUNTS RULE FOR THE FARE. 2/ PENALTY DOES NOT APPLY FOR INFANT NOT OCCUPYING A SEAT. 3/ WAIVER DUE TO DEATH OF PASSENGER/IMMEDIATE FAMILY MEMBER - VALID DEATH CERTIFICATE IS REQUIRED. 4/ IN CASE OF CANCEL/REFUND FOR COMBINED FARES MORE RESTRICTIVE FARE RULE WILL APPLY. CHANGES ANY TIME CHANGES PERMITTED FOR REVALIDATION. CHARGE GBP 100.00 FOR REISSUE. WAIVED FOR DEATH OF PASSENGER OR FAMILY MEMBER.	취소/변경 수수료 있음

(4) 운임 계산 결과

Fare Display (Ticket Handling Charge Not Included)

Fare List | Add-on | Booking Class | Fare Note | Routing

KE / LON-TYO / TS / 10DEC22**10DEC22 / NSP / TPM:6214 / MPM:7456 / ROE:0.804633 / Off to closest whole number 1.00 GBP / / RTG NO

N	Fare Basis	OW	RT	Penalty	BKG C	Dates	Days	AP	Min	Max	Carrier	Type	Routing
1	INE7ZRUK		2,390	+	I	+		7D		6M	KE		R

- 성인GBP 2,390 + GBP 65 (S/O Charge) = GBP 2,455

(5) TAX, 유류할증료, 항공권서비스 수수료 확인 및 합계 계산

- Informative Pricing(여정운임 조회)으로 조회

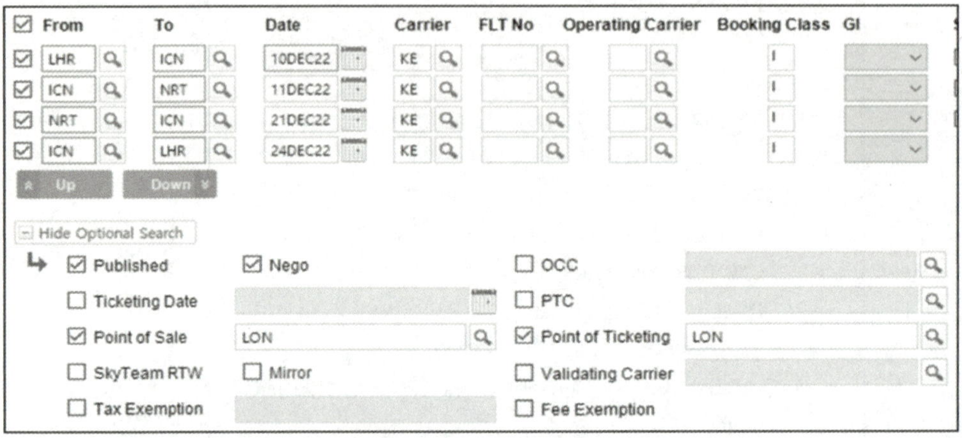

- 조회 결과 확인

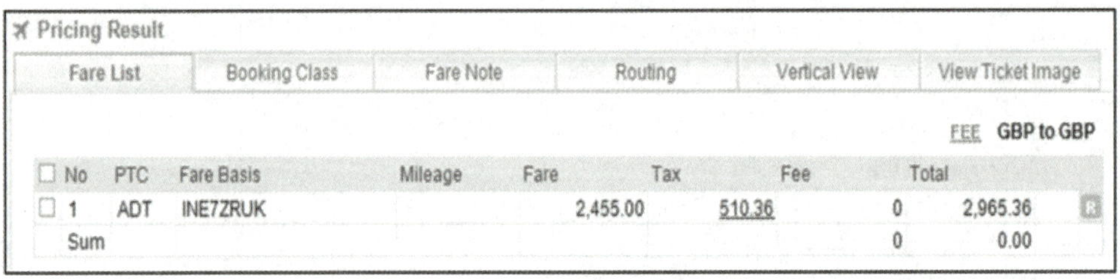

- Tax Amount 클릭

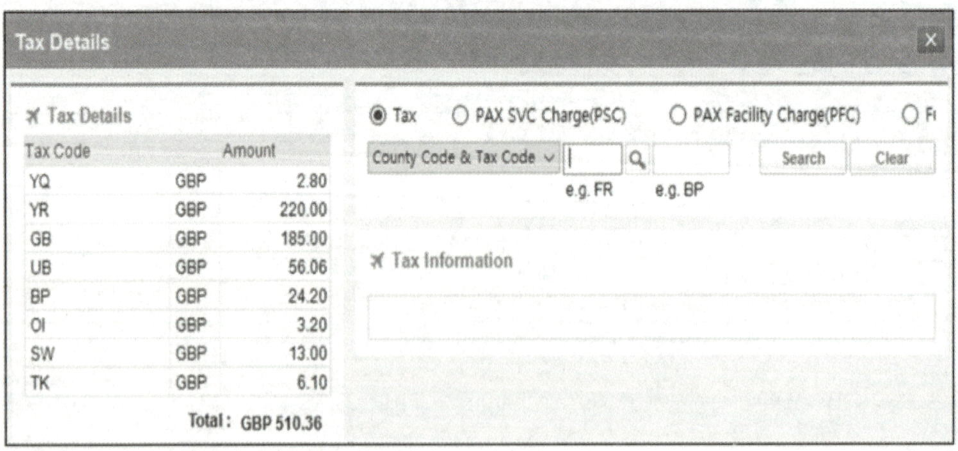

- S/O Charge 징수 여부 확인

Fare List | Booking Class | Fare Note | Routing | Vertical View | View Ticket Image

No	PTC	Fare Basis	Mileage	Fare	Tax
1	ADT	INE7ZRUK		GBP 2,455.00	510.36

Origin/Equivalent Currency	GBP / GBP	PTC	ADT	Fare Type	PUBLISHED FARES,ANY CHANGE OF PR FEES,LAST TKT DTE , SEE ADV PURCHA

No	Portion	AL	BKG	Fare Basis	NUC	Surcharge	TPM	MPM	EMA	EMS	R	GI	CO
1	**X LON/SEL**	**KE**	**I**	**INE7ZRUK**									
2	SEL/TYO	KE	I	INE7ZRUK	1,485.14						R	TS	KE
3	TYO/SEL	KE	I	INE7ZRUK									
4	SEL/LON	KE	I	INE7ZRUK	1,485.14						R	TS	KE

Total Fare Calculation

Total Fare	GBP 2,965.36
Base Fare	GBP 2,455.00
Mileage	
Taxes	GBP2.80YQ GBP220.00YR GBP185.00GB GBP56.06UB GBP24.20BP GBP3.20OI GBP13.00SW GBP6.10TK
Fee	
Fare Calculation	10DEC22LON KE X/SEL KE TYO1485.14KE SEL KE LON1485.14 1S80.78NUC3051.06END ROE0.804633
Mileage Calculation	
Construction Rules	Stopover and/or transfer charge : 1 80.78
Penalty	GBP 190.00

연습문제

1. 아래 정보에 따라 가장 저렴한 일반석 선원 운임을 계산하시오.

KE626 / 20DEC MNL/SEL

2. 아래 정보에 따라 가장 저렴한 일반석 성인 운임을 계산하시오.

KE012 / 19DEC(MO) LAX/SEL

KE629 / 21DEC(WE) SEL/DPS

KE630 / 21APR(FR) DPS/SEL

KE017 / 21APR(FR) SEL/DPS

② 타 항공사(OAL) 포함 여정의 항공 운임 계산

2.1 항공 운임 계산 방법

일반적으로 승객의 항공 여행은 단순히 두 지점 간의 편도 또는 왕복으로 이루어지는 경우보다는 최초 출발지와 목적지 사이에 여러 도시를 경유하는 형태를 띠게 된다. 이때 항공 운임의 계산 방법은 크게 Mileage System(거리제도)와 Routing System(여정제도) 두 가지 방법으로 나누어진다.

(1) Mileage System(거리제도)

- 항공운임은 한 운임마디의 출발지와 목적지 간 Direct 여정에 적용한다.
- 한 개 이상의 Stopover/Transfer가 포함된 여정에 대해 승객의 여행 거리에 따라 운임을 계산하는 방식으로 TPM, MPM, EMS 3가지 요소를 비교하여 운임을 산출하는 방식이다.
- 출발지로부터 경유지를 포함, 목적지까지의 각 구간 TPM의 합이 출발지와 목적지 간의 MPM보다 작거나 같은 경우 출발지로부터 목적지까지의 운임 적용
- TPM의 합이 MPM보다 클 경우 초과하는 비율에 따라 출발지에서 목적지까지의 운임을 5단계로 나누어 25%까지 할증 25%를 초과하는 경우 운임마디를 나누어 계산

(2) Routing System(여정제도)

- Routing System은 승객이 여행하는 거리와 관계없이 공시되어 있는 Routing을 준수하면 출발지에서 목적지까지의 운임을 그대로 징수하는 방식이다.
- Routing System은 다음과 같은 조건을 준수해야 한다.

① 지정된 경유도시

② 지정된 항공사

③ 지정된 항공사의 Booking Class

2.2 Mileage System을 이용한 운임 계산

o 승객 : 성인	SEL
o 여정 : KE2117 / 14DEC GMP/KIX (일반석)	KE X / OSA ↓ 1/2RT
NH100/ 14DECKIX/HND (일반석)	KE TYO-
NH991/ 20DEC HND/KIX (일반석)	KE OSA ↑ 1/2RT
KE2120 / 23DECKIX/GMP (일반석)	KE SEL

(1) Fare Display(구간운임 조회)

- 운임 적용 방향에 따라 From, To 코드 입력
  SEL / TYO는 ICN, GMP / HND, NRT 공항별로 운임이 공시되어 있으므로 공항코드로 조회
- 운임은 첫 번째 국제선 출발일 기준으로 조회
- 운임 결합, 운임 비교를 위해 NUC 기준으로 조회

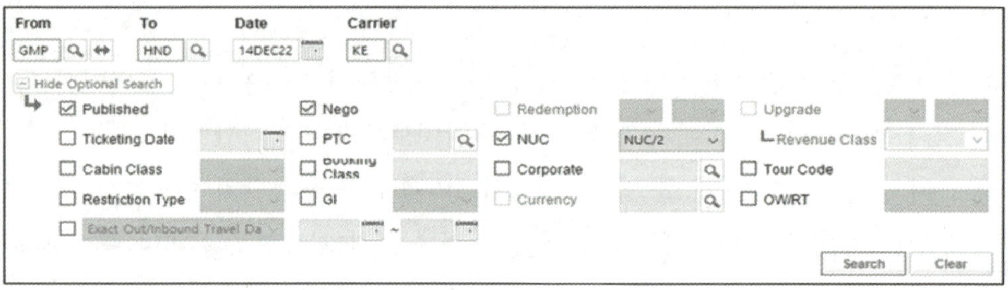

(2) 조회결과 확인(Fare List)

KE / GMP-HND / EH / 14DEC22**14DEC22 / NSP / TPM:758 / MPM:909 / ROE:1267.403987 / Up 100.00 KRW / / RTG NO

No	Fare Basis	OW	RT	Penalty	BKG CLS	Dates	Days	AP	Min	Max	Carrier	Type	Routing
1	HKE0ZRKAC		198.82	+	H	S01DEC-14DEC+ A18APR B31MAR O31MAR				6M	KE	A	R(555)
2	HKE0ZRKAA		198.82	+	H	S01DEC-14DEC+ A18APR B31MAR O31MAR				6M	KE	A	R(555)
3	EKEVZRKA		205.14	+	E	S01DEC-14DEC+		•		6M	KE		R(500)
4	SKE0ZRKAC		205.92	+	S	S01DEC-14DEC+ A18APR B31MAR O31MAR				6M	KE	A	R(555)
5	SKE0ZRKAA		205.92	+	S	S01DEC-14DEC+ A18APR B31MAR O31MAR				6M	KE	A	R(555)
6	MKE0ZRKAC		220.13	+	M	S01DEC-14DEC+ A18APR B31MAR O31MAR				12M	KE	A	R(555)
7	MKE0ZRKAA		220.13	+	M	S01DEC-14DEC+ A18APR B31MAR O31MAR				12M	KE	A	R(555)
8	HKE0ZRKA		220.92	+	H	S01DEC-14DEC+				6M	KE		R(500)
9	SKE0ZRKA		228.81	+	S	S01DEC-14DEC+				6M	KE		R(500)
10	BKE0ZRKAC		230.77	+	B	S01DEC-14DEC+ A18APR B31MAR O31MAR				12M	KE	A	R(555)
11	BKE0ZRKAA		230.77	+	B	S01DEC-14DEC+ A18APR B31MAR O31MAR				12M	KE	A	R(555)
12	MKE0ZRKA		244.59	+	M	S01DEC-14DEC+				12M	KE		R(500)
13	BKE0ZRKA		256.42	+	B	S01DEC-14DEC+				12M	KE		R(500)

KE / SEL-TYO / EH / 14DEC22**14DEC22 / NSP / TPM:758 / MPM:909 / ROE:1267.403987 / Up 100.00 KRW / / RTG NO

No	Fare Basis	OW	RT	Penalty	BKG CLS	Dates	Days	AP	Min	Max	Carrier	Type	Routing
14	YRTC		237.85 +		Y	A18APR+ B31MAR O31MAR					KE	A	R(555)
15	YRTA		237.85 +		Y	A18APR+ B31MAR O31MAR					KE	A	R(555)
16	YRT		264.28 +		Y	+					KE		M
17	DNE3ZRKJ		351.11 +		D	+		3D		12M+	KE		R(370)
18	CRT		388.66 +		C	+					KE		M
19	JRT		427.56 +		J	+					KE		M
20	PRT		586.35 +		P	O31DEC+					KE		M

- Special Fare는 모두 Routing Fare이므로 Routing Information 확인

Routing Information

No	Routing Details
1	SEL-TYO

- 모든 Special Fare의 Routing에 부합하지 않아 운임 사용 불가하므로 마일리지 운임인 YRT(Normal Fare)로 산출

(3) EMS(Excess Mileage Surcharge, 초과거리 할증비율) 확인

[Fare & Pricing] – [TPM/MPM]

Result

City	Area	GI	TPM	CUM	MPM	GI	LVL	HGL	LWL	25M	XTRA
SEL	3										
OSA	3	EH	525	525	630	EH	0M	105	0	787	0
TYO	3	EH	280	805	909	EH	0M	104	0	1136	0

- TPM 합 805 〈 MPM 909이므로 할증없이 SEL/TYO 운임 적용 가능

(4) SO, TF 규정 확인

SO.STOPOVERS	SO.STOPOVERS UNLIMITED FREE STOPOVERS PERMITTED.
TF.TRANSFERS/RTGS	UNLIMITED TRANSFERS PERMITTED ON THE PRICING UNIT FARE BREAK AND EMBEDDED SURFACE SECTORS PERMITTED ON THEFARE COMPONENT.

(5) HIP(Higher Intermediate Point) Check

- HIP Check 방법

출발지에서 목적지까지의 운임과 다음 3가지 경우의 운임을 비교하여 가장 높은 운임을 적용한다.

출발지에서 도중 체류(Stopover) 지점 간의 운임

도중 체류(Stopover) 지점과 목적지 간의 운임

도중 체류(Stopover) 지점과 도중 체류(Stopover)의 운임

- HIP Check 결과 : 중간 높은 운임이 없으므로 SEL/TYO 운임 적용 가능

SEL/TYO : 264.28 SEL/OSA : 218.67OSA/TYO : NO FARE

```
           SEL
KE   X / OSA
KE       TYO - 264.28 YRT
KE       OSA
KE       SEL    264.28 YRT
----------------------------------------------------
         NUC 528.56
         ROE 1267.403987
         KRW 669900
```

(6) TAX, 유류할증료, 항공권서비스 수수료 확인

- Informative Pricing(여정운임 조회)으로 조회

Pricing Result

Fare List | Booking Class | Fare Note | Routing | Vertical View

FEE **KRW to KRW**

No	P	Fare Basis	Mileage	Fare	Tax	Fee	Total
1	A	YRT		669,900	195,900	30,000	895,800
2	A	CRT		985,200	201,400	0	1,186,600
3	A	JRT		1,083,800	203,100	0	1,286,900
4	A	PRT		1,486,300	210,100	0	1,696,400
Sum						0	0

Tax Details

Tax Details

Tax Code		Amount
YR	KRW	101,400
BP	KRW	28,000
HJ	KRW	7,800
HJ	KRW	7,800
JP	KRW	11,700
OI	KRW	3,100
SW	KRW	26,500
TK	KRW	9,600
	Total :	KRW 195,900

Tax　PAX SVC Charge(PSC)　PAX Facility Charge(PFC)　Fuel Surcharge

County Code & Tax Code　e.g. FR　e.g. BP　Search　Clear

Tax Information

2.3 Routing System(여정제도)

o 승객 : 성인 o 여정 : KE 053 / 10DEC ICN/HNL (프레스티지석) AA1480/ 14DECHNL/LAX (프레스티지석) KE 018 /28DECLAX/ICN (프레스티지석)	SEL ↓1/2RT KE HNL AA LAX — KE SEL↑1/2RT

(1) Fare Display(구간운임 조회)Fare Display(구간운임 조회)

- 운임 적용 방향에 따라 From, To 코드 입력
- 운임은 첫 번째 국제선 출발일 기준으로 조회
- 프레스티지석이므로 Cabin Class를 C로 지정
- 운임 결합, 운임 비교를 위해 NUC 기준으로 조회

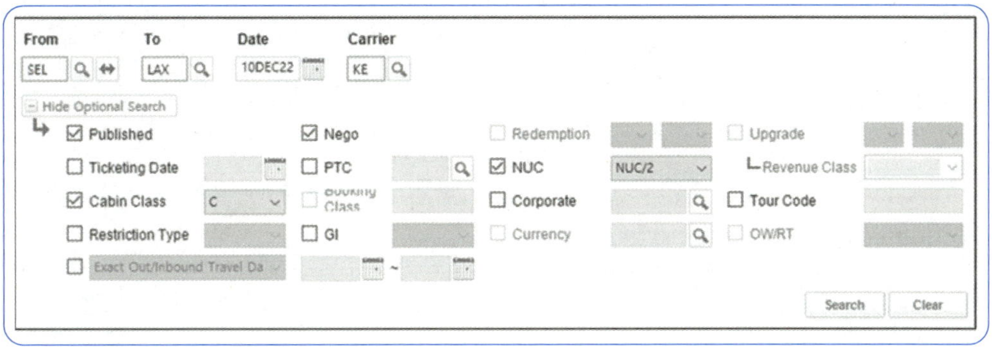

(2) 조회결과 확인(Fare List)

Fare Display (Ticket Handling Charge Not Included)

Fare List | Add-on | Booking Class | Fare Note | Routing

KE / SEL-LAX / PA / 10DEC22**10DEC22 / NSP / TPM:5973 / MPM:7167 / ROE:1267.403987 / Up 100.00 KRW / / RTG NO

N	Fare Basis	OW	RT	Penalty	BKG C	Dates	Days	AP	Min	Max	Carrier	Type	Routing
1	INX4ZKRK		2,130.33	+	I	+	MO,TU,WE,TH,...	14	+	6M	KE		R(560)
2	INW4ZKRK		2,248.69	+	I	+	SA,SU+	14	+	6M	KE		R(560)
3	DNX0ZK...		2,406.49	+	D	+	MO,TU,WE,TH,...		+	12M	KE		R(570)
4	DNW0Z...		2,524.84	+	D	+	SA,SU+		+	12M	KE		R(570)
5	CXRT		2,722.09	+	C	+	+				KE		M
6	CWRT		2,840.45	+	C	+	+				KE		M
7	JRT		2,937.89	+	J	+					KE		M

- Routing Fare인 2nd Level Business Class Fare가 가장 저렴

(3) Routing 확인

Routing Information

(4) 운임 규정 확인(Fare Note)

필요 항목 선택 조회(DA, AP, MIN, CO, SO, TF)

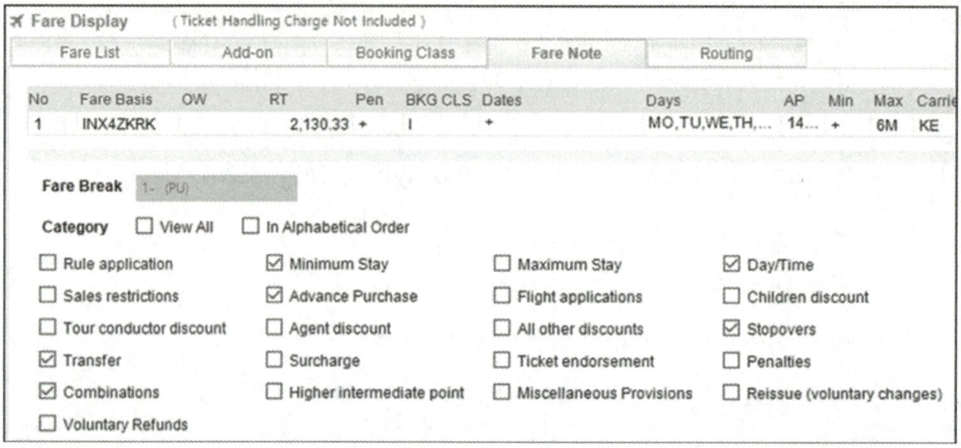

MN.MIN STAY FOR INX4ZKRK TYPE FARES TRAVEL FROM TURNAROUND MUST COMMENCE NO EARLIER THAN 12 HOURS AFTER ARRIVAL AT TURNAROUND. --	MN : 최소 12시간 체류
DA.DAY/TIME FOR MIDWEEK FARES PERMITTED MON THROUGH FRI ON EACH TRANSPACIFIC SECTOR. --	DA : 각 태평양 횡단 기준이므로 INX4ZKRK + INW4ZKRK 반반 결합(Half and Half Combination)
AP.ADVANCE RES/TKT FOR INX4ZKRK TYPE FARES RESERVATIONS FOR ALL SECTORS ARE REQUIRED AT LEAST 14 DAYS BEFORE DEPARTURE. TICKETING MUST BE COMPLETED WITHIN 3 DAYS AFTER RESERVATIONS ARE MADE OR AT LEAST 14 DAYS BEFORE DEPARTURE WHICHEVER IS EARLIER. --	AP - 출발일 기준 14일 전까지 예약 - 발권은 예약 후 3일 이내 또는 늦어도 출발 14일 전까지 완료
SO.STOPOVERS FOR INX4ZKRK TYPE FARES UNLIMITED STOPOVERS PERMITTED ON THE PRICING UNIT AT KRW 100000 EACH. CHILD/INFANT DISCOUNTS APPLY. --	SO : KRW100000 지불 시 무제한 허용

TF.TRANSFERS/RTGS FOR INX4ZKRK TYPE FARES 2 TRANSFERS PERMITTED ON THE PRICING UNIT - 1 IN EACH DIRECTION FARE BREAK AND EMBEDDED SURFACE SECTORS NOT PERMITTED ON THE FARE COMPONENT. --- CO.COMBINABILITY BETWEEN KOREA, REPUBLIC OF AND AREA 1 FOR ROUND TRIP FARES APPLICABLE ADD-ON CONSTRUCTION IS ADDRESSED IN MISCELLANEOUS PROVISIONS - CATEGORY 23. END-ON-END END-ON-END COMBINATIONS PERMITTED WITH DOMESTIC FARES WITHIN KOREA, REPUBLIC OF. VALIDATE ALL FARE COMPONENTS. SIDE TRIPS NOT PERMITTED. PROVIDED - COMBINATIONS ARE WITH ANY RULE IN ANY PUBLIC TARIFF. OPEN JAWS/ROUND TRIPS/CIRCLE TRIPS FARES MAY BE COMBINED ON A HALF ROUND TRIP BASIS -TO FORM SINGLE OR DOUBLE OPEN JAWS WHICH CONSISTS OF NO MORE THAN 2 INTERNATIONAL FARE COMPONENTS AND THE OPEN SEGMENT AT ORIGIN MUST BE IN ONE COUNTRY. THE OPEN SEGMENT AT DESTINATION HAS NO RESTRICTIONS/ROUND TRIPS -TO FORM CIRCLE TRIPS EXCEPT FOR AROUND-THE-WORLD FARES. PROVIDED - COMBINATIONS ARE WITH ANY P-/F-/J-/C-/D-/I-/Y-/B-/M-/W-/H-/E-/K-/L-/U-/Q- TYPE FARES FOR CARRIER KE IN ANY RULE IN TARIFF IPRP - BETWEEN THE USA/CANADA-AREA 2/3 VIA PACIFIC IPRSAAS - BETWEEN AREA 1-AREA 2/3 VIA PACIFIC. COMBINATIONS ARE WITH ANY S-/R- TYPE FARES FOR CARRIER KE IN ANY RULE IN TARIFF IPRP - BETWEEN THE USA/CANADA-AREA 2/3 VIA PACIFIC IPRSAAS - BETWEEN AREA 1-AREA 2/3 VIA PACIFIC. COMBINATIONS ARE WITH ANY W-/K-/L-/U-/Q-/R- TYPE FARES FOR CARRIER KE IN RULE 7425 IN TARIFF FBRINPV - BETWEEN USA/CA-AREA 1/2/3 OR RULE DKA1/DKA2/DKA3/7411/7413/7417/7419/7421/7425/7427/7433/7437 IN TARIFF TPPVR - BETWEEN AREA 1-AREA 2/3 VIA PACIFIC. COMBINATIONS ARE WITH ANY Y-/B-/M-/S-/H- TYPE FARES FOR CARRIER KE IN RULE DIS1 IN TARIFF FBRINPV - BETWEEN USA/CA-AREA 1/2/3. COMBINATIONS ARE WITH ANY FARE FOR CARRIER DL IN ANY RULE IN TARIFF IPRP - BETWEEN THE USA/CANADA-AREA 2/3 VIA PACIFIC.	TF : Pricing Unit 기준 2회 각 방향당 1회 CO - KE 어떤 운임과도 결합 가능

(5) 운임 계산 결과

Fare Display (Ticket Handling Charge Not Included)

Fare List | Add-on | Booking Class | Fare Note | Routing

KE / SEL-LAX / PA / 10DEC22**10DEC22 / NSP / TPM:5973 / MPM:7167 / ROE:1267.403987 / Up 100.00 KRW /

N	Fare Basis	OW	RT	Penalty	BKG CL	Dates	Days
1	INX4ZKRK		2,130.33	+	I	+	MO,TU,WE,TH,FR+
2	INW4ZKRK		2,248.69	+	I	+	SA,SU+

SEL
KE HNL
AA LAX - 2130.33 INX4ZKRK
KE SEL 2248.69 INW4ZKRK

1S 78.90

NUC 4457.92
ROE 1267.403987
KRW 5650000

(6) TAX, 유류할증료, 항공권서비스 수수료 확인 및 합계 계산

- Informative Pricing(여정운임 조회)으로 조회

	From	To	Date	Carrier	FLT No	Operating Carrier	Booking Class	GI
☑	ICN	HNL	10DEC22	KE			I	
☑	HNL	LAX	14DEC22	AA			I	
☑	LAX	ICN	28DEC22	KE			I	

Up | Down

Fare List | Booking Class | Fare Note | Routing | Vertical View | View Ticket Image

FEE KRW to KRW

No	P	Fare Basis	Mileage	Fare	Tax	Fee	Total
☑ 1	A	INW4ZKRK + INX4ZKRK		5,650,000	541,900	0	6,191,900
☐ 2	A	DNW0ZKRK + DNX0ZKRK		6,350,000	541,900	0	6,891,900
☐ 3	A	CWRT + CXRT		7,050,000	541,900	0	7,591,900
☐ 4	A	JRT		7,447,000	541,900	0	7,988,900
☐ 5	A	PRT		10,667,400	541,900	0	11,209,300
Sum						0	6,191,900

Tax Details

Tax Code		Amount
YR	KRW	432,900
BP	KRW	28,000
AY	KRW	14,600
US	KRW	38,300
XA	KRW	5,200
XY	KRW	9,100
YC	KRW	7,900
XF	KRW	5,900

Total : KRW 541,900

◉ Tax ○ PAX SVC Charge(PSC) ○ PAX Facility Charge(PFC) ○ Fuel Surcharge

County Code & Tax Code | e.g. FR | e.g. BP | Search | Clear

Tax Information

연습문제

1. 아래와 같이 운임마디를 나누어 두 개의 운임을 결합하여 산출하시오.

11월 17일 출발, 일반석 성인, Normal Fare, 편도

	SEL
KE	HAN –
VN	SGN

CHAPTER

9

e-Ticket 발행

Chapter 9

e-Ticket 발행

생각해 봅시다

수많은 도시만큼 승객의 여정은 다양합니다. 각기 다른 곳에서 출발하고 서로 다른 목적지를 가며, 체류기간과 탑승 클래스도 서로 상이합니다. 아이를 동반하는 승객도 있습니다.
지금까지 이러한 승객들의 항공 운임을 계산하는 방법을 학습하였다면 이번 과정에서는 계산된 운임을 바탕으로 항공권을 발행해 보겠습니다.

학습목표

이 과정의 학습을 통해

- 자동발권을 위한 Data(Pricing Detail)를 이해하고 입력할 수 있다.
- 시스템을 이용하여 다양한 항공권을 발행할 수 있다.

차례

1. Ticketing PNR
2. Pricing Details
3. 항공권 발행

① Ticketing PNR

1.1 e-Ticket

- 발권 시 종이 항공권의 형태로 발행하지 않고 항공권의 세부내역이 항공사의 e-Ticket Database에 저장되어, 항공권의 사용, 환불, 재발행 내역 등을 전산으로 조회, 처리하는 e-Ticket이 발행되며 e-Ticket 확인증(Itinerary & Receipt)을 승객에게 제공한다.
- e-Ticket 확인증(Itinerary & Receipt, ITR)
  e-Ticket 환경하에서 각국 법률 및 국제 협약에 의거한 항공권의 세부 내역과 법적 고지문을 반드시 승객에게 제공해야 하며 이는 출입국 심사 시에 복편여정에 대한 입국 심사용으로도 사용되므로 반드시 승객에게 제공해야 한다.

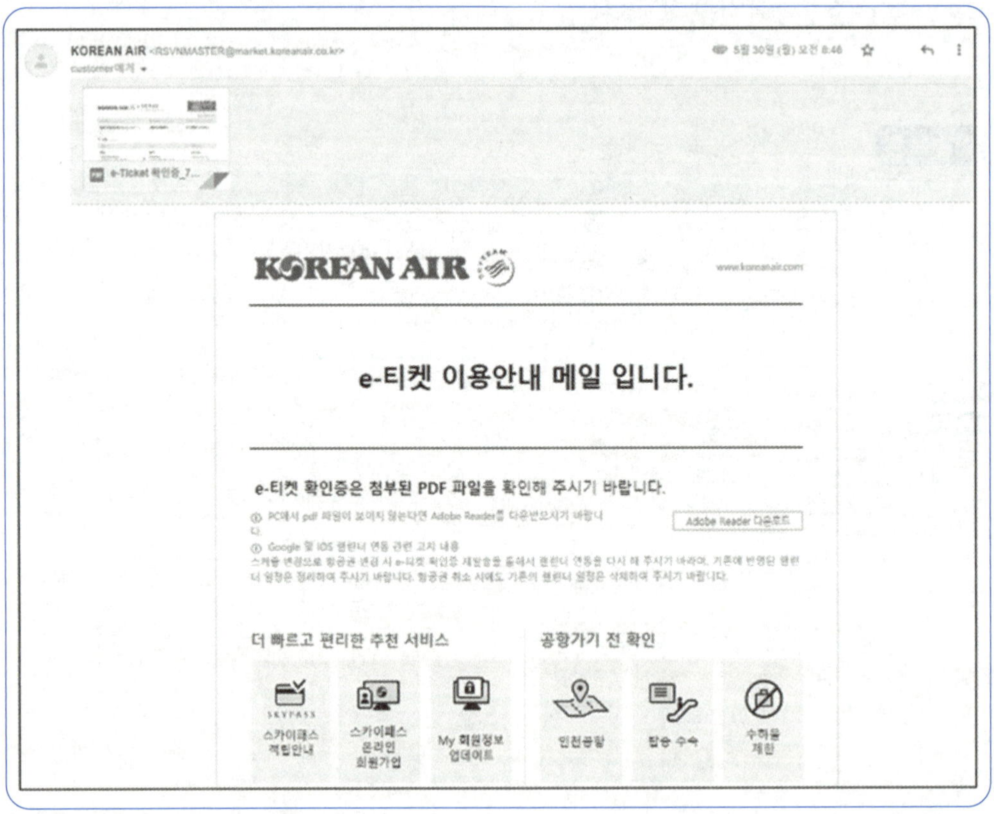

KOREAN AIR e-티켓 확인증
e-Ticket Itinerary & Receipt

0846 / 30MAY2022

승객성명 Passenger Name	항공권번호 Ticket Number	예약번호 Booking Reference
MIN/YOONA MS (KE11292704****)	**1802331840871**	**71276538** (SEWNP7)

여정 Itinerary

출발 From	도착 To	편명 Flight
ICN 서울/인천(Incheon) **10DEC2022(토) 09:55** (Local Time) Terminal No : 2	**NRT** 도쿄(Narita) **10DEC2022(토) 12:20** (Local Time) Terminal No : 1	**KE 703** Operated by KE KOREAN AIR

대한항공은 인천공항 제 2 여객터미널에서 운항합니다.

예약등급 Class : Y (일반석)	예약상태 Status : OK (확약)	좌석번호 Seat number :
운임 Fare Basis : YOW	수하물 Baggage : **1 Piece**	항공권 유효기간 Validity : -10DEC2023
기종 Aircraft Type : Airbus A330-300	비행시간 Flight Duration : 02H 25M	SKYPASS 마일리지 SKYPASS Miles : 758

- 스케줄, 기종 및 좌석등급(서비스클래스)는 부득이한 사유로 사전 예고없이 변경될 수 있습니다.
- 할인 또는 무임 항공권의 경우 예약 등급에 따라 마일리지 적립률이 상이하거나 마일리지가 제공되지 않습니다.

항공권 운임정보 Ticket Fare Information

운임 계산 Fare Calculation SEL KE TYO302.39NUC302.39END ROE1218.609091

운임 Fare Amount	KRW 368,500 (Paid Amount KRW 368,500)	구매일자 Ticket Issue Date	30MAY2022
지불통화 Equivalent Fare Amount	-	구매장소 Ticket Issue Place	00018675
세금 Taxes	KRW 28,000	지불 수단 Form of Payment	CASH
유류할증료 Fuel Surcharge	KRW 45,500	연결 항공권 Companion Ticket No.	- -
부가 서비스료 Service Fees	-	최초 발행 항공권 Original Ticket Number	-
항공권 서비스수수료 Ticket Handling Charge	KRW 30,000	교환 항공권 Exchanged Ticket Number	-
합계 Total Amount	KRW 442,000 (Paid Amount KRW 472,000)		

- 세금 Taxes KRW 28000BP
- 한국 출발 세금(BP)에는 국제여객공항이용료(인천/김포공항 17,000원, 기타 12,000원), 출국납부금 10,000원, 국제질병퇴치기금 1,000원이 포함되어 있습니다.
- 유류할증료 Fuel Surcharge KRW 45500YR

수하물 규정 안내 Baggage Information

대한항공의 국제선 무료 위탁 수하물 허용량 안내

구분	개수	무게(개당)	사이즈 (가로+세로+높이)
일등석	3	32kg (70lb)	3면의 합이 158cm (62in) 이하
프레스티지석	2	32kg (70lb)	
일반석	1	23kg (50lb)	
	2 (* 미주 출도착)	23kg (50lb)	
	2 (* 단, 브라질 출도착)	32kg (70lb)	

- 국제선 유소아 무료 수하물 허용량
  - 소아 : 성인과 동일+접이식 유모차 1개+카시트(또는 요람) 1개
  - 유아 : 10kg(22lb) 이하이며 3면의 합이 115cm(45in) 이내인 수하물 1개+접이식 유모차 1개+카시트(또는 요람) 1개
- 개수/무게/사이즈 초과에 부과되는 요금은 수하물 각각에 부과됩니다.
- 항공사의 무료 위탁 수하물 허용량 및 초과 수하물 요금은 해당 항공사 홈페이지 통해서 확인 가능합니다.
- **타 항공사와 연결 시 적용 기준에 따라 타 항공사 규정이 적용 될 수 있습니다.**
- 일부 항공사 (공동운항편 포함)에서는 탑승수속 시 해당 항공사 정책에 따라 무료 수하물 허용량과는 별도로, 위탁 수하물에 대한 Handling Fee (수하물 취급수수료)를 징수하는 경우가 있으니, 자세한 사항은 해당 항공사로 확인하시기 바랍니다.

1.2 Ticketing PNR

(1) Ticketing PNR 개요

자동발권을 위한 Ticketing PNR은 예약 PNR에 발권을 위한 Data(Pricing Detail)를 추가 입력함으로써 만들어진다. 적용 운임의 종류, 운임 계산 내역, 승객의 실제 지불 금액 및 지불수단 등 Ticket 상에 반영되어야 할 내용이 예약 PNR에 추가되어야만 발권이 가능하다.

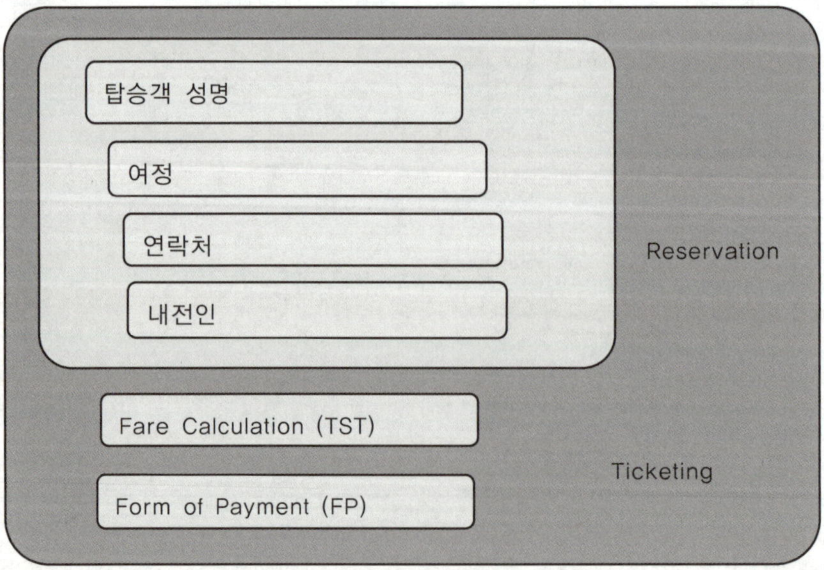

② Pricing Details

2.1 TST(Transitional Stored Ticket)

- 항공권 발행을 위해 PNR에 저장하는 운임 및 발권 정보이며 Pricing 결과 및 Ticketing에 필요한 정보를 포함한다. 기재하는 모든 내용이 항공권에 표기된다.

<table>
<tr><td>TST</td><td>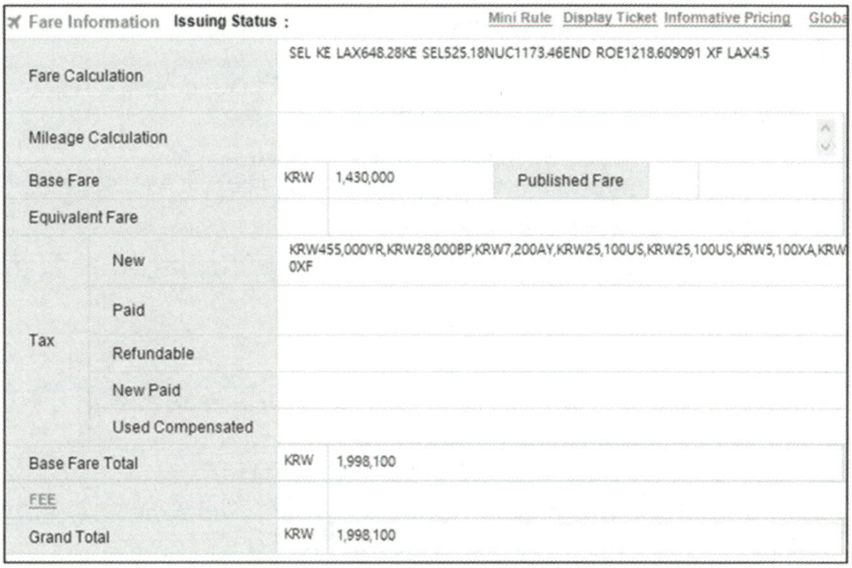
</td></tr>
<tr><td>e-Ticket Image</td><td>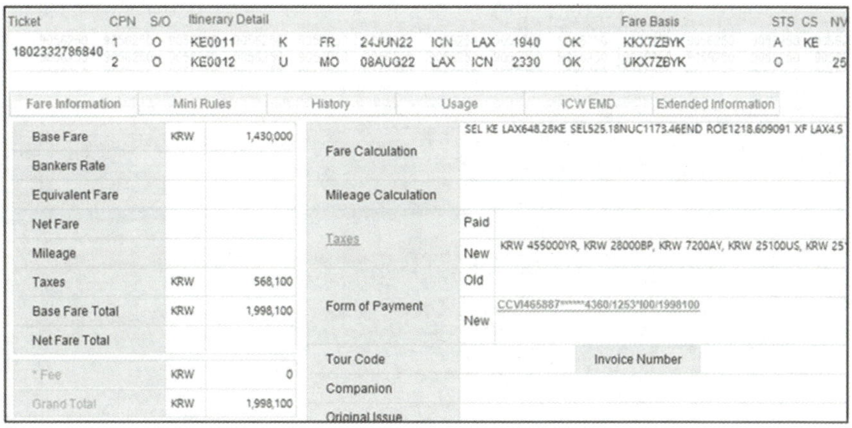
</td></tr>
</table>

e-Ticket 확인증	항공권 운임정보 Ticket Fare Information 운임 계산 Fare Calculation SEL KE LAX648.28KE SEL525.18NUC1173.46END ROE1218.609091 XF LAX4.5 운임 Fare Amount KRW 1,430,000 (Paid Amount KRW 1,430,000) 구매일자 Ticket Issue Date 01MAY2022 지불통화 Equivalent Fare Amount - 구매장소 Ticket Issue Place 17392340 세금 Taxes KRW 113,100 지불 수단 Form of Payment CC VI************4360/**** 유류할증료 Fuel Surcharge KRW 455,000 연결 항공권 Companion Ticket No. - - 부가 서비스료 Service Fees - 최초 발행 항공권 Original Ticket Number - 합계 Total Amount KRW 1,998,100 (Paid Amount KRW 1,998,100) 교환 항공권 Exchanged Ticket Number - * 세금 Taxes KRW 28000BP 7200AY 25100US 25100US 5100XA 9000XY 7800YC 5800XF · 한국 출발 세금(BP)에는 국제여객공항이용료(인천/김포공항 17,000원, 기타 12,000원), 출국납부금 10,000원, 국제질병퇴치기금 1,000원이 포함되어 있습니다. * 유류할증료 Fuel Surcharge KRW 455000YR

(1) TST 생성

- 운임 계산 내용은 [PNR] - [Pricing] - Pricing Itinerary을 이용하여 자동으로 생성한다(수동으로 작성 가능).
- 승객, 여정 선택 후 Pricing하고 Pricing Result에서 적용할 운임을 선택한 뒤 Apply 한다.
- Apply 시 TST가 생성된다.

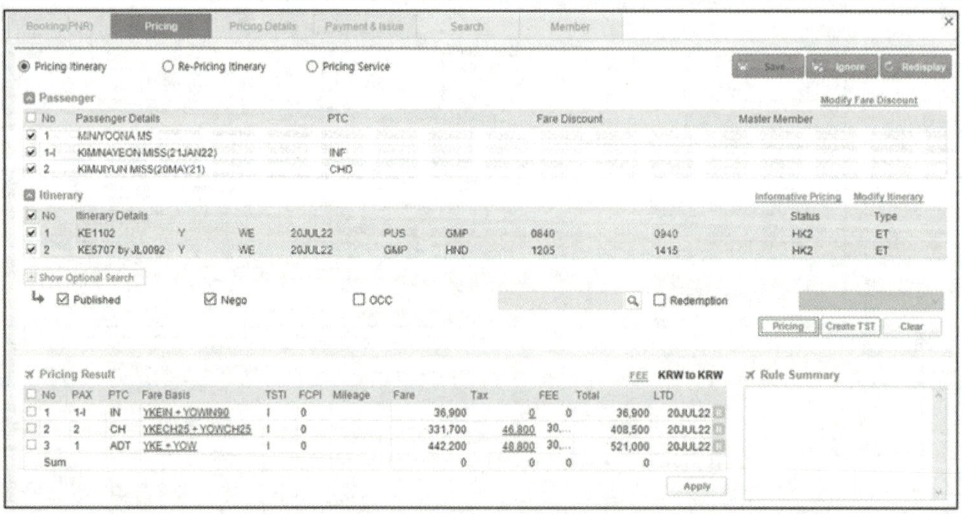

(2) TST 조회

- [PNR] - [Pricing Details]에서 확인 가능하다.

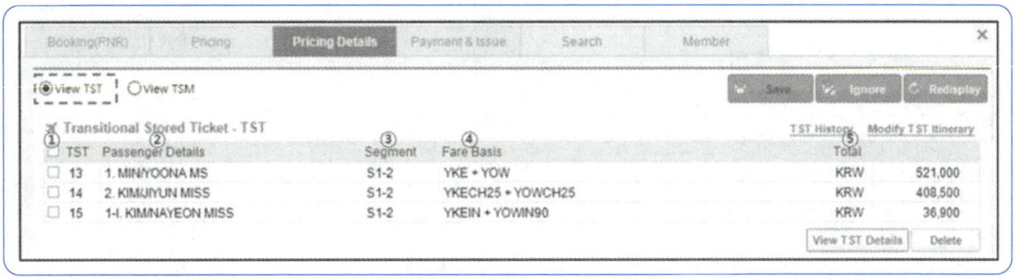

① TST : TST Number

1번부터 자동 부여되며 삭제하더라도 동일 번호는 재부여되지 않음

② Passenger Details : Passenger Number와 함께 표기

대표 1명 승객 이름 표기, 전체 승객 이름은 TST Details에서 확인 가능

③ Segment : Pricing 시 선택한 Segment Number

④ Fare Basis

⑤ Total : 지불할 금액

(3) TST Detail 조회

- 상기 TST 조회 화면에서 List에서 선택 후 View TST Details 클릭 시 최대 20개 TST까지 Details 조회 가능

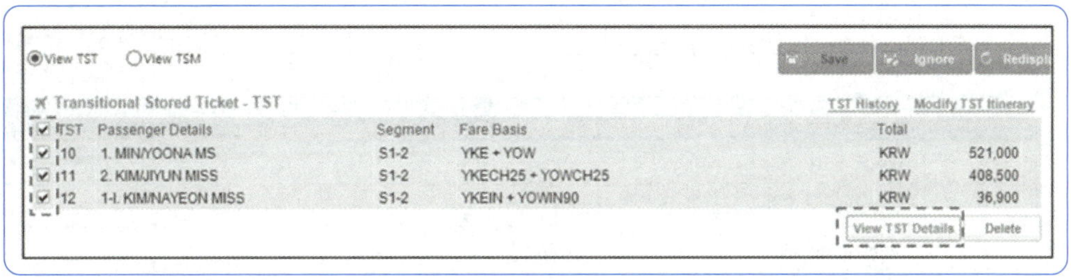

- TST Details

크게 Header,Passenger & Coupon,Issuing Status/Fare Information 세 가지 항목으로 반영

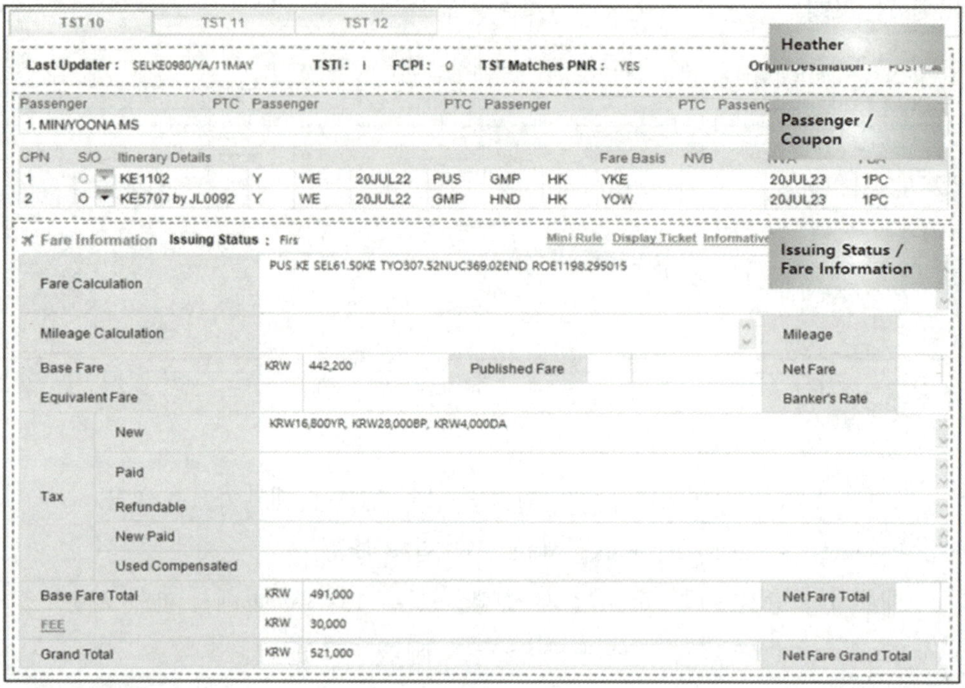

[Heather]

① TST Number별로 탭이 생성되며 클릭시 해당 TST Detail 조회 가능

② Last Updater : TST를 생성하거나 마지막에 수정한 Office/직원 Sign/날짜

③ TSTI(Transitional Stored Ticket Indicator) : 어떤 운임으로 Pricing되었는지 표기

Code	Description
A	ATAF Fare
B	Negotiated Fare Manually Updated
F	Negotiated Fare (Airline Responsibility)
G	Negotiated Fare (Agent Responsibility)
I	Published Fare
M	Manual Fare
N	Fare Basis not Validated
O	RBD Override
T	Inclusive Tour
W	Ignore Itinerary at Ticket Issuance

④ FCPI(Fare Calculation Pricing Indicator)

: 어떤 방법으로 Pricing되었는지 보여주는 Indicator로 주요 Code는 아래와 같다.

FCPI	Description	
0	Automatically Priced	Guaranteed Code
N	Negotiated Fare Used	
5	Not priced at passenger type requested.	
G	Dynamic Discounted Fare Used	
F	Private Fares have been used (IATA Auto-priced)	
1	Manually Stored Fare	
3	Ticket by Fare Basis	
V	Pricing Override Used-Booking Date not Validated	
W	Pricing Override Used-Booking Designator not Validated	
S	Pricing Override Used-Booking Designator not Validated	
Z	Net Fare Field Manually Updated	
4	Manual Manipulation of Taxes	
Q	Manually Stored Endorsement before pricing	

⑤ TST Matches PNR : PNR과 TST의 Itinerary / Discount 일치 여부(일치하지 않는 경우 발행 불가)

⑥ Origin/Destination : 전체 여정의 첫 번째 출발도시/마지막 도착도시

[Passenger / Coupon]

① Passenger	② PTC	Passenger	PTC	Passenger	PTC	Passenger	PTC
1-I. KIMNAYEON MISS	INF						

③ CPN	④ S/O	⑤ Itinerary Details							⑥ Fare Basis	⑦ NVB	⑧ NVA	⑨ FBA
1	O	KE1102	Y	WE	20JUL22	PUS	GMP	HK	YKE/IN		20JUL23	1PC
2	O	KE5707 by JL0092	Y	WE	20JUL22	GMP	HND	HK	YOW/IN90		20JUL23	1PC

① Passenger : Passenger Number와 Name

② PTC : Passenger Name Code

③ CPN : Coupon Number

④ S/O : Stopover 여부

⑤ Itinerary Details : PNR의 Itinerary와 동일

⑥ Fare Basis

⑦ NVB : Not Valid Before

⑧ NVA : Not Valid After

⑨ FBA : Free Baggage Allowance

[Issuing Status / Fare Information]

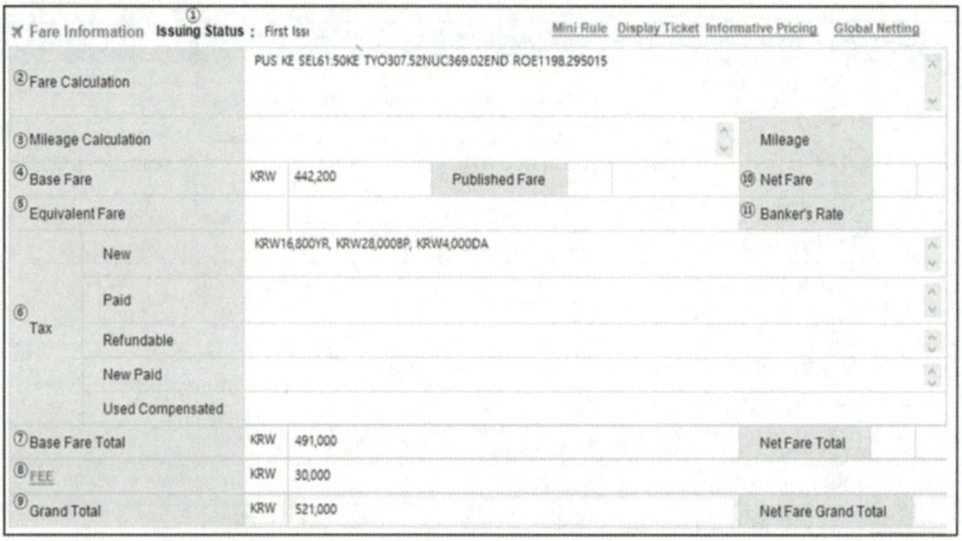

① Issuing Status : First Issue, Reissue 등 구분

② Fare Calculation : 운임 계산 내역(NUC)

③ Mileage Calculation : 보너스 항공권 공제 마일리지 계산 내역

④ Base Fare : 항공 운임

⑤ Equivalent Fare : 지불 통화로 환산된 금액

⑥ Tax : Tax 세부 내역

- New - 지불해야 하는 Tax
- Paid, Refundable, New Paid, Used Compensated
- Re-Pricing 시 이미 지불된 Tax 내역

⑦ Base Fare Total : Base Fare + Tax

⑧ Fee : 항공권 서비스 수수료

⑨ Grand Total : 지불할 총금액(Base Fare + Tax + Fee)

⑩ Net Fare : 판매가

⑪ Banker's Rate : 운임통화와 지불통화가 다를 때 변환 환율(BSR)

2.2 TST Fare Element

운임 계산 내역 외 TST에 포함되지 않는 Pricing 결과 및 Ticketing 정보를 입력한다.

Fare Element	내용	
FD	Fare Discount	
FE	Endorsement (운임제한조건)	Pricing 시 약어로 자동 반영*
FM	Commission	
FO	Original Issue / In Exchange	Re-Pricing 시 자동 반영
FP	Old & New Form of Payment (지불수단)	
FS	Companion (동반인 항공권 정보)	
FT	Tour Code	Pricing 시 자동 반영
FV	Fare Validating Carrier	
FZ	VAT, ATR Number	

* FE 항목 반영 주요 운임 제한 조건

약어	의미
NONENDS	타 항공사로 항공권 양도 불가
RISS CHRG APPLY KRW150000	재발행 시 수수료 KRW150000 징수
RFND PNTY APPLY	환불 시 Penalty 징수
NO MILE UG.	마일리지 공제 후 상위 클래스로 Upgrade 불가
N/S PNTY KRW120000	Noshow 시 Penalty KRW120000 징수

[PNR] - [Pricing Details] 화면의 TST 아래에서 확인 가능하다.

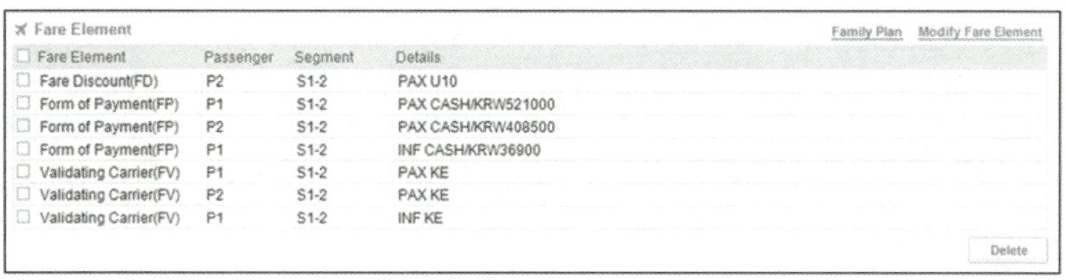
Fare Element　Family Plan　Modify Fare Element

Fare Element	Passenger	Segment	Details
Fare Discount(FD)	P2	S1-2	PAX U10
Form of Payment(FP)	P1	S1-2	PAX CASH/KRW521000
Form of Payment(FP)	P2	S1-2	PAX CASH/KRW408500
Form of Payment(FP)	P1	S1-2	INF CASH/KRW36900
Validating Carrier(FV)	P1	S1-2	PAX KE
Validating Carrier(FV)	P2	S1-2	PAX KE
Validating Carrier(FV)	P1	S1-2	INF KE

Delete

연 습 문 제

1. 다음 여정으로 PNR Pring한 결과를 작성하고 각 항목의 의미를 설명하시오.

Itinerary

No	Itinerary Details								Status
1	KE0081	U	SA	17DEC22	ICN-2	JFK-1	1000	1000	HK1
2	KE0086	U	TH	29DEC22	JFK-1	ICN-2	0050	0515+1	HK1

Fare Information **Issuing Status :** Mini Rule Display Ticket Informative Pricing Global Netting

Fare Calculation		①			
Mileage Calculation					Mileage
Base Fare		KRW	②	Published Fare	Net Fare
Equivalent Fare					Banker's Rate
Tax	New	③			
	Paid				
	Refundable				
	New Paid				
	Used Compensated				
Base Fare Total		KRW	④		Net Fare Total
FEE		KRW	⑤		
Grand Total		KRW	⑥		Net Fare Grand Total

1) Fare Calculation

2) Base Fare

3) Tax (New)

4) Base Fare Total

5) Fee

6) Grand Fare Total

③ 항공권(e–Ticket) 발행

3.1 성인

(1) PNR 생성

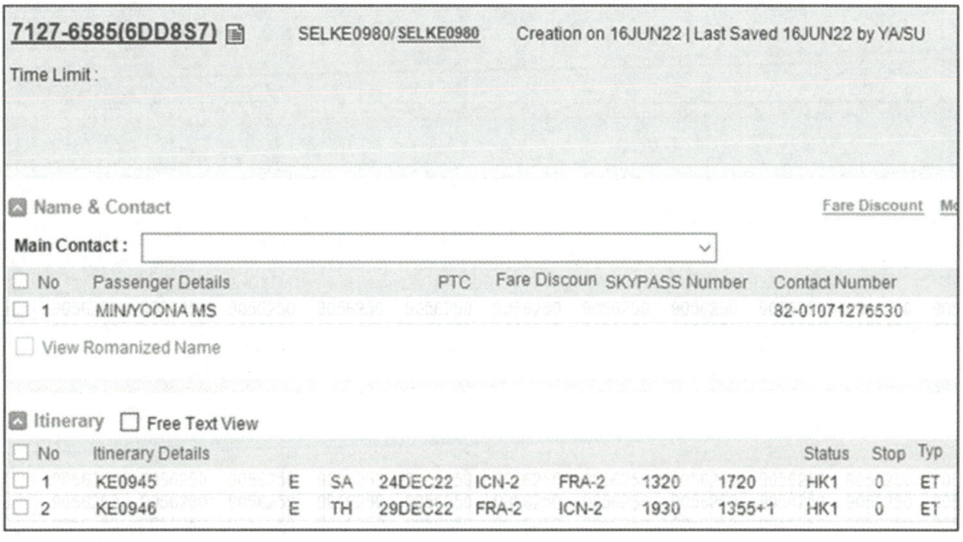

(2) Pricing 및 TST 생성

- [PNR] - [Pricing] : 승객 및 여정 선택 후 Pricing 클릭

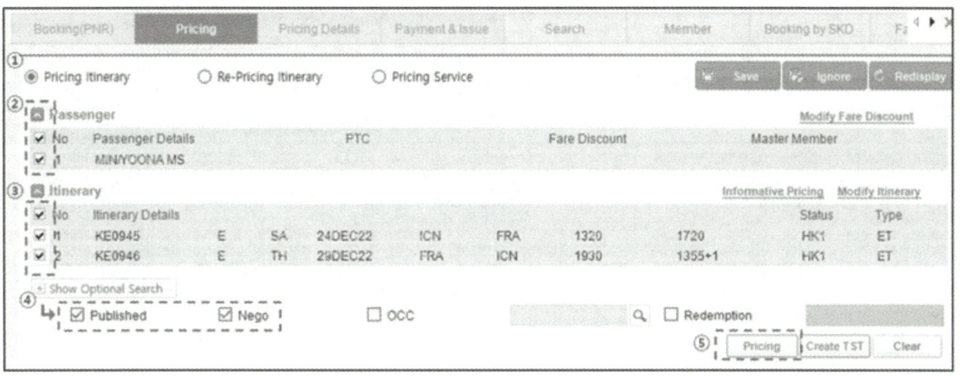

① Pricing Itinerary 선택

② Pricing하고자 하는 승객 선택

③ Pricing하고자 하는 여정 선택

④ Published Fare와 Negoshiated Fare 선택하여 Pricing 가능

⑤ Pricing 클릭 시 자동 산출

(3) 운임 확인

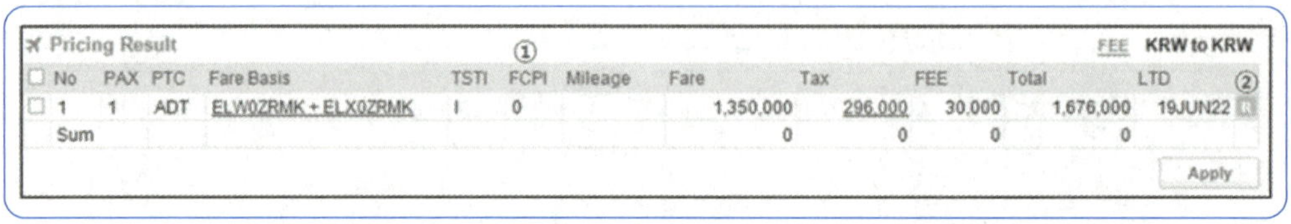

① FCPI : Fare Calculation Mode Indicator Code에 마우스를 위치하여 의미 확인

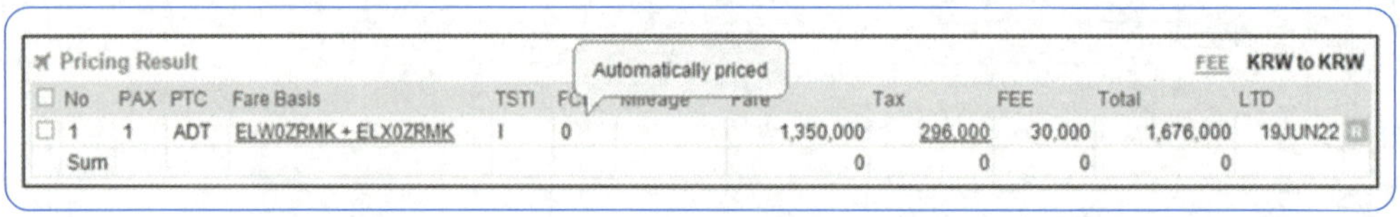

② "R" 클릭하여 Rule Summary 조회

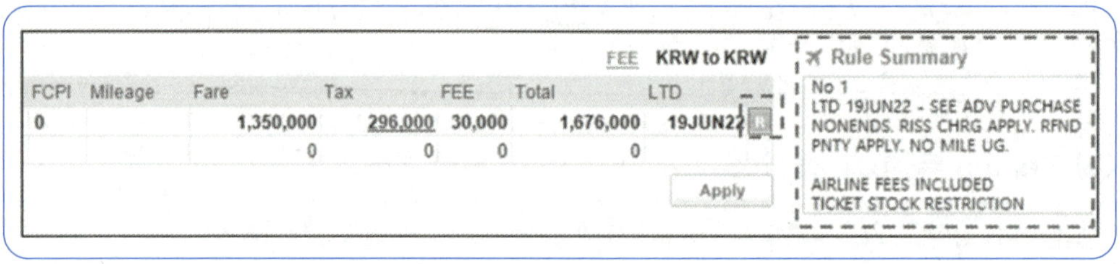

- 적용운임 선택 후Apply 클릭하여 PNR 에 TST를 생성한다.
  Apply 시 자동으로 [Payment & Issue] 탭으로 이동하게 됨

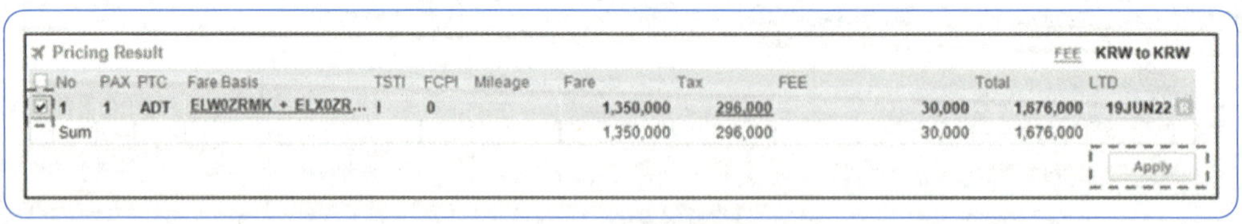

(4) 결제

결제할 TST 및 지불수단 선택 후 Apply

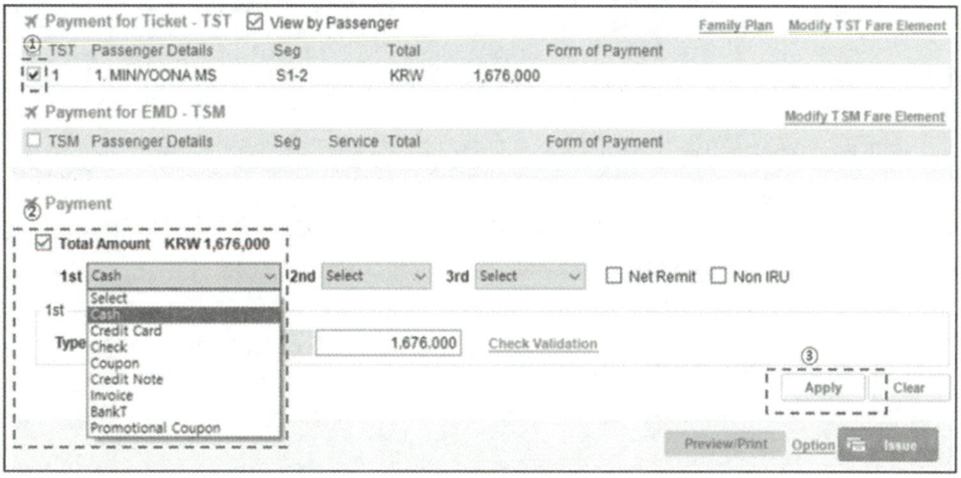

① Payment for Ticket - TST : 결제할 승객 선택

② 결제한 금액 및 지불수단 Cash 선택

③ Apply 클릭하여 선택한 지불수단 반영

(5) e-Ticket 발행

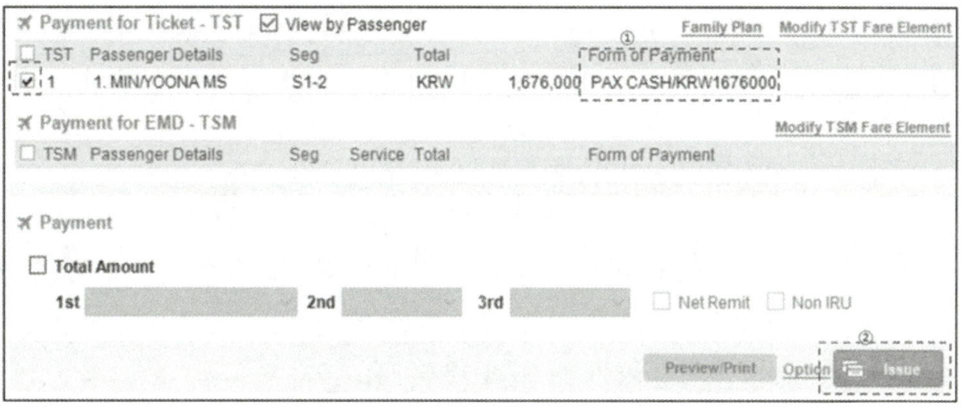

① 항공권을 발행하기 위해서는 1개 이상의 Form of Payment(FP) 항목이 필요하며 지불 단계에서 입력한 Cash가 반영되어 있다

② Form of Payment(FP) 항목에 지불 내역 반영 확인 후 TST 선택 및 Issue 버튼 클릭

(6) 발행 완료 및 PNS(Passenger Notification System)

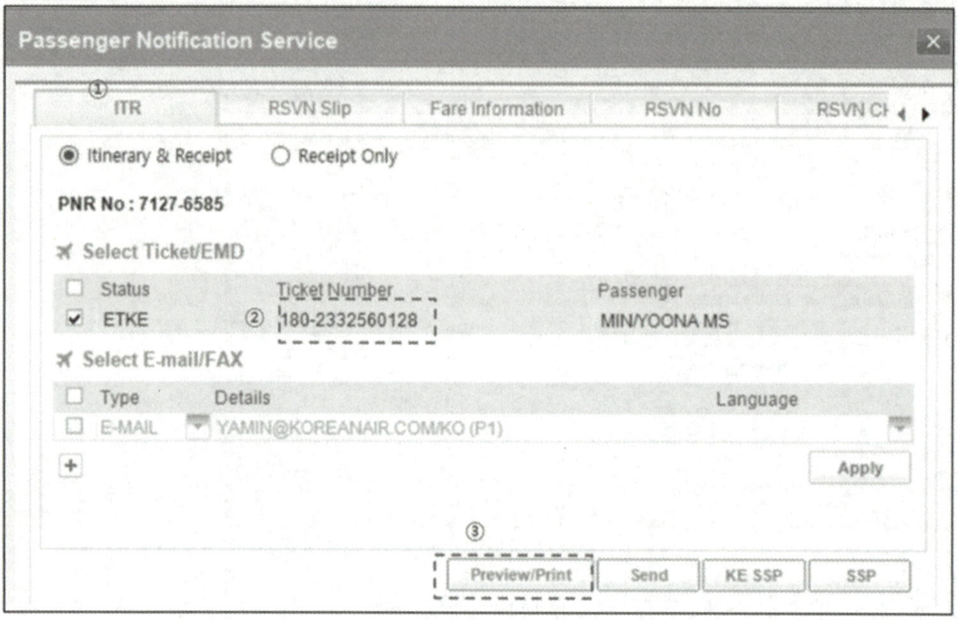

① 항공권 발행 후 e-Ticket 확인증을 제공할 수 있도록 PNS가 팝업으로 표출된다.

② 발행된 e-Ticket Number

③ Preview/Print 클릭시 e-Ticket 확인증 팝업

3.2 소아

(1) 소아 항공권의 특성

- 대상 : 여행개시일 기준 만 2세 이상~만 12세 미만의 승객
  (만 18세 이상의 부모 또는 보호자 동반 조건)
- 운임 : 일반적으로 성인 운임의 75%를 적용하나, 노선 및 운임에 따라 할인율을 상이하게 적용되므로 해당 운임의 소아 할인 규정을 반드시 확인해야 한다.
  (First, Prestige석의 할인 불가 노선 확대 추세임)
- 소아 할인 적용시 항공 운임 이외의 각종 수수료 또한 동일한 할인율이 적용된다.
  (ex, Reissue/Refund Penalty, No-show Penalty, Stopover Charge 등)

(2) PNR 생성

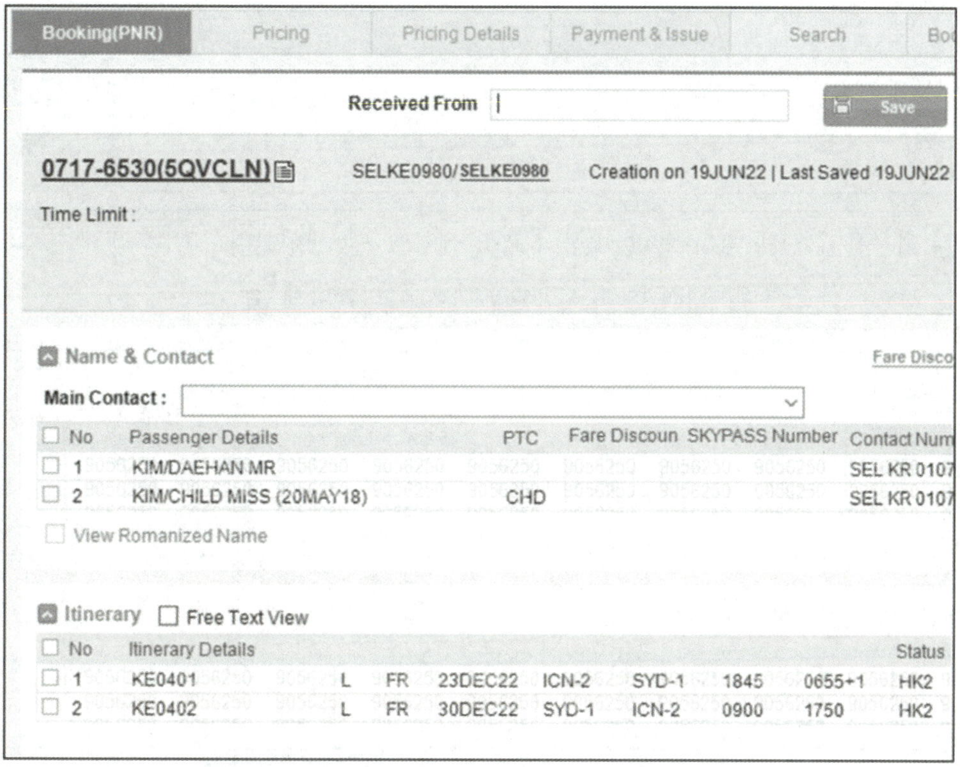

(3) Pricing 및 TST 생성

- [PNR] - [Pricing] : 승객 및 여정 선택 후 Pricing 클릭

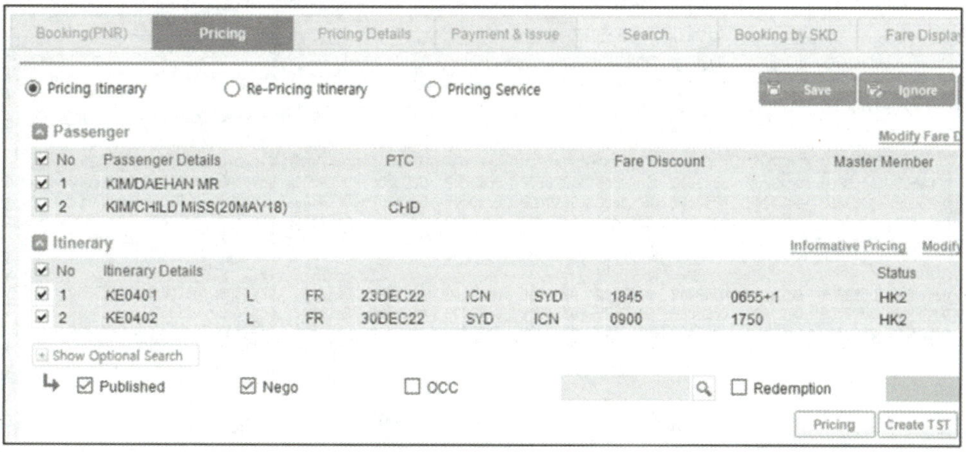

(4) 운임 확인

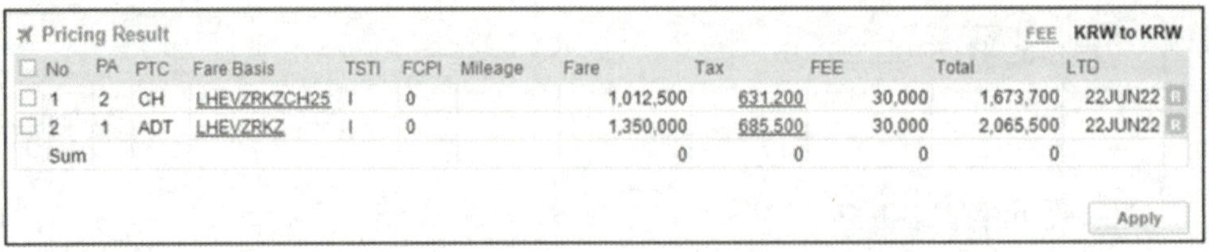

- 적용운임 선택 후Apply 클릭하여 PNR 에 TST 를 생성한다
  Apply 시 자동으로 [Payment & Issue] 탭으로 이동하게 됨

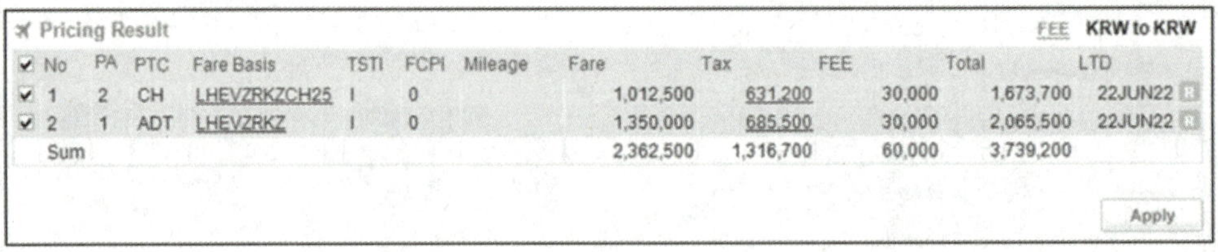

(5) 결제

결제할 TST 및 지불수단 선택 후 Apply

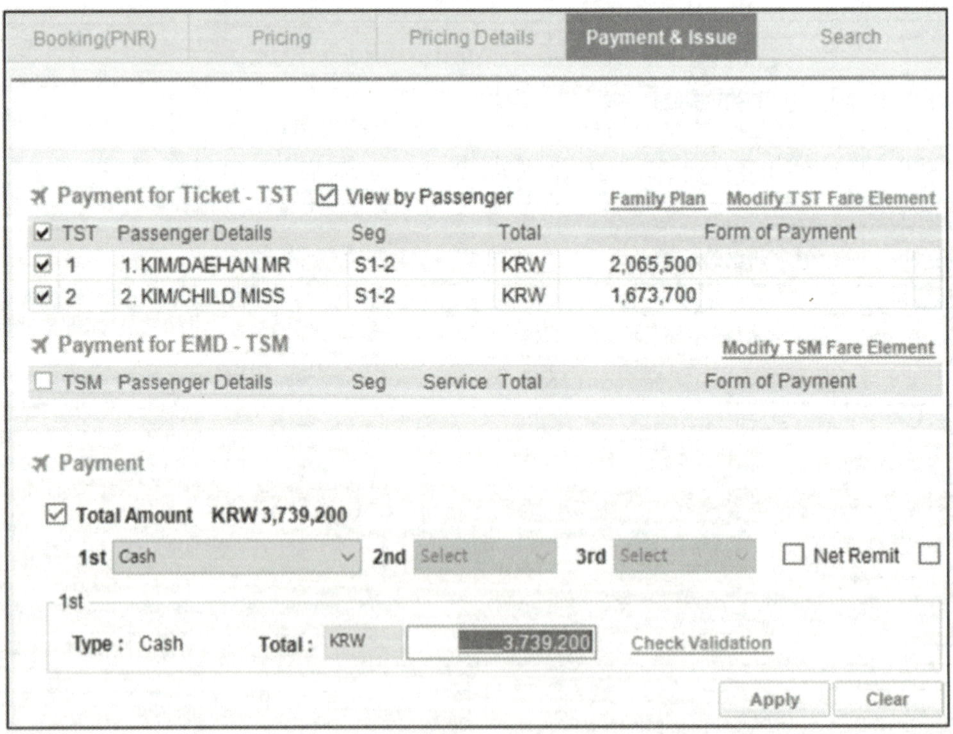

(6) e-Ticket 발행

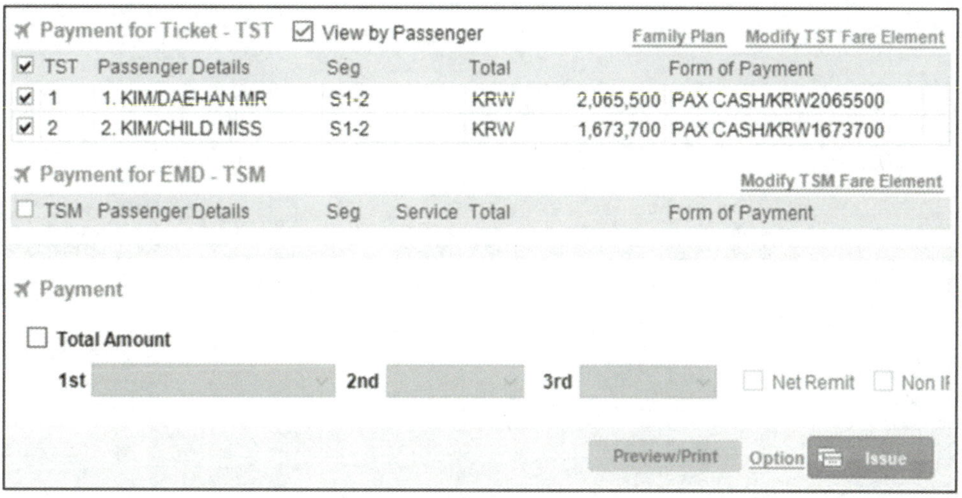

(7) 발행 완료 및 PNS(Passenger Notification System)

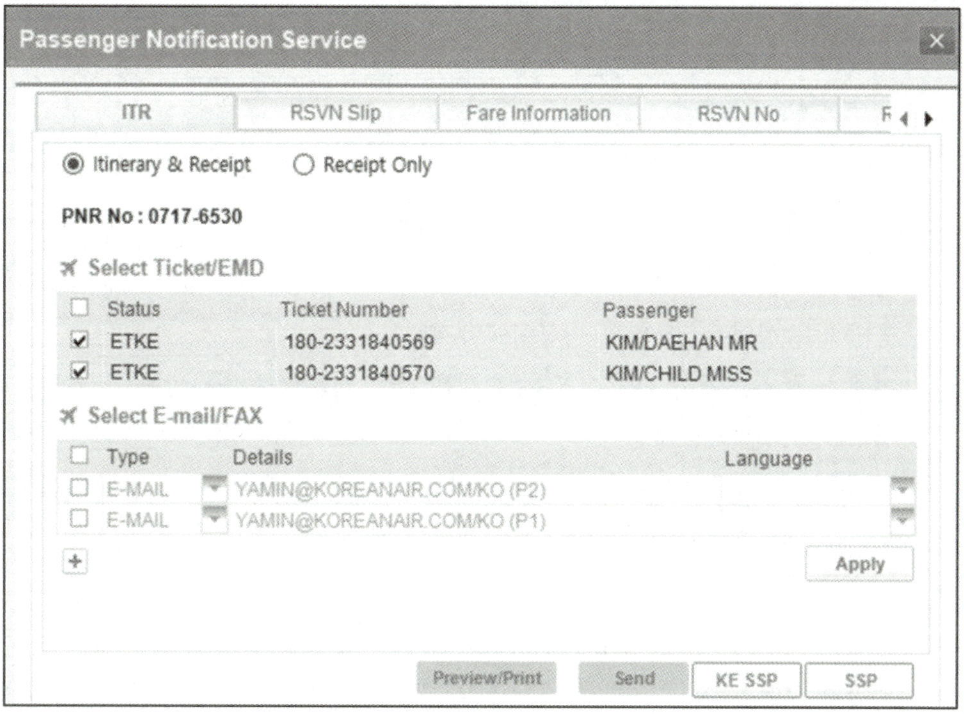

(8) 소아항공권

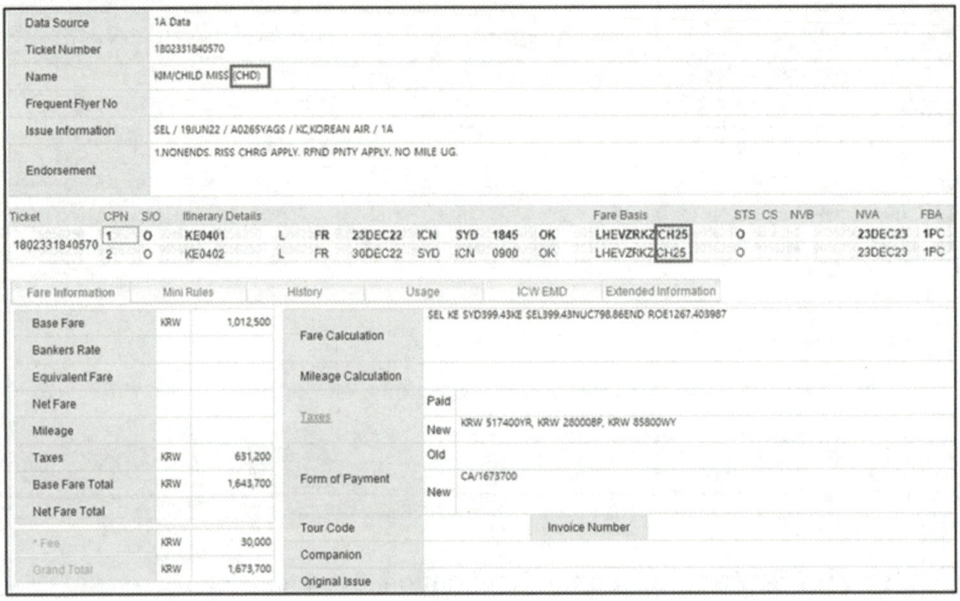

Data Source	1A Data
Ticket Number	1802331840570
Name	KIM/CHILD MISS(CHD)
Frequent Flyer No	
Issue Information	SEL / 19JUN22 / A0265YAGS / KC,KOREAN AIR / 1A
Endorsement	1.NONENDS. RISS CHRG APPLY. RFND PNTY APPLY. NO MILE UG.

Ticket	CPN	S/O	Itinerary Details								Fare Basis	STS	CS	NVB	NVA	FBA
1802331840570	1	O	KE0401	L	FR	23DEC22	ICN	SYD	1845	OK	LHEVZRKZCH25	O			23DEC23	1PC
	2	O	KE0402	L	FR	30DEC22	SYD	ICN	0900	OK	LHEVZRKZCH25	O			23DEC23	1PC

Fare Information | Mini Rules | History | Usage | ICW EMD | Extended Information

Base Fare	KRW	1,012,500
Bankers Rate		
Equivalent Fare		
Net Fare		
Mileage		
Taxes	KRW	631,200
Base Fare Total	KRW	1,643,700
Net Fare Total		
* Fee	KRW	30,000
Grand Total	KRW	1,673,700

Fare Calculation		SEL KE SYD399.43KE SEL399.43NUC798.86END ROE1267.403987
Mileage Calculation		
Taxes	Paid	
	New	KRW 517400YR, KRW 28000BP, KRW 85800WY
Form of Payment	Old	
	New	CA/1673700
Tour Code		Invoice Number
Companion		
Original Issue		

3.3 유아

(1) 유아 항공권의 특성

- 대상
  - 각 구간별 탑승일 기준 생후 7일 이상 ~ 만 2세 미만으로 좌석을 점유하지 않는 승객
  - 동반하는 성인은 만 18세 이상이어야 함
  - 여행 도중 유아에서 소아가 되는 승객은 소아 신분으로 변경되는 구간에 대해서 소아로 예약 필요
  - 성인 한 명이 두명의 유아 동반 시, 한 명의 유아만 유아 운임 적용 가능하므로 다른 한 명의 유아는 소아 운임을 적용하게 됨
- 운임
  - 성인 운임의 10% 를 적용하며 유류할증료는 면제 된다
  - 소아와 같이 각종 수수료에 대한 할인 또는 면제가 있으므로 운임 규정을 확인한다(ex, Reissue/Refund Penalty, No-show Penalty, Stopover Charge 등)

(2) PNR 생성

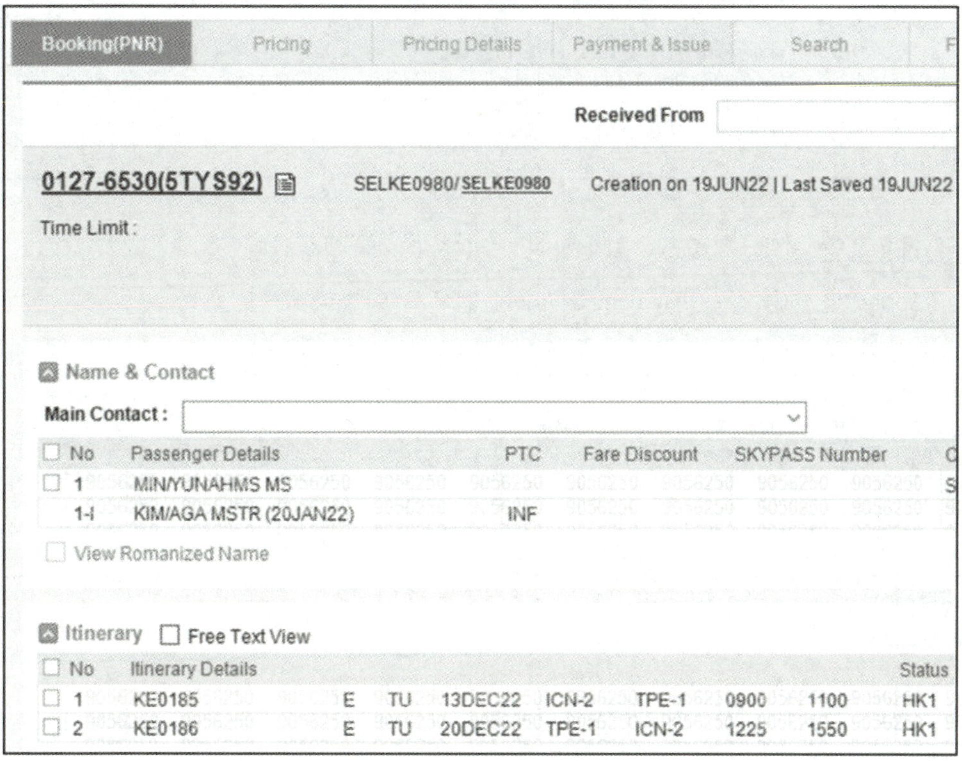

(3) Pricing 및 TST 생성

- [PNR] - [Pricing] : 승객 및 여정 선택 후 Pricing 클릭

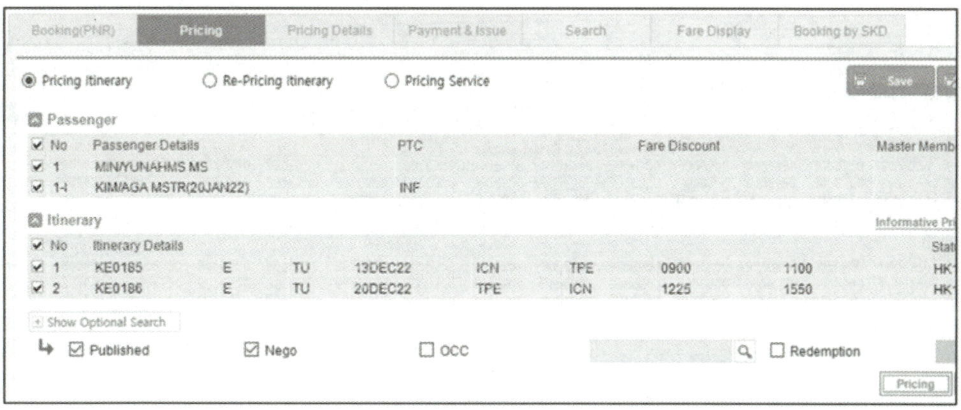

(4) 운임 확인

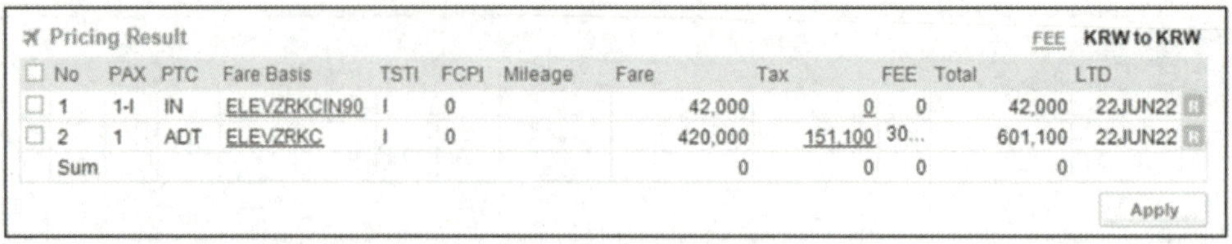

- 적용운임 선택 후 Apply 클릭하여 PNR에 TST를 생성한다
  Apply 시 자동으로 [Payment & Issue] 탭으로 이동하게 됨

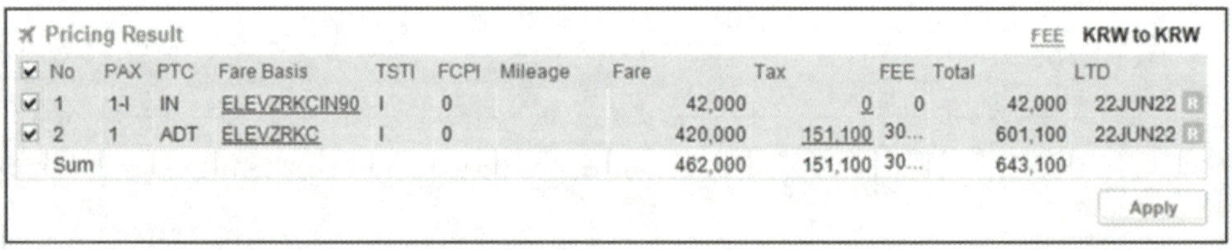

(5) 결제

결제할 TST 및 지불수단 선택 후 Apply

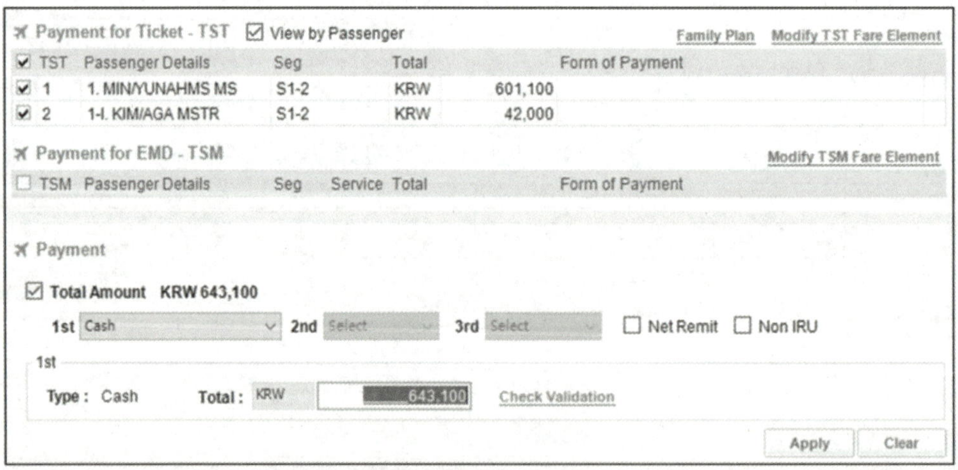

(6) e–Ticket 발행

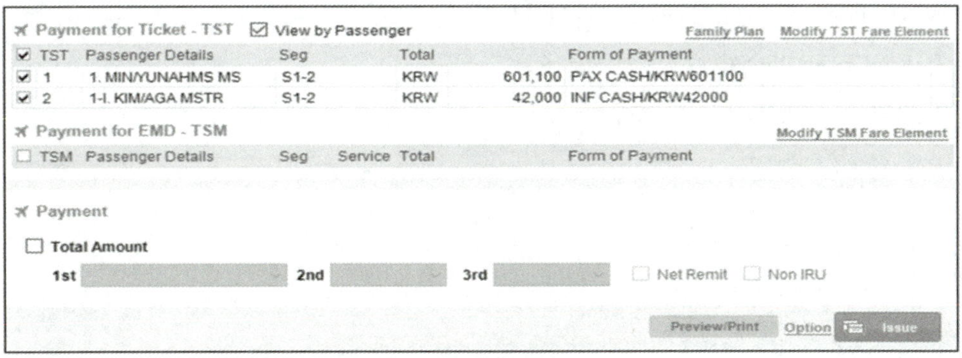

(7) 발행 완료 및 PNS(Passenger Notification System)

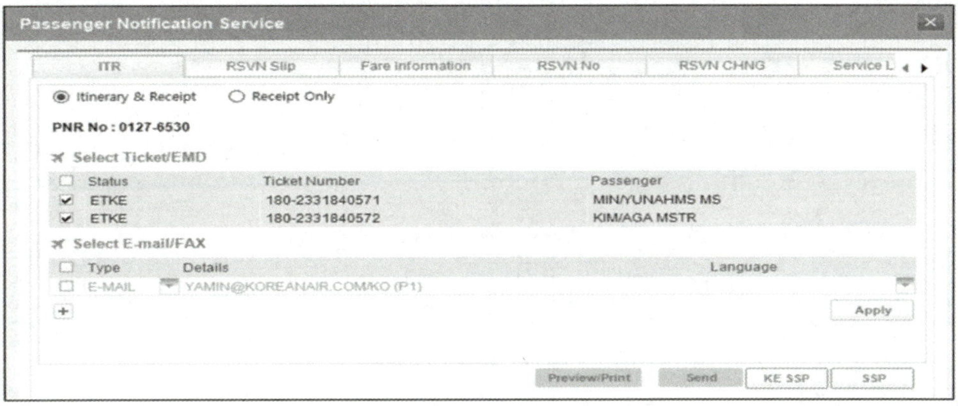

(8) 유아 항공권

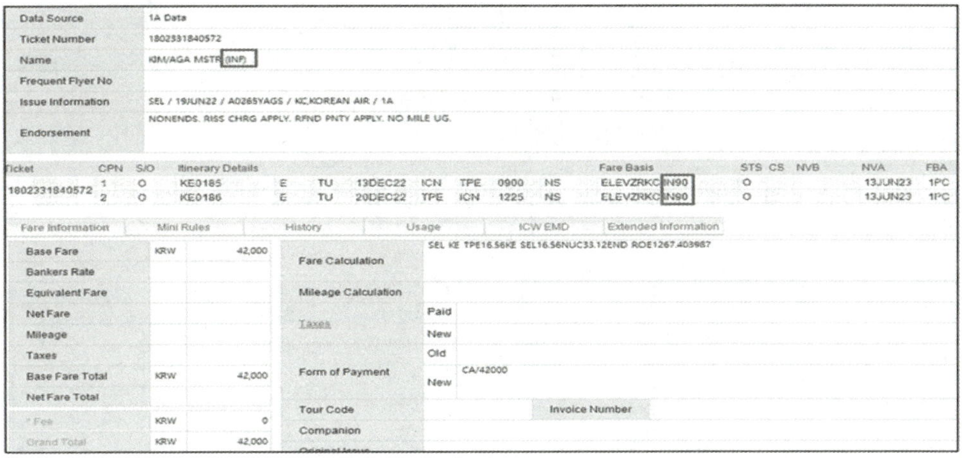

3.4 OAL 포함 여정

SEL/PAR KE 17DEC(전여정 일반석 탑승)

PAR/NCE AF 17DEC

NCE/PAR AF 21DEC

PAR/SEL KE 21DEC

(1) Routing 확인

- [Fare & Pricing] - [Fare Display]

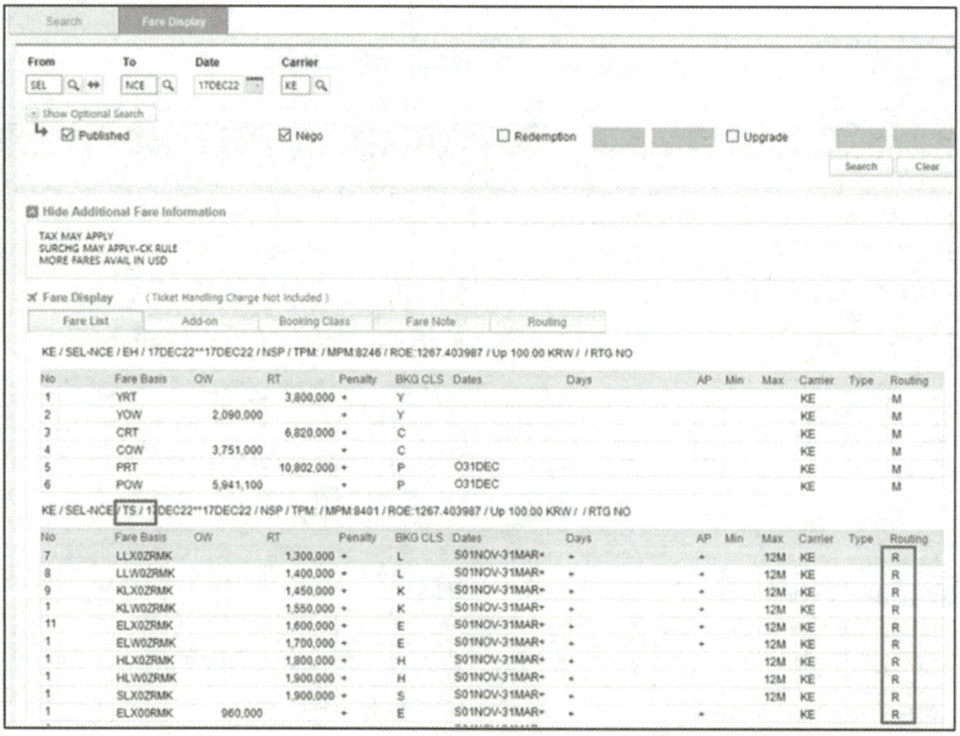

- 우측의 R을 클릭하여 Routing 확인

(2) OAL Booking Class 확인

[Tools] - [Help & Information] - Topic : OAL Booking Class, Carrier Code : AF

```
Topic  OAL BOOKING CLASS          Carrier Code            Go
Search Text                                               Search

-------------------------------------------------------------------------------
 * AIR FRANCE *

 * WARNING : 1. NOT ALLOWED TO SELL C/S FLT (AF MKTG/AZ OPTG)
                 FOR AZ CARR OPTG SECTORS, PLZ USE AZ OWN FLTS
              2.PENALTY APPLIES FOR ALL OTHER BKG CLS
 * NOTE : 1. REFER TO AUTO PRICING FOR C/S AND OTHER SECTORS
          2. BKG CLS PRIORITY IS FROM LEFT TO RIGHT

-------------------------------------------------------------------------------
  EFF: 2015.1.28 - U.F.N (BASED ON TKTETING DATE)
       2015.4. 1 - U.F.N (BASED ON DEP DATE)

 1.PAR-EUROPEAN SECTOR (EXCEPT PAR-BRU)
  - FIRST/BUSINESS : Z , Y (Y IS ECONOMY CABIN)
  - ECONOMY RBD
    # KE FARE          # UNTIL 08MAY16   #   AS OF 09MAY16    #
    -------------------------------------------------------------
    # T-,N-,Q-,U-,L-,K-#   N - Q - L     #   N - Q            #
    # OTHER EXCURSION  #   N - Q - L     #   N - Q - L        #
    # NORMAL FARE      #   K             #   N - Q - L - K    #
    -------------------------------------------------------------
 /$                        CLS AF                 EN  17JUN21 0138Z

  - GRP:G(UNTIL 18JUN16)-  Q(TKTG FRM 19JUN16 N TRVLING FRM 20JUL16

  2. PAR-BRU
  - FIRST/BUSINESS : J
  - EY NORM : B
  - EY SPCL : N

  3.PAR-FRENCH DOMESTIC SECTOR
    - FIRST/BUSINESS : A (ECONOMY CABIN)
    - ECONOMY RBD
    # KE FARES         #  UNTIL 8MAY16    # AS OF 09MAY16    #
    ---------------------------------------------------------
    # T- , N-          #  N - E - K       # N - E            #
    # OTHER EXCURSION  #  N - E - K       # N - E - K        #
    # NOMAL FARE       #  M               # N - E - K - M    #
    ---------------------------------------------------------
  - GRP:G(UNTIL 18JUN16)-  E(TKTG FRM 19JUN16 N TRVLING FRM 20JUL16)
```

(3) PNR 작성

[Booking & Schedule] - [Booking by Schedule]

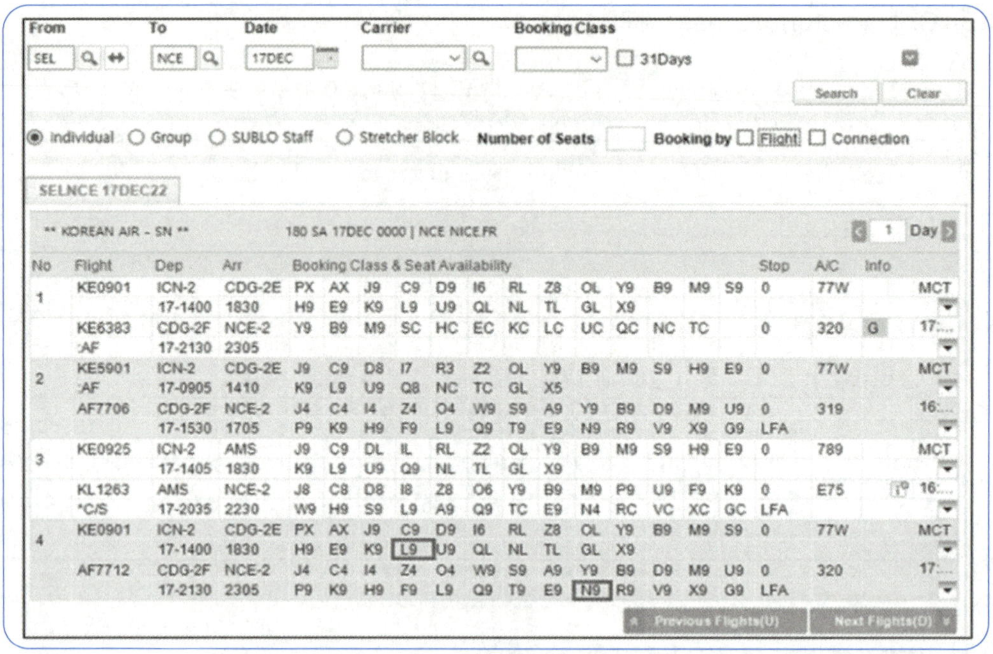

- Booking Class "L" 및 좌석 수 선택시 연결편 Booking Class 입력 창 팝업

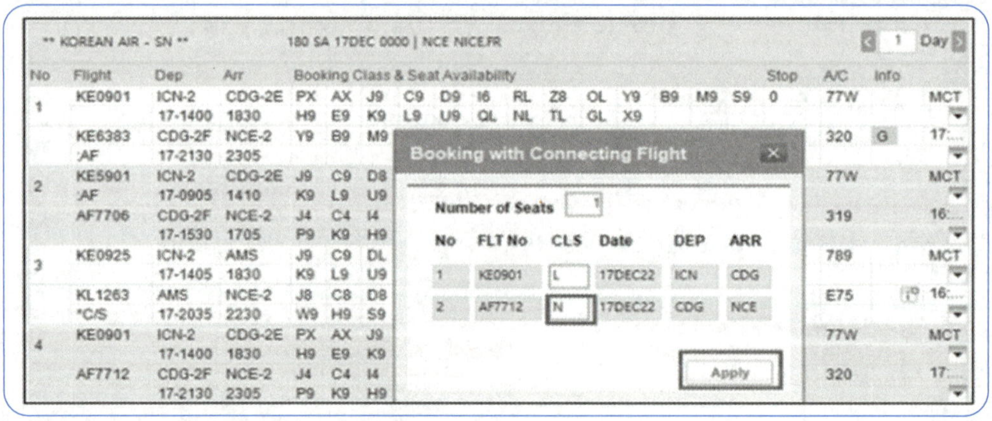

- 연결편 Booking Class "N" 입력 후 Apply
- 동일한 방법으로 NCE/SEL 예약

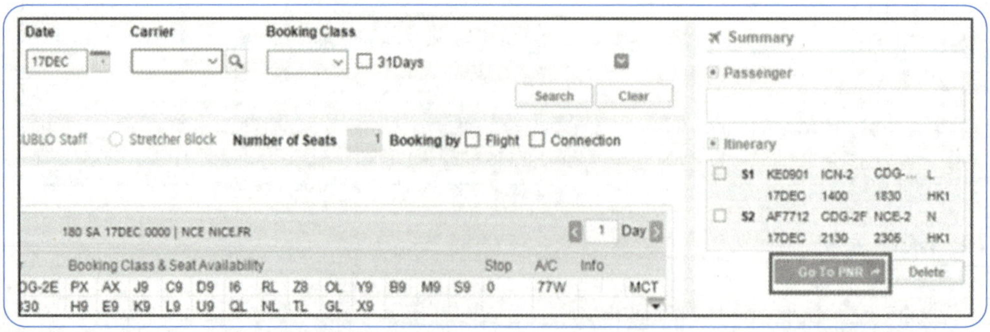

- Go To PNR 클릭 후 PNR 작성

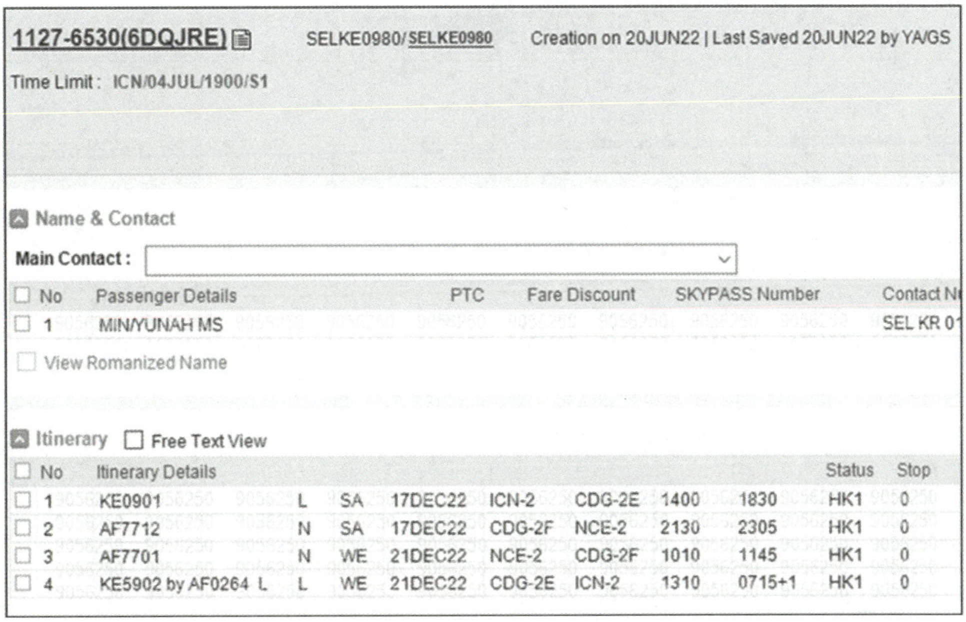

1127-6530(6DQJRE) SELKE0980/SELKE0980 Creation on 20JUN22 | Last Saved 20JUN22 by YA/GS

Time Limit : ICN/04JUL/1900/S1

Name & Contact

Main Contact :

No	Passenger Details	PTC	Fare Discount	SKYPASS Number	Contact N
1	MIN/YUNAH MS				SEL KR 01

View Romanized Name

Itinerary Free Text View

No	Itinerary Details								Status	Stop
1	KE0901	L	SA	17DEC22	ICN-2	CDG-2E	1400	1830	HK1	0
2	AF7712	N	SA	17DEC22	CDG-2F	NCE-2	2130	2305	HK1	0
3	AF7701	N	WE	21DEC22	NCE-2	CDG-2F	1010	1145	HK1	0
4	KE5902 by AF0264 L	L	WE	21DEC22	CDG-2E	ICN-2	1310	0715+1	HK1	0

(4) Pricing 및 TST 생성

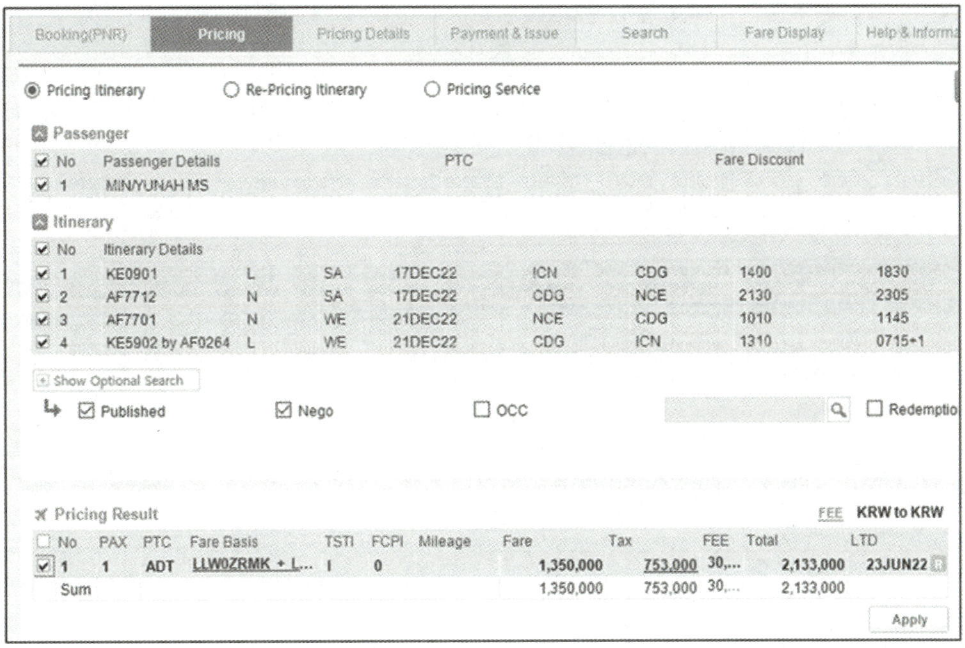

Booking(PNR) | Pricing | Pricing Details | Payment & Issue | Search | Fare Display | Help & Informa

Pricing Itinerary　Re-Pricing Itinerary　Pricing Service

Passenger

No	Passenger Details	PTC	Fare Discount
1	MIN/YUNAH MS		

Itinerary

No	Itinerary Details							
1	KE0901	L	SA	17DEC22	ICN	CDG	1400	1830
2	AF7712	N	SA	17DEC22	CDG	NCE	2130	2305
3	AF7701	N	WE	21DEC22	NCE	CDG	1010	1145
4	KE5902 by AF0264	L	WE	21DEC22	CDG	ICN	1310	0715+1

Show Optional Search

Published　Nego　OCC　Redemptio

Pricing Result　FEE　KRW to KRW

No	PAX	PTC	Fare Basis	TSTI	FCPI	Mileage	Fare	Tax	FEE	Total	LTD
1	1	ADT	LLW0ZRMK + L...	I	0		1,350,000	753,000	30,...	2,133,000	23JUN22
Sum							1,350,000	753,000	30,...	2,133,000	

Apply

(5) 결제

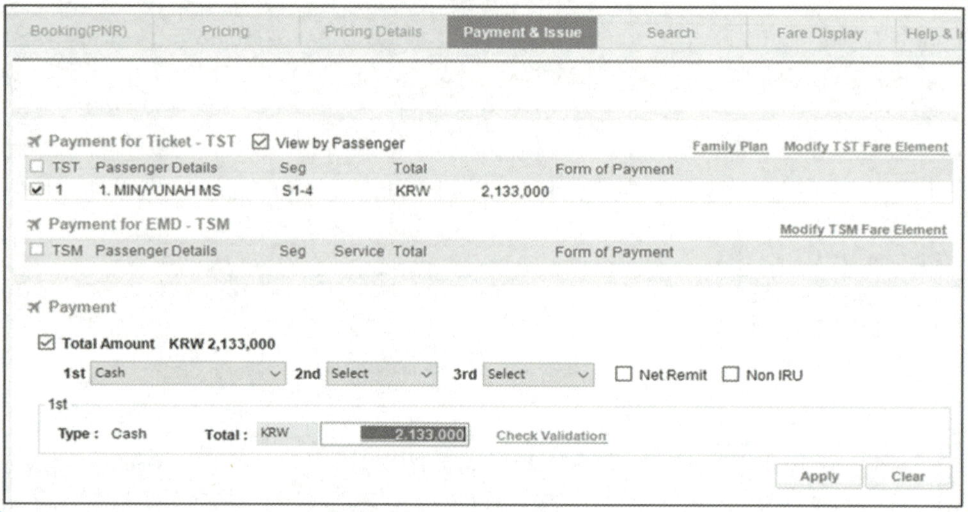

Booking(PNR) Pricing Pricing Details Payment & Issue Search Fare Display Help & I
Payment for Ticket - TST View by Passenger
Family Plan Modify TST Fare Element
TST Passenger Details Seg Total Form of Payment
1 1. MIN/YUNAH MS S1-4 KRW 2,133,000
Payment for EMD - TSM
Modify TSM Fare Element
TSM Passenger Details Seg Service Total Form of Payment
Payment
Total Amount KRW 2,133,000
1st Cash 2nd Select 3rd Select Net Remit Non IRU
1st
Type : Cash Total : KRW 2,133,000 Check Validation
Apply Clear

(6) 발행

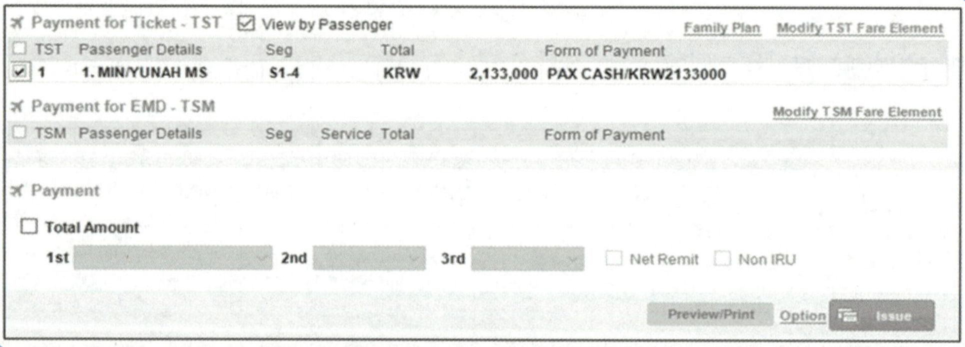

Payment for Ticket - TST View by Passenger
Family Plan Modify TST Fare Element
TST Passenger Details Seg Total Form of Payment
1 1. MIN/YUNAH MS S1-4 KRW 2,133,000 PAX CASH/KRW2133000
Payment for EMD - TSM
Modify TSM Fare Element
TSM Passenger Details Seg Service Total Form of Payment
Payment
Total Amount
1st 2nd 3rd Net Remit Non IRU
Preview/Print Option Issue

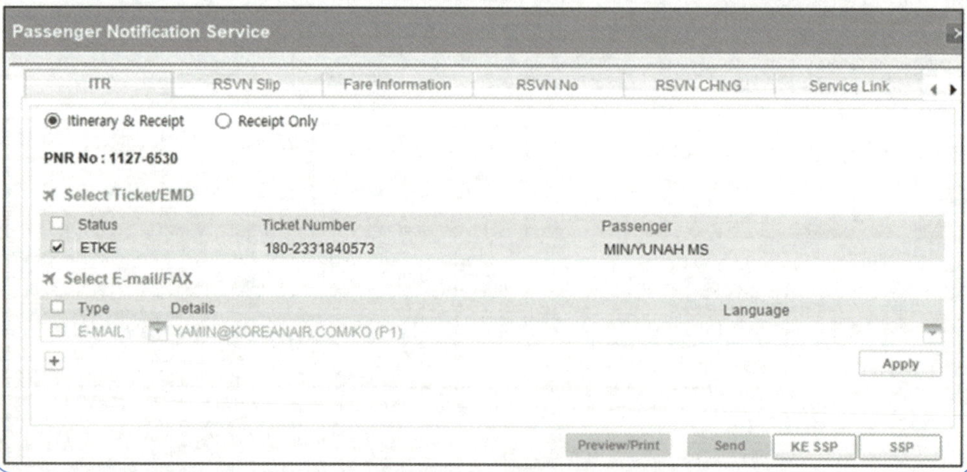

Passenger Notification Service
ITR RSVN Slip Fare Information RSVN No RSVN CHNG Service Link
Itinerary & Receipt Receipt Only
PNR No : 1127-6530
Select Ticket/EMD
Status Ticket Number Passenger
ETKE 180-2331840573 MIN/YUNAH MS
Select E-mail/FAX
Type Details Language
E-MAIL YAMIN@KOREANAIR.COM/KO (P1)
Apply
Preview/Print Send KE SSP SSP

(7) OAL 포함 항공권

Data Source	1A Data
Ticket Number	1802331840573
Name	MIN/YUNAH MS (ADT)
Frequent Flyer No	
Issue Information	SEL / 20JUN22 / A0265YAGS / KC,KOREAN AIR / 1A
Endorsement	NONENDS. RISS CHRG APPLY. RFND PNTY APPLY. NO MILE UG.

Ticket	CPN	S/O	Itinerary Details								Fare Basis	STS	CS	NVB	NVA	FBA
1802331840573	1	O	KE0901	L	SA	17DEC22	ICN	CDG	1400	OK	LLW0ZRMK	O			17DEC23	1PC
	2	X	AF7712	N	SA	17DEC22	CDG	NCE	2130	OK	LLW0ZRMK	O	AF		17DEC23	1PC
	3	O	AF7701	N	WE	21DEC22	NCE	CDG	1010	OK	LLX0ZRMK	O	AF		17DEC23	1PC
	4	X	KE5902 by AF	L	WE	21DEC22	CDG	ICN	1310	OK	LLX0ZRMK	O	AF		17DEC23	1PC

Fare Information | Mini Rules | History | Usage | ICW EMD | Extended Information

Base Fare	KRW	1,350,000
Bankers Rate		
Equivalent Fare		
Net Fare		
Mileage		
Taxes	KRW	753,000
Base Fare Total	KRW	2,103,000
Net Fare Total		
* Fee	KRW	30,000
Grand Total	KRW	2,133,000

Fare Calculation		SEL KE X/PAR AF NCE552.31AF X/PAR KE SEL512.85NUC1065.16END ROE1267.403987
Mileage Calculation		
Taxes	Paid	
	New	KRW 520200YR, KRW 40600YQ, KRW 67600YR, KRW 28000BP, KRW 11500FR, KRW 23900FR, KRW
Form of Payment	Old	
	New	CA/2133000
Tour Code		Invoice Number
Companion		
Original Issue		

Fare Information | Mini Rules | History | Usage | ICW EMD | Extended Information

Ticket No : 1802331840573

View Extended History

```
ORG : KE   AUTH-ETS
COMMENT : KE:ERC348:INVALID FLIGHT STATUS
1  O ICNCDG KE901   L 17Dec22 1400 OK LLW0ZRMK       O             17Dec23 1PC

** 02 ** 20Jun22 0315Z : UNSOLICITED AIRPORT CTRL
ORG : KE   LOC-SEL  AUTH-A0265YAGS
4  X CDGICN KE5902  L 21Dec22 1310 OK LLX0ZRMK       A             17Dec23 1PC

** 01 ** 20Jun22 0315Z : UNSOLICITED AIRPORT CTRL
ORG : KE   LOC-SEL  AUTH-A0265YAGS
3  O NCECDG AF7701  N 21Dec22 1010 OK LLX0ZRMK       A             17Dec23 1PC

** 00 ** 20Jun22 0315Z : ISSUE
ORG : KE AIRLINE AGENT  IATA-00018675/374640  LOC-SEL  AUTH-A0265YAGS
*TRN*
```

연습문제

1. 다음 여정으로 PNR을 작성하고 항공권을 발행하시오.
(일반석, 가장 저렴한 운임 적용)

- 성인 1명, 소아 1명
- SEL/YUL 10DEC
  YUL/SEL 20DEC

CHAPTER

10

EMD 발행

Chapter 10

EMD 발행

생각해 봅시다

고객이 가지고 온 수하물의 무게, 사이즈가 초과되거나 개수가 추가되는 경우에는 어떻게 하면 될까요?

학습목표

이 과정의 학습을 통해

- EMD의 정의와 종류에 대해이해할 수 있다.
- 각종 서비스 수수료 징수를 위한 EMD를 발행할 수 있다.

차례

1. EMD의 이해
2. 사례별 EMD 발행

① EMD(Electronic Miscellaneous Document) 이해

1.1 개요

- 주로 초과 수하물, 사전 좌석배정, 비동반 소아, Pet Box 등 부가 서비스(Ancillary Service*)에 대해 항공권 이외 증표의 발매 정보를 e-Ticket과 동일하게 시스템 내부적으로 저장, 처리하며 항공사 간 정산이 가능하다.

> 참고: 부가서비스(Ancillary Service)
> 최근 항공사들은 저비용항공사(Low Cost Carrier)의 등장, 소비자 구매 형태의 변화에 따라 시장 환경에 적응하여 경쟁력을 강화하고 있다.
> 전통적으로 대한항공과 같은 FSC(Full Service Carrier)는 항공여행에 제공할 수 있는 모든 서비스를 포괄적으로 제공해 왔다. 하지만 최근에는 포괄적으로 제공하던 서비스를 분할하고, 선택적 제공에 따라 고객이 추가적인 비용으로 이용할 수 있는 개념의 부가서비스(Ancillary Service)를 통해 새로운 수익을 창출하고 있으며 이는 경쟁 심화로 악화된 항공권 판매 수익과는 달리 꾸준한 성장세를 보이고 있다.
> (Seat Assignment, Wi-Fi, Express Check-in, Priority Boarding, Food & Drink 등)

- EMD는 EMD-A(Associated) 와 EMD-S(Standalone) 두 종류로 구분된다.
  - EMD-A : 특정 e-Ticket과 시스템적으로 연결 발행되어 함께 사용되는 EMD로 비동반 소아 서비스, 초과수하물, 유료좌석 등의 경우에 발행되며 e-Ticket 사용 시 EMD-A도 Used 처리된다.
  - EMD-S : e-Ticket 발행 여부와 상관없이 별도로 발행 가능하며 Vouchers, Residual Value 등의 경우에 발행된다.

항목	EMD-A	EMD-S
의미	EMD Associated	EMD Stand Alone
주요 사용 대상	UM, 애완동물, EXB 등	PENALTY, 변경 차액 등
Air Segment	필수	불필요
단독 발행	불가 (항공권 선 발행 or 동시 발행)	가능 (RSVR, RSVT 제외)
TKT Conjunction	EMD 발행 시 자동 반영	수동 입력 (RSVT, RSVR은 자동)
Amadeus Airline Ancillary Services	가능	불가

* AAAS(Amadeus Airline Ancillary Services)
: 지점, 공항, 서비스센터, 홈페이지에서 항공사의 Chargeable SVC를 조회하고 ATPCO에 Filling된 운임을 자동 반영하여 EMD를 발행할 수 있다.

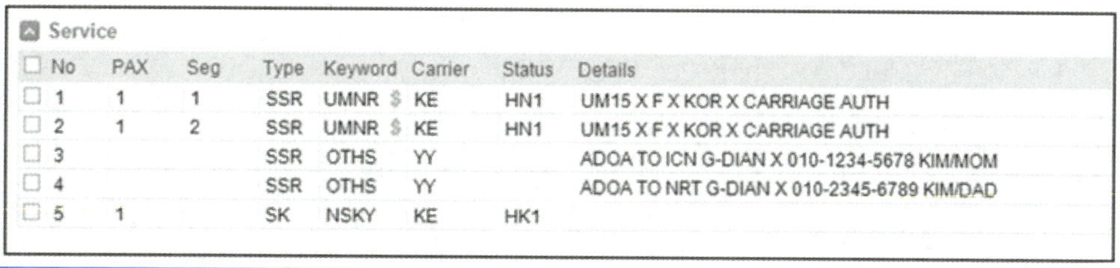

Service

No	PAX	Seg	Type	Keyword	Carrier	Status	Details
1	1	1	SSR	UMNR $	KE	HN1	UM15 X F X KOR X CARRIAGE AUTH
2	1	2	SSR	UMNR $	KE	HN1	UM15 X F X KOR X CARRIAGE AUTH
3			SSR	OTHS	YY		ADOA TO ICN G-DIAN X 010-1234-5678 KIM/MOM
4			SSR	OTHS	YY		ADOA TO NRT G-DIAN X 010-2345-6789 KIM/DAD
5	1		SK	NSKY	KE	HK1	

'$' 아이콘의 의미 : AAAS 가능한 Chargeable Service임을 나타냄

(1) EMD Image

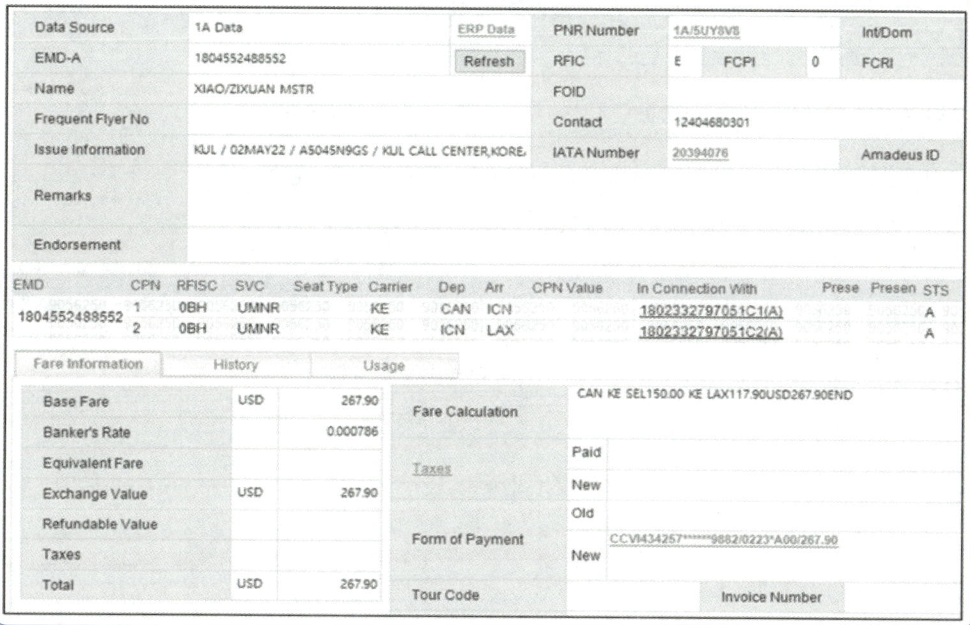

Data Source	1A Data	ERP Data	PNR Number	1A/5UY8V8			Int/Dom
EMD-A	1804552488552	Refresh	RFIC	E	FCPI	0	FCRI
Name	XIAO/ZIXUAN MSTR		FOID				
Frequent Flyer No			Contact	12404680301			
Issue Information	KUL / 02MAY22 / A5045N9GS / KUL CALL CENTER,KORE,		IATA Number	20394076			Amadeus ID
Remarks							
Endorsement							

EMD	CPN	RFISC	SVC	Seat Type	Carrier	Dep	Arr	CPN Value	In Connection With	Prese	Presen	STS
1804552488552	1	0BH	UMNR		KE	CAN	ICN		1802332797051C1(A)			A
	2	0BH	UMNR		KE	ICN	LAX		1802332797051C2(A)			A

Fare Information | History | Usage

Base Fare	USD	267.90
Banker's Rate		0.000786
Equivalent Fare		
Exchange Value	USD	267.90
Refundable Value		
Taxes		
Total	USD	267.90

Fare Calculation		CAN KE SEL150.00 KE LAX117.90USD267.90END
Taxes	Paid	
	New	
Form of Payment	Old	
	New	CCVI434257******9882/0223*A00/267.90
Tour Code		Invoice Number

• EMD 구성 요소

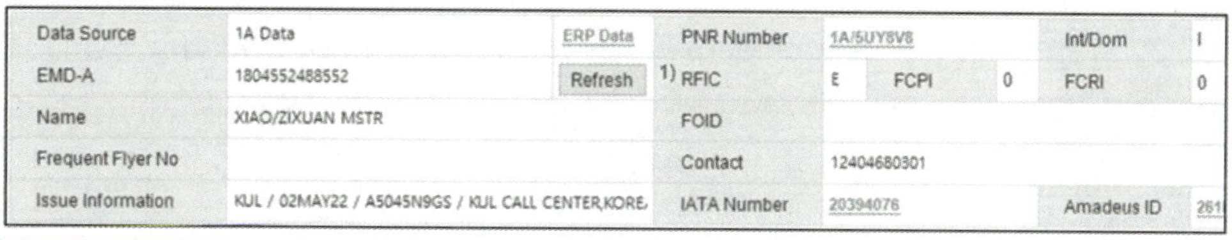

Data Source	1A Data	ERP Data	PNR Number	1A/5UY8V8			Int/Dom	I
EMD-A	1804552488552	Refresh	1) RFIC	E	FCPI	0	FCRI	0
Name	XIAO/ZIXUAN MSTR		FOID					
Frequent Flyer No			Contact	12404680301				
Issue Information	KUL / 02MAY22 / A5045N9GS / KUL CALL CENTER,KORE,		IATA Number	20394076			Amadeus ID	261

1) RFIC(Reason For Issuance Code) : EMD 발행 용도

A : Airport Transportation(유료좌석, Upgrade 등)

B : Surface Transportation(리무진, 기차, 호텔 등)

C : Baggage(초과수하물, 스포츠 장비 등)

D : Financial Impact(Additional Charge, Rebooking Fee)

E : Airport Services(비동반 소아, Passenger Assistant)

F : Merchandise(Polo Shirt, Pet Box)

G : In-flight Service(헤드셋, Wifi, Video Games, 기내식 등)

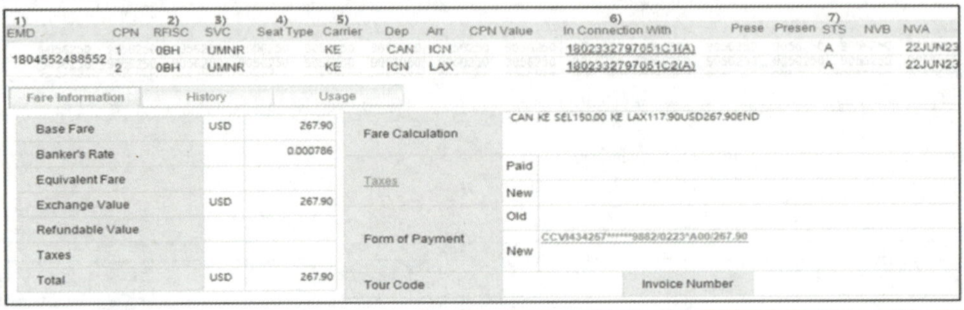

2) EMD : EMD 번호(Form Code - e-Ticket : 23, EMD : 45)

3) RFISC(Reason For Issuance Sub Code) : EMD 발행 용도 세부 항목

EMD 발행 대상 Service별로 RFIC, RFISC, SVC Code 구성

RFIC	RFISC	SVC	Description
C	BG4	OBAA	Overweight Baggage (24~32kg)
E	0BH	UMNR	UM Service Charge
A	0B5	RQST	Preferred Seats

4) SVC : PNR의 Service 항목에 입력하는 Keyword

5) Seat Type : 유료 좌석 Seat Type

6) Carrier : EMD 발행 항공사

7) In Connection With : EMD에 연결된 e-Ticket Number

(A) Associate, (D) Dissociate

* 연결된 e-Ticket 의 ICW EMD 항목에서도 연결된 EMD 확인 가능

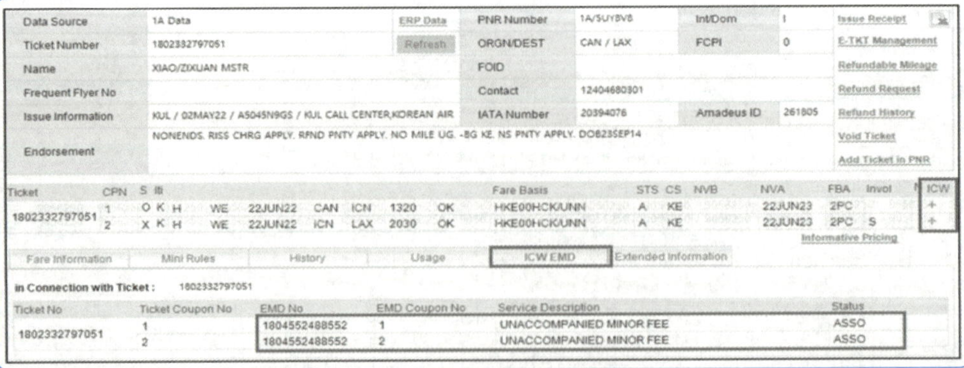

8) STS : Coupon Status

1.2 EMD Receipt

KOREAN AIR

2152 / 20JUN22

Electronic Miscellaneous Document Receipt

인쇄하기

Passenger Name	XIAO/ZIXUAN MSTR
PNR Number	5UY8V8
Document Number	1804552488552
Reason for Issuance Code	E (AIRPORT SERVICES)
Service Details	Optional Unaccompanied Minor Fee(AGE 12-16)

운임안내 Fare Information

Fare Calculation	CAN KE SEL150.00 KE LAX117.90USD267.90END
Remarks	-
Endorsement/Restrictions	
Base Fare Amount	USD 267.90
Equivalent Fare Paid	-
Tax/Fee/Charges Amount	-
Total Document Amount	USD 267.90
Form of Payment	CC VI************9882/****
Tour Code	-
Conjunctive Ticket Number	-
In Connection with Document Number	1802332797051
Date of Issue / Place of Issue	02MAY22/20394076/KUL CALL CENTER
Original Ticket Number	-
Exchanged Ticket Number	-

② 사례별 EMD 발행

2.1 비동반 소아 서비스(Unaccompanied Minor)

(1) 개요

- 혼자 여행하는 어린이가 공항에서 탑승권을 받는 순간부터 도착지에서 보호자를 만나기까지 안전하게 여행할 수 있도록 서비스 제공
- 대상 : 성인 보호자(만 18세 이상) 없이 혼자 여행하는 소아로서 여행 개시일 기준 만 5세 이상 만 12세 미만인 승객(항공사마다 상이)
- 운임 : 적용 가능한 성인 운임의 100%를 징수 Service Charge를 별도 징수하며 EMD-A를 발행해서 징수한다.

(2) EMD 발행

SEL/HKG 24DEC(일반석)

1) 적용 가능한 운임 확인

[Fare & Pricing] – [Fare Display]

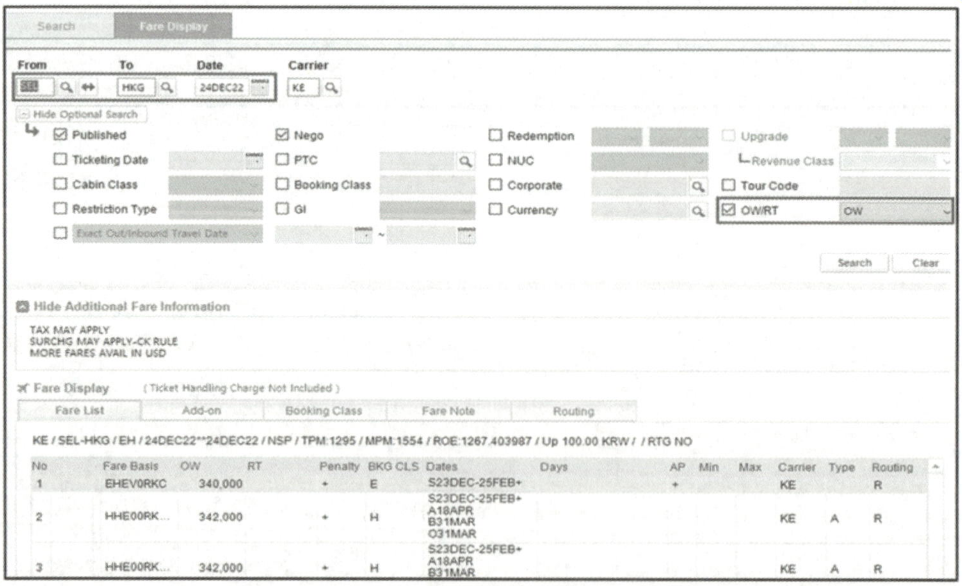

[Fare Note] – [Children Discount]

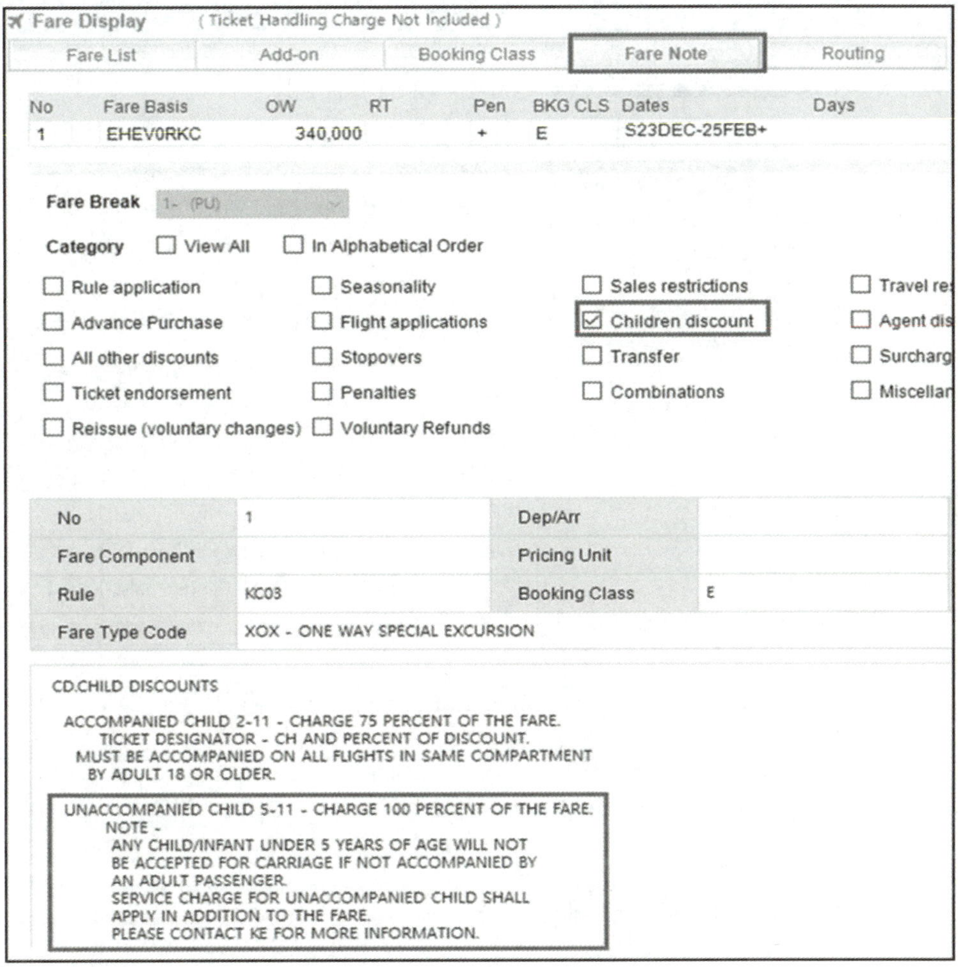

2) 비동반 소아 서비스 수수료 확인

[Fare & Pricing] – [Ancillary SVC Pricing]

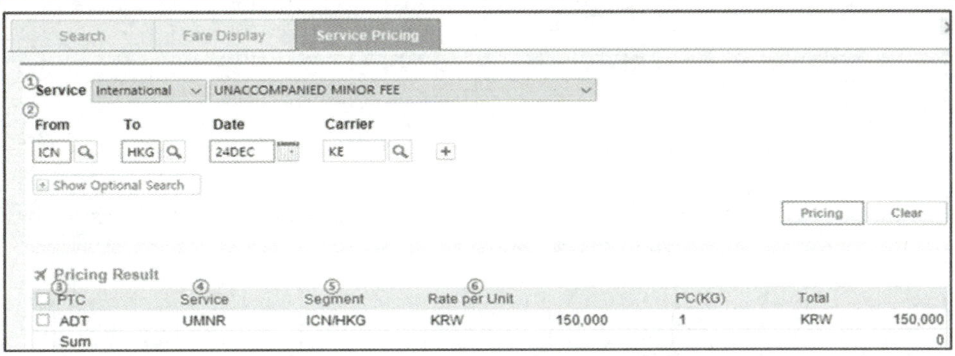

① Service : 조회 가능한 서비스 범위

구 분	SERVICE	CODE
	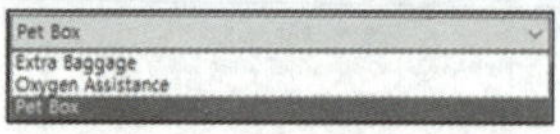	AOXY : Oxygen Assistance HBAG : Extra Baggage PETB : Pet Box
	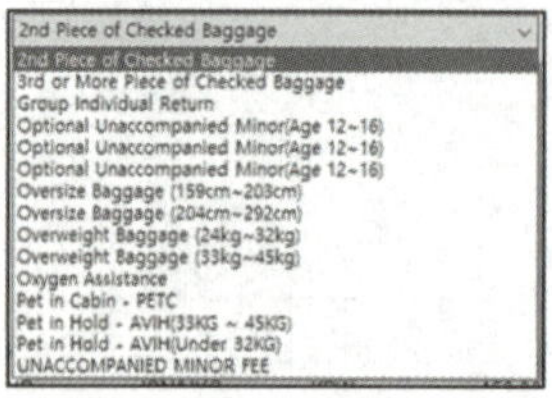	XBAA : 2nd Piece of Checked Baggage XBAB : 3rd or More Extra Piece Baggage INDV : Group Individual Return UMNR : Optional Unaccompanied Minor (Age 12 ~ 16) OBAG : Oversize Baggage (159cm ~ 203cm) - MEDIUM Oversize Baggage (204cm ~ 292cm) - LARGE OBAA : Overweight Baggage (24kg ~ 32kg) OBAB : Overweight Baggage (33kg ~ 45kg) AOXY : Oxygen Assistance PETC : Pet in Cabin - PETC AVIH : Pet in Hold - AVIH (33KG ~ 45KG) AVIH : Pet in Hold - AVIH (Under 32KG) UMNR : Unaccompanied Minor Fee (Age 5 ~ 11)

② From / To / Date : 출발지 / 목적지 / 날짜 필수 입력

③ PTC : Passenger Type Code

④ Service : 조회한 Service Code

⑤ Segment : 조회한 구간

⑥ Rate per Unit : 단위당 요율

3) PNR 생성

[기본예약]

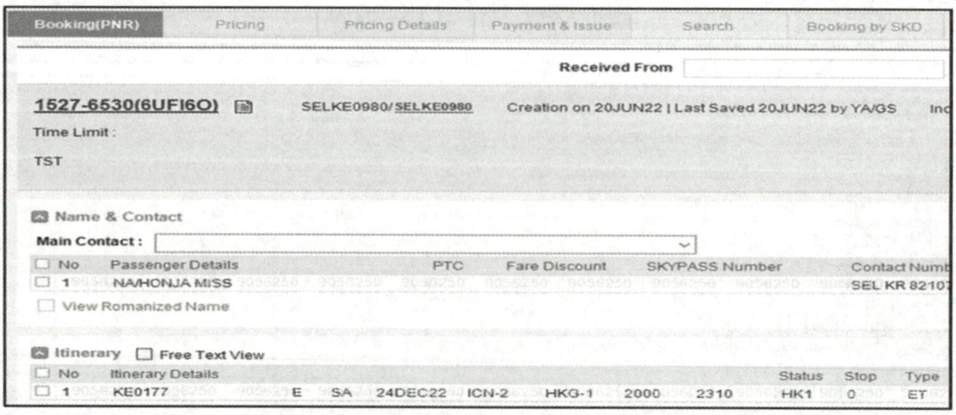

[PNR] – [Service] – [Modify]

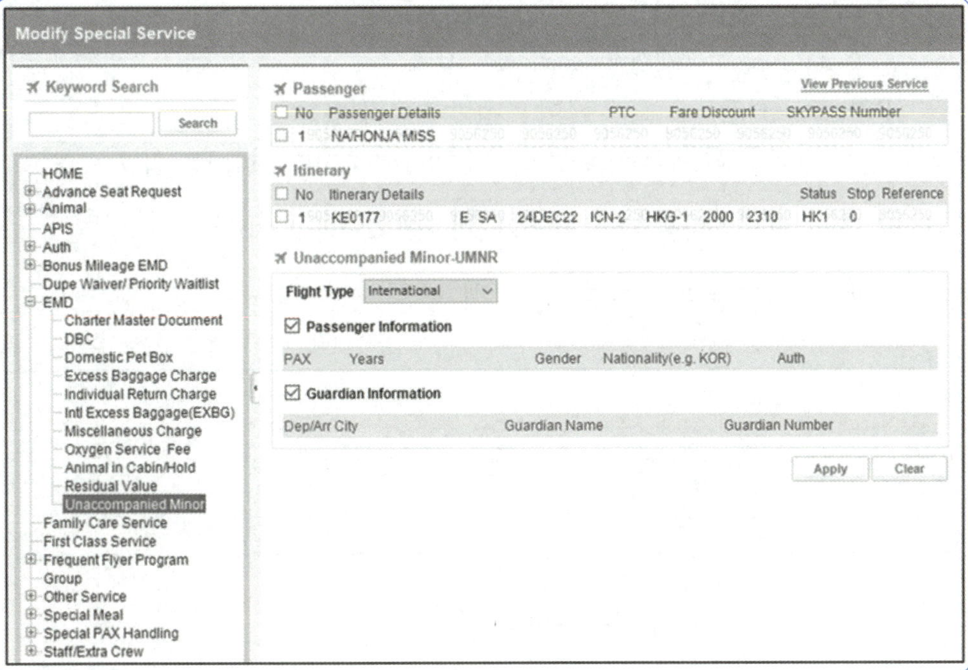

[비동반 소아 서비스 예약]

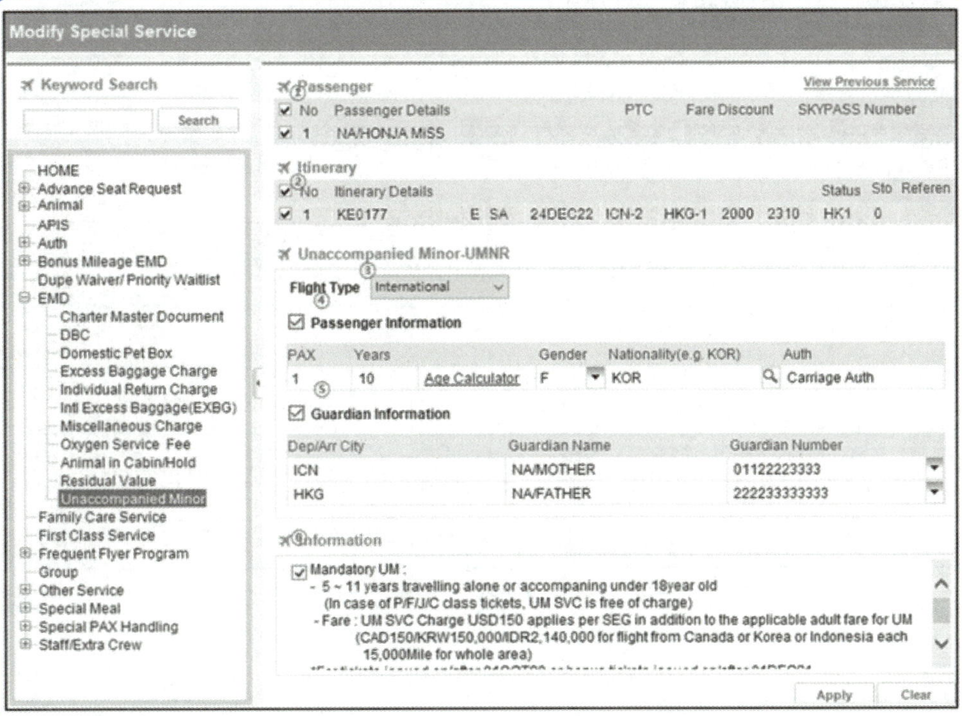

① Passenger : 승객 선택

② Itinerary : 여정 선택

③ Flight Type : 국제선(International) 선택

④ Passenger Information : 나이 / 성별 / 국적 입력

⑤ Guardian Information : 출도착 도시의 보호자 및 연락처를 각각 입력

⑥ Information : 내용 확인 후 check box에 check 후 Apply

[PNR Service 항목 입력 사항 확인]

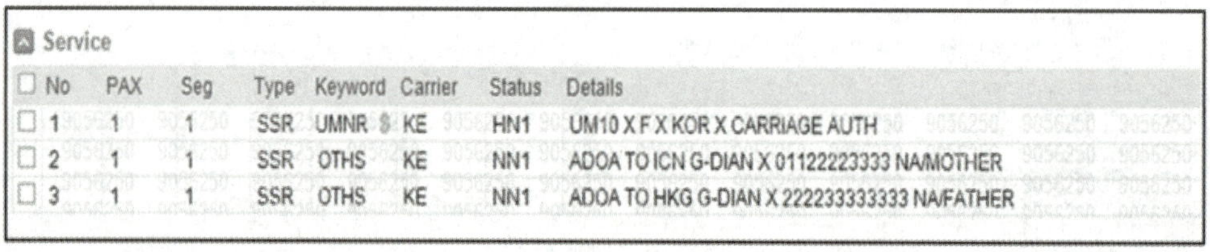

- UMNR $: $는 Chargeable Service임을 표기

4) 항공권 Pricing(일반 성인 운임 적용)

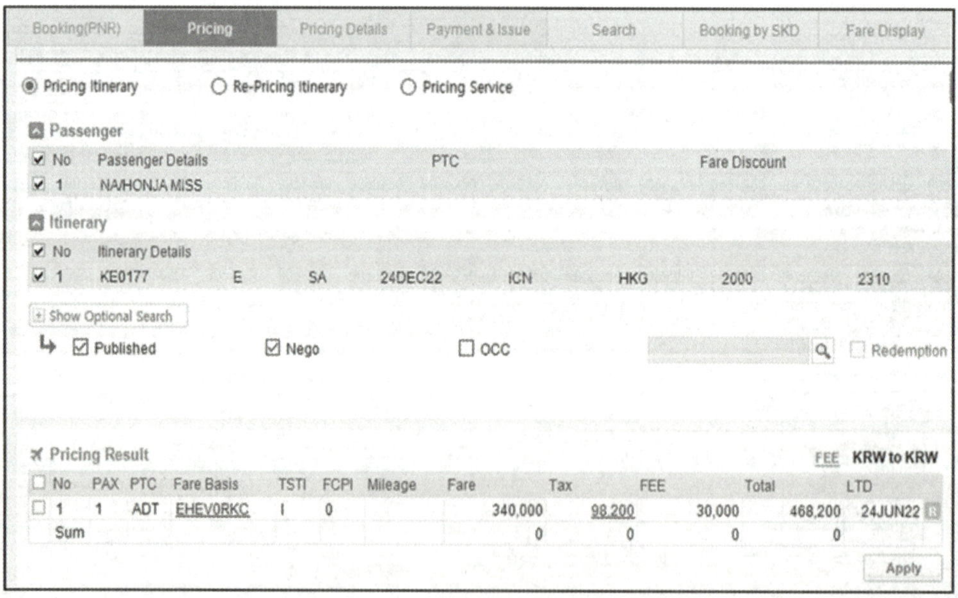

5) 결제

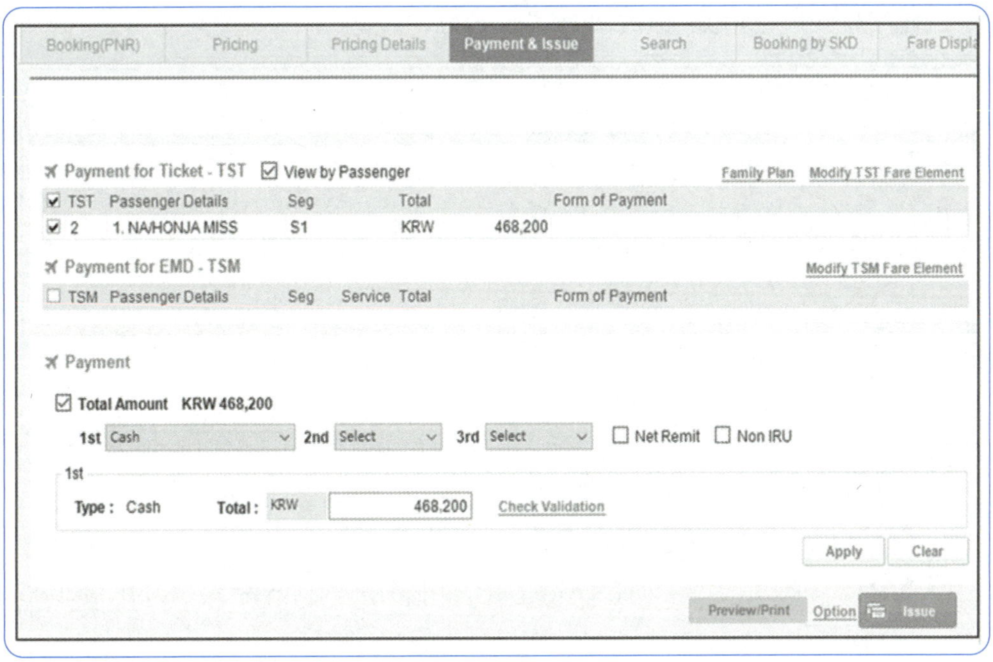

6) 항공권 e-Ticket 발행

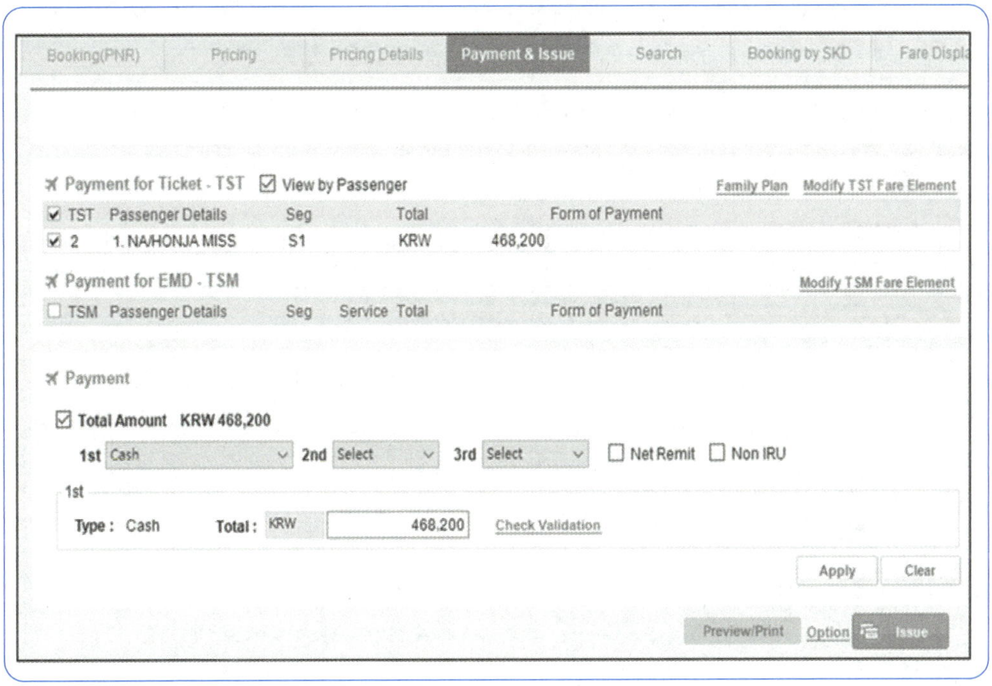

7) EMD Pricing 및 TSM 생성

[PNR] – [Pricing] – [Pricing Service]

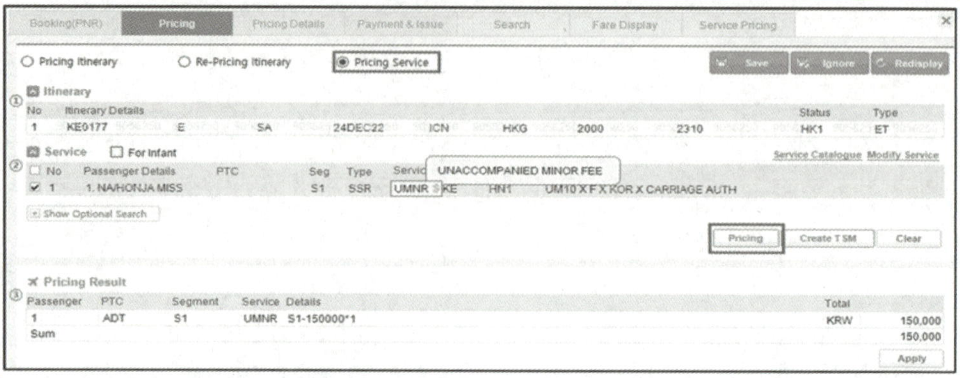

① Itinerary: PNR의 여정 정보

② Service : EMD 발행 대상 표출

③ Pricing Result : PAX/SEG/Service별 금액이 표출되며 Apply 시 TSM이 생성되고 Payment & Issue로 이동함

* TSM(Transitional Stored Miscellaneous)

e-Ticket을 발행하기 위해서 운임정보를 담은 TST가 필요한 것처럼 EMD를 발행하기 위해서 운임/수수료 정보를 담은 TSM이 필요하다.

EMD Pricing하여 자동으로 생성하거나, Create TSM하여 Manual로 생성할 수 있다.

8) 결제

[PNR] – [Payment & Issue]

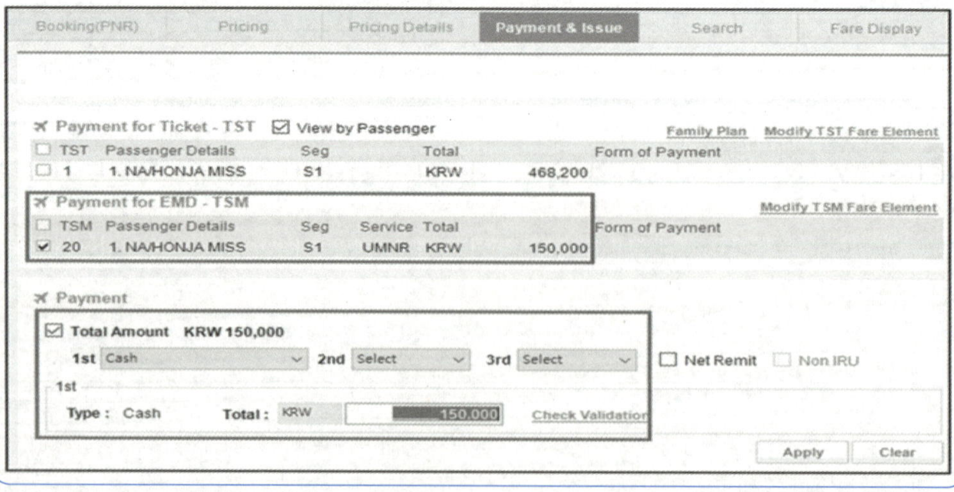

9) EMD 발행

[PNR] – [Payment & Issue]

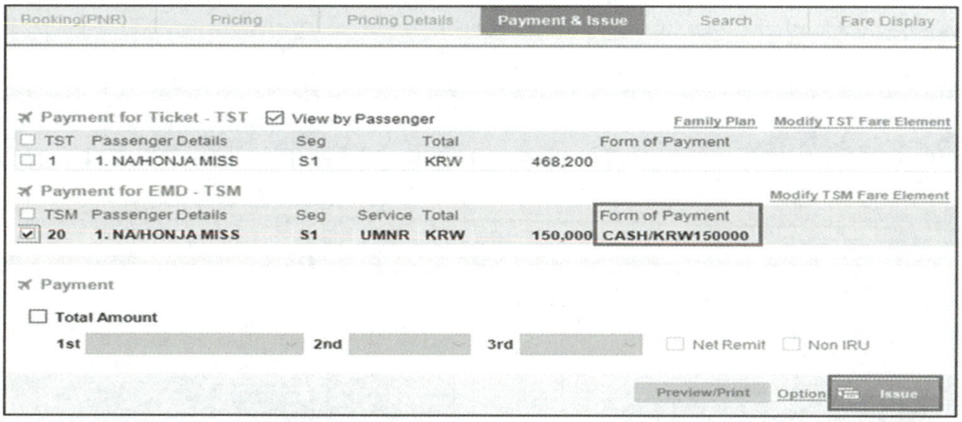

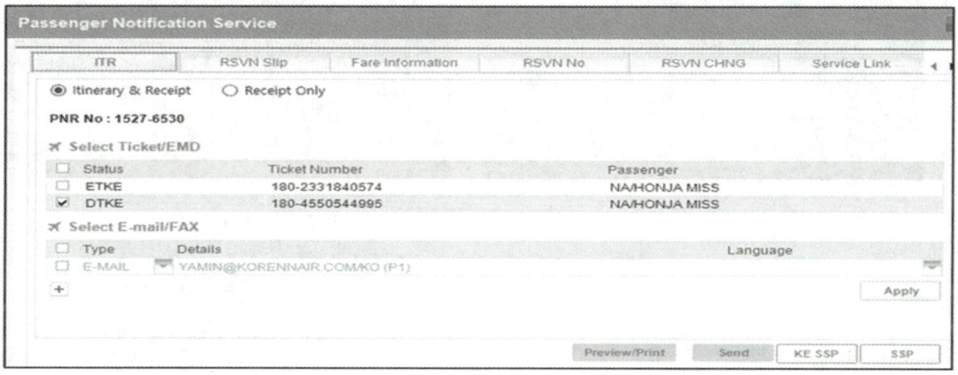

10) EMD Image

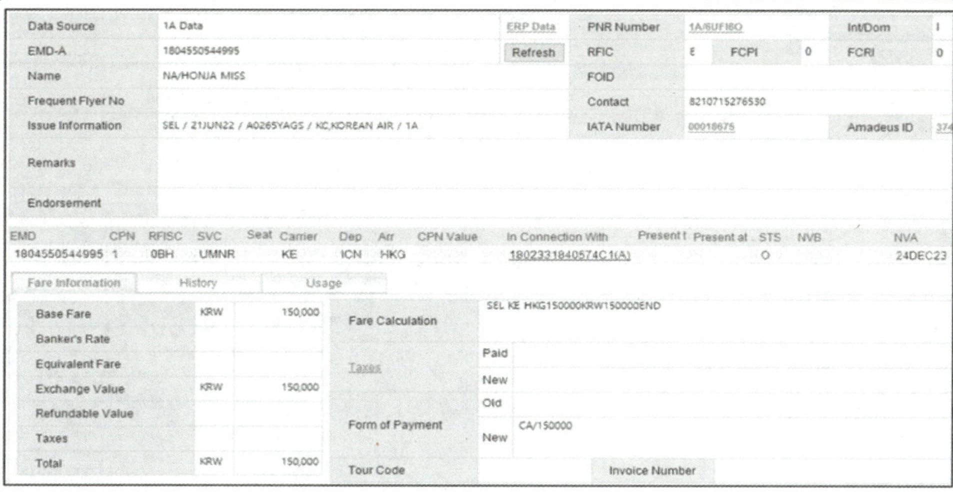

2.2 반려동물(Pet)

(1) 개요

- 반려동물 범위 : 개, 새, 고양이
- 운송 방법

PETC(Pet In Cabin)	AVIH(Animal in Hold)
기내 운송	Checked Baggage 운송
생후 8주 이상	생후 16주 이상
7kg 이내 3면의 합이 115cm 이내	45kg 이내 3면의 합이 291cm 이내
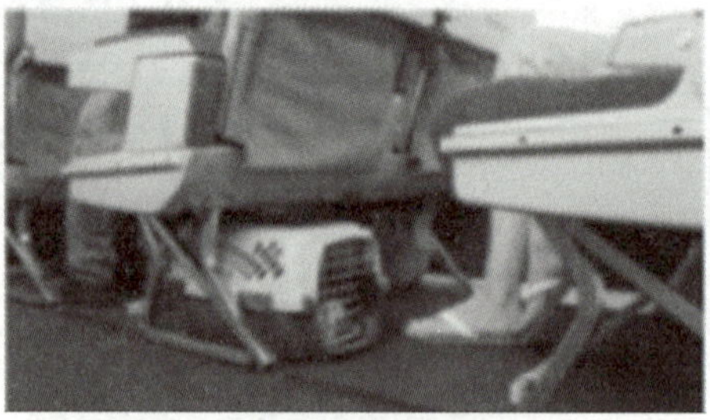	
	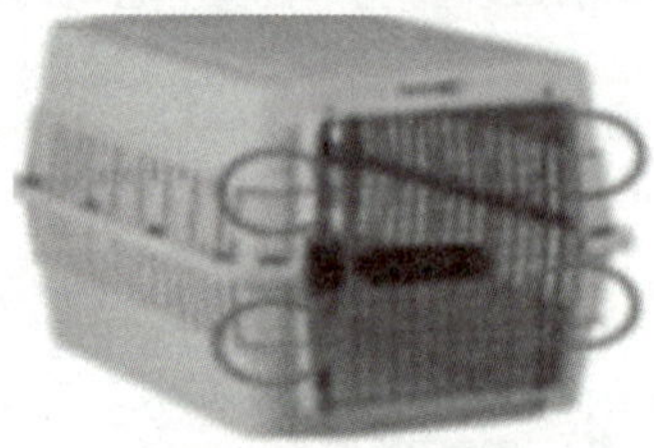

- 운임
  - 무료 수하물 허용량(Free Baggage Allowance)과 관계없이, 별도 요금 지불
- 기타 주의사항

- 승객 1인당 총 3마리 운송 가능: 1 PETC + 2 AVIH - 맹견류 운송 불가 - 단두종의 경우 AVIH 불가 (주둥이가 짧아 호흡기가 취약하여 온도 변화에 민감) - 기종별 허용량 및 예약 가능 마릿수 확인 필요		

(2) EMD 발행

SEL/SYD 15DEC(일반석)

강아지 : Poodle / 4KG / Cage Size 30cm × 40cm × 20cm

1) 운송 요금 확인

[Fare & Pricing] – [Ancillary SVC Pricing]

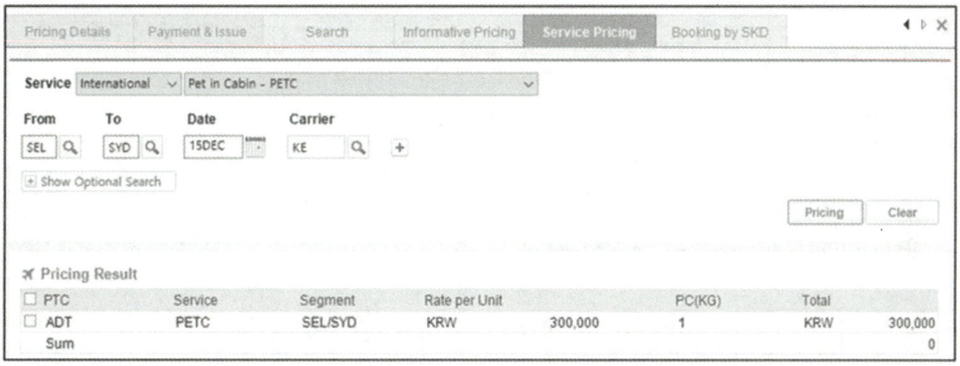

2) PET 예약

[PNR] – [Service] – [Modify]

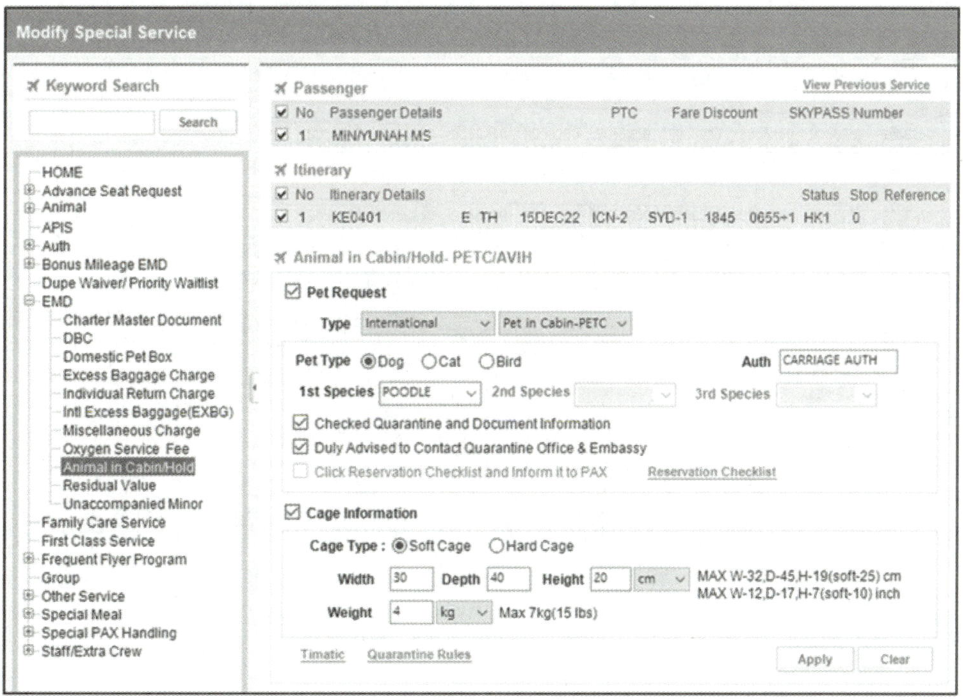

[PNR Service 항목 입력 사항 확인]

Service

No	PAX	Seg	Type	Keyword	Carrier	Status	Details
1	1	1	SSR	PETC $	KE	HK1	1DOG X POODLE X CARRIAGE AUTH
2	1		SSR	OTHS	YY		NECESSARY DOC INFORM OK TO PAX
3	1	1	SSR	OTHS	KE	NN1	CAGE 30 X 40 X 20CM X 4KG
4	1	1	SSR	OTHS	KE	NN1	PAX HOLD SOFT CAGE

- PETC $: $는 Chargeable Service임을 표기

3) EMD Pricing 및 TSM 생성

[PNR] – [Pricing] – [Pricing Service]

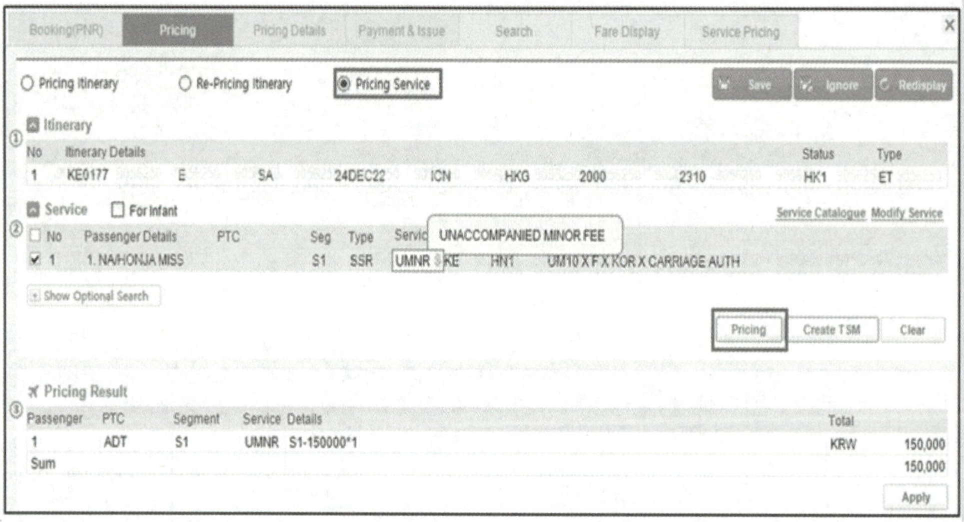

① Itinerary: PNR의 여정 정보

② Service : EMD 발행 대상 표출

③ Pricing Result : PAX/SEG/Service별 금액이 표출되며 Apply 시 TSM이 생성되고 Payment & Issue로 이동함

* TSM (Transitional Stored Miscellaneous)

e-Ticket을 발행하기 위해서 운임정보를 담은 TST가 필요한 것처럼 EMD를 발행하기 위해서 운임/수수료 정보를 담은 TSM이 필요하다.

EMD Pricing하여 자동으로 생성하거나, Create TSM하여 Manual로 생성할 수 있다.

4) 결제

[PNR] – [Payment & Issue]

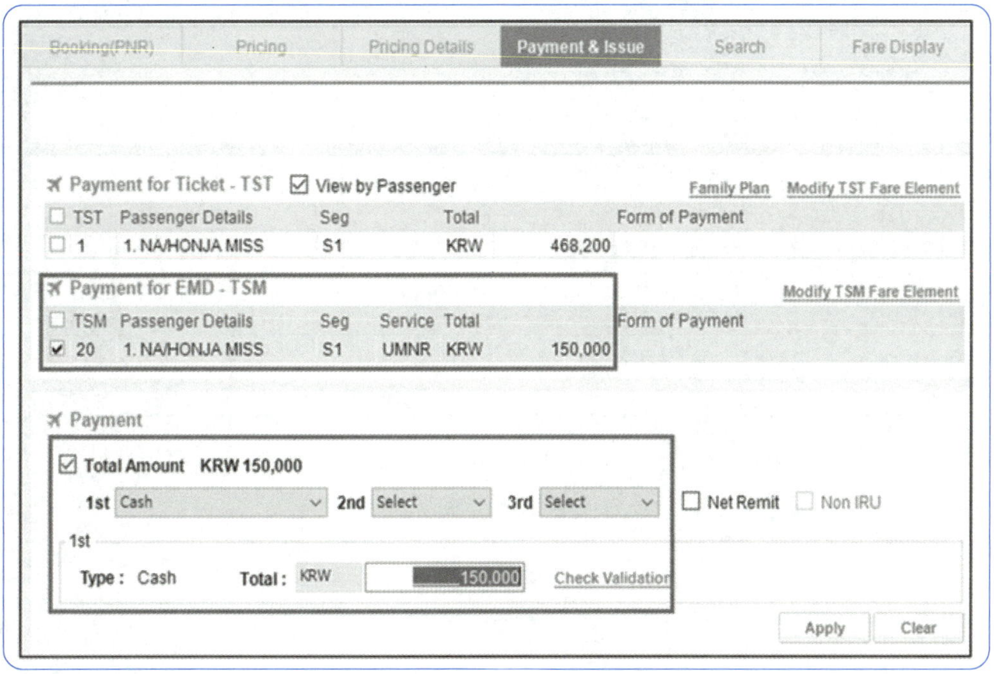

5) EMD 발행

[PNR] – [Payment & Issue]

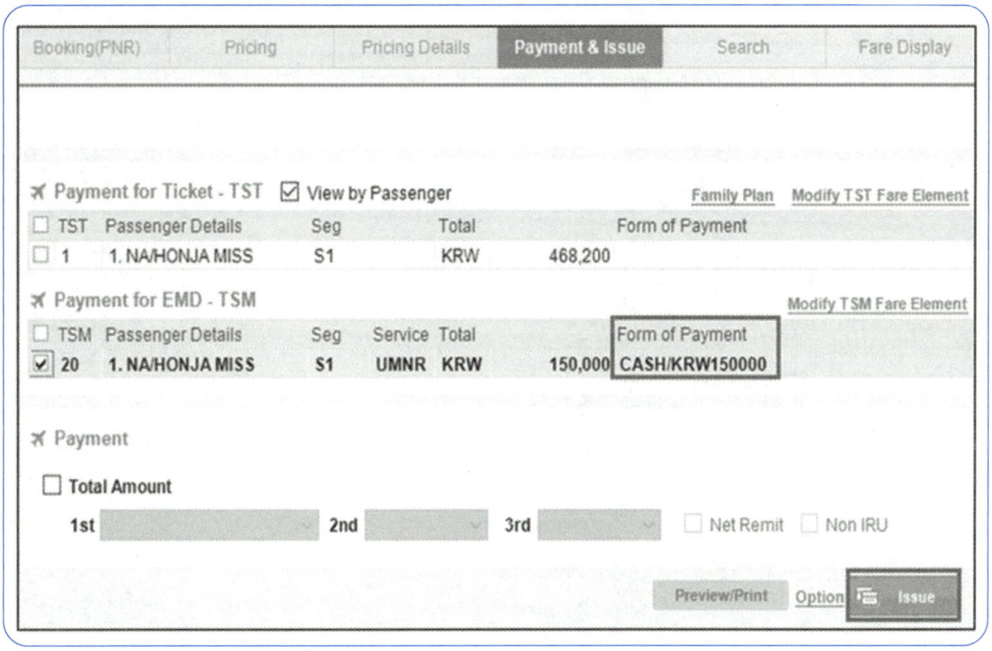

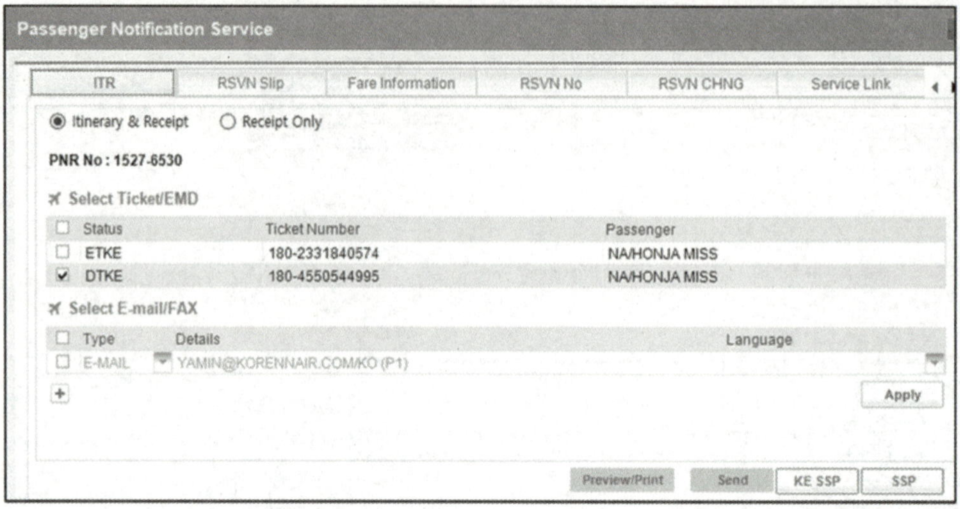
Passenger Notification Service
ITR
RSVN Slip
Fare Information
RSVN No
RSVN CHNG
Service Link
Itinerary & Receipt
Receipt Only
PNR No : 1527-6530
Select Ticket/EMD
Status
Ticket Number
Passenger
ETKE
180-2331840574
NA/HONJA MISS
DTKE
180-4550544995
NA/HONJA MISS
Select E-mail/FAX
Type
Details
Language
E-MAIL
YAMIN@KORENNAIR.COM/KO (P1)
Apply
Preview/Print
Send
KE SSP
SSP

실 습 문 제

1. 다음 주어진 지시문대로 예약 후 항공권 및 EMD를 발행하시오.

- 고객 : WANG/JIHYUN MS (DOB 22JAN14)
- 여정 : SEL/LON 10DEC23 Economy Class
  LON/SEL 25DEC23 Economy Class
- 연락처, 보호자 : 임의 입력
- SEL/LON/SEL 구간에 대해 UM 서비스 신청

1) 예약번호
2) 총 지불 금액
3) 항공권 번호
4) EMD 번호

- 고객 : KIM/DAEHAN MR, 1 DOG (Poodle)
- 여정 : SEL/PAR 13DEC23 Economy Class
- Cage : 30*40*20 X 4kg

1) 예약번호
2) 총 지불 금액
3) 항공권 번호
4) EMD 번호

APPENDIX

알아두면 도움이 되는 지식

APPENDIX
알아두면 도움이 되는 지식

1 국내외 주요도시 및 공항코드

(1) 국내 주요도시 및 공항코드

도시명	도시코드	공항코드	도시명	도시코드	공항코드
서울	SEL	GMP	청주	CJJ	CJJ
인천	JCN	ICN	양양	YNY	YNY
부산	PUS	PUS	광주	KWJ	KWJ
제주	CJU	CJU	무안		MWX
대구	TAE	TAE	천안	XOX	
성남	SSN	SSN(군용)	전주	CHN	
대전	QTW		군산	KUV	KUV
울산	USN	USN	목포	MPK	MPK
수원	SWU		서귀포	JSP	
의정부	QUI		순천	SYS	RSU
고양	QYK		여수	RSU	
안양	QYA		포항	KPO	
안산	XXN		구미	QKM	YEC
오산	OSN	OSN	예천	YEC	
부천	QJP		안동	QDY	공사중
춘천	QUN		울진		HIN
원주	WJU	WJU	진주	HIN	
강릉	KAG	KAG	마산	QMS	CHF
속초	SHO	SHO	진해	CHF	
삼척	SUK		거제	JGE	

(2) 해외 주요도시 및 공항코드

지역	도시 및 공항코드-1	도시 및 공항코드-1	도시 및 공항코드-1	도시 및 공항코드-1	도시 및 공항코드-1
1. 일본	하네다: HND	나리타: NRT	오사카: OSA	나고야: NGO	후쿠오카: FUK
	가고시마: KOJ	고마쓰: KMQ	나가사키: NGS	니이가타: KIJ	도야마: TOY
	마츠야마: MYJ	미야자키: KMI	삿포로: SPK	센다이: SDJ	시즈오카: FSZ
	아오모리: AOJ	아키타: AXT	오이타: OIT	오키나와: OKA	요나고: YGJ
	구마모토: KMJ	타카마츠: TAK	히로시마: HIJ		
2. 중국	북경: BJS	천진: TSN	상해: SHA	포동: PVG	연대: YNT
	청도: TAO	대련: DLC	장춘: CGQ	하얼빈: HRB	계림: KWL
	광주: CAN	남경: NKG	목단강: MDG	산야: SYX	성도: CTU
	서문: XMN	시안: SIA	심양: SHE	심천: SZX	연길: YNJ
	우루무치: URC	위해: WEH	우한: WUH	장사: CSX	제남: TNA
	중경: CKG	곤명: KMG	해구: HAK	항주: HGH	황산: TXN
3. 동남아시아	타이페이: TPE	송산: TSA	홍콩: HKG	마닐라: MNL	세부: CEB
	하노이: HAN	프놈펜: PNH	방콕: BKK	싱가포르: SIN	자카르타: JKT
	발리(덴파사): DPS	나트랑(깜랑): NHA	다낭: DAD	랑카위: LGK	마카오: MFM
	반다르세리베가완 :BWN	수라바야: SUB	시엠립(앙코르와트): REP	양곤: RGN	치앙마이: CNX
	카오슝: KHH	칼리보: KLO	코사무이: USM	코타키나발루: BKI	쿠알라룸푸르: KUL
	쿠칭: KCH	클락: CRK	페낭: PEN	푸켓: HKT	호치민: SGN
4. 서남아·인도	델리: DEL	카트만두: KTM	뭄바이: BOM	다카: DAC	라호르: LHE
	마드라스: MAA	말레: MLE	방갈로: BLR	브얀티얀: VTE	이슬라마바드: ISB
	카라치: KHI	캘커타: CCU	콜롬보: CMB	하이데라바드: HYD	
5. 대양주	괌: GUM	사이판: SPN	시드니: SYD	브리즈번: BNE	멜버른: MEL
	오클랜드: AKL	호바트: HBA	난디: NAN	누메아: NOU	아들레이드: ADL
	웰링턴: WLG	캔버라: CBR	케언즈: CNS	코로르(팔라우): ROR	크라이스트처치: CHC

6.유럽&러시아 (중앙아시아 포함)	프랑크푸르트: FRA	파리: PAR	런던: LON	이스탄불: IST	암스테르담: AMS
	취리히: ZRH	로마: ROM	모스크바: MOW	하바로프스크: KHV	울란바토르: ULN
	타쉬켄트: TAS	알마티: ALA	마드리드: MAD	맨체스터: MAN	뮌헨: MUC
	밀라노 – MIL	브뤼셀: BRU	블라디보스토크: VVO	빈: VIE	상트페테르부르크: LED
	스톡홀름: STO	아테네: ATH	오슬로: OSL	유즈노사할린스크: UUS	이르쿠스크: IKT
	제네바 – GVA	코펜하겐: CPH	키에브: IEV	프라하: PRG	헬싱키: HEL
7. 중동 & 아프리카	두바이: DXB	카이로: CAI	텔아비브: TLV	제다: JED	요하네스버그: JNB
	나이로비: NBO	다맘: DMM	도하: DOH	테헤란: THR	쿠웨이트: KWI
	라고스: LOS	리야드: RUH	아부다비: AUH	엔테베: EBB	케이프타운: CPT
	아부자: ABV	아비잔: ABJ	아크라: ACC		
8. 미국	호놀룰루: HNL	시애틀: SEA	샌프란시스코: SFO	로스앤젤레스: LAX	시카고: CHI
	뉴욕: NYC	워싱턴: WAS	애틀란타: ATL	달라스: DFW	덴버: DEN
	디트로이트: DTT	라스베이거스: LAS	마이애미: MIA	휴스턴: HOU	미니에폴리스: MSP
	볼티모어: BWI	보스턴: BOS	샌디아고: SAN	솔트레이크시티: SLC	앵커리지: ANC
	오스틴: AUS	올랜도: ORL	카일루아코나: KOA	탐파: TPA	포틀랜드: PDX
	피닉스: PHX	필라델피아: PHL			
9. 캐나다	밴쿠버: YVR	토론토: YTO	몬트리올: YMQ	에드먼튼: YEA	오타와: YOW
	캘거리: YYC				
10. 중남미	상파울루: SAO	과테말라시티: GUA	리마: LIM	리우데자네이루 : RIO	보고타: BOG
	부에노스아이레스: BUE	산티아고: SCL	산호세: SJO	칸쿤: CUN	멕시코시티: MEX

(3) 국내 주요 항공사 코드

구분	IATA CODE	ICAO CODE	항공사명	항공사 영문명	비고
FSC	KE	KAL	대한항공	Korean Airlines	여객 항공사
	OZ	AAR	아시아나항공	Asiana Airlines	
LCC	LJ	JNA	진에어	JIN AIR	
	7C	JJA	제주항공	JEJU AIR	
	TW	TWB	티웨이항공	t'way AIR	
	BX	ABL	에어부산	AIR BUSAN	
	ZE	ESR	이스타항공	EASTAR	
	RS	ASV	에어서울	AIR SEOUL	
	4V	FGW	플라이강원	FLY GANGWON	
	RF	EOK	에어로케이	AERO K	
	YP	APZ	에어프레미아	Air Premia	
RSC	4H	HGG	하이에어	Hi Air	소형 항공사
-	KJ	AIH	에어인천	AIR INCHEON	화물 항공사

(4) 해외 주요 항공사 코드

IATA	ICAO	항공사명	항공사 영문명
AA	AAL	아메리칸 항공	American Airlines
AC	ACA	캐나다항공	Air Canada
AF	AFR	프랑스항공	Air France
AZ	AZA	알리탈리아 항공	Alitalia-Linee Aeree Italiane
BA	BAW	브리티시항공	British Airways
CA	CCA	중국국제항공	Air China
CJ	CBF	중국 북방항공	China Norther Airlines

CS	CMI	콘티넨탈항공	Continental Micronesia Inc.
CX	CPA	캐세이퍼시픽항공	Cathay Pacific
CZ	CSN	중국남방항공	China Southern Airlines
DL	DAL	델타항공	Delta Air Lines
GA	GIA	가루다 항공	Garuda Indonesia
JD	JAS	일본에어시스템	Japan Air System
JL	JAL	일본항공	Japan Airlines
KL	KLM	네덜란드항공	KLM Royal Dutch Airlines
LA	LAN	칠레항공	Linea Area Nacional-Chile.S.A Lan-Chile
LH	DLH	루프트한자항공	Lufthansa German Airlines
MH	MAS	말레이시아항공	Malaysia Airlines System
MU	CES	중국동방항공	China Eastern Airlines
NZ	ANZ	뉴질랜드항공	Air New Zealand
NH	ANA	전일본 공수	All Nippon Airways
NW	NWA	노스웨스트항공	Northwest Airlines
OK	CSA	체코항공	Ceskoslovenske Aerolinie (CSA)
PR	PAL	필리핀항공	Philippine Airlines
QF	QFA	콴타스항공	Qantas Airways
RA	RNA	로열 네팔항공	Royal Nepal Airlines Co
SQ	SIA	싱가폴항공	Singapore Airlines
SR	SWR	스위스항공	Swiss Air Transport
SU	AFL	아에로플로트항공	Aeroflot Russian Int'l Airlines
TG	THA	타이항공	Thai Airways Int'l
TK	THY	튀르키예항공	Turkish Airlines
UA	UAL	유나이티드항공	United Airlines
VN	HVN	베트남항공	Vietnam Airlines

(5) ICAO Phonetic Alphabat

ICAO Phonetic Alphabet	
A – Alfa	N – November
B – Bravo	O – Oscar
C – Charlie	P – Papa
D – Delta	Q – Quebec
E – Echo	R – Romeo
F – Foxtrot	S – Sierra
G – Golf	T – Tango
H – Hotel	U – Uniform
I – India	V – Victor
J – Juliette	W – Whiskey
K – Kilo	X – X-ray
L – Lima	Y – Yankee
M – Mike	Z – Zulu

(6) 월별 코드

Monthly code		Month
1월	JAN	JANUARY
2월	FEB	FEBRUARY
3월	MAR	MARCH
4월	APR	APRIL
5월	MAY	MAY
6월	JUN	JUNE
7월	JUL	JULY
8월	AUG	AUGUST
9월	SEP	SEPTEMBER
10월	OCT	OCTOBER
11월	NOV	NOVEMBER
12월	DEC	DECEMBER

(7) 요일별 코드

Day code		Day
월	MON	MONDAY
화	TUE	TUESDAY
수	WED	WEDNESDAY
목	THU	THURSDAY
금	FRI	FRIDAY
토	SAT	SATURDAY
일	SUN	SUNDAY

② 기본용어

- PNR(Passenger Name Record)

  승객에게 필요한 제반 서비스 사항을 정해진 형식에 따라 예약 전산시스템에 기록한 것이며 항공권의 발행, 고객의 운송 및 객실 서비스 등 항공 운송업무의 기초 Data가 된다.

- KALis

  예약, 발권 업무를 위해 사용하는 GUI(Graphic User Interface) 방식의 단말기로 Amadeus 호스트 기능을 기반으로 자체 개발한 여객 단말 시스템이다.

- GDS(Global Distribution System)

  여행사(대리점)용 중립 CRS 중에서 전 세계적으로 네트워크를 갖추고 영업하는 대형 CRS를 말한다. 대표적인 GDS로는 Travelport(Galileo, Apollo, Worldspan 운영), Amadeus가 있다. 항공사는 GDS 운영사가 구축한 전 세계 대리점 판매망을 이용하기 위해 GDS 운영사에 가입하고 항공편 스케줄, 좌석 상황 등 자사 상품 정보를 제공한다. GDS를 통해 항공사 상품이 판매되면 그 대가로 항공사가 GDS 운영사에 예약 대행 수수료(Booking Fee)를 지급한다.

- CRS(Computerized Reservation System)

  Computer 단말기를 통해 항공편의 예약, 발권은 물론 항공 운임 및 기타 여행에 관한 종합적인 서비스를 제공하는 System을 말한다.

  CRS가 제공하는 주요 서비스는 항공 관련 정보(항공편 운항 Schedule, 좌석 가능 현황, 좌석 확보 등), 항공 운임 관련 정보, Hotel 관련 정보(예약, 요금, 부대 시설 등), Rent-a-car 관련 정보, 기내식 정보 등이 있으며, 항공사용 CRS(In-house CRS)와 여행사용 CRS(중립 CRS)로 구분된다.

- SKYPASS

  대한항공의 상용고객 우대 프로그램의 명칭이다. 스카이패스 회원은 회원 등급에 따라 스카이패스/모닝캄 클럽/모닝캄 프리미엄/밀리언 마일러 클럽으로 나뉘며, 등급에 따른 차별화된 혜택을 제공한다.

- Sky Team

  2000년 6월 22일에 대한항공, 델타항공, 아에로멕시코, 에어프랑스 4개사에 의해 창설된 국제 항공 동맹체(Global Alliance)의 명칭이다.

창립 회원사 포함 가루다인도네시아항공, 미들이스트항공, 베트남항공, 사우디항공, 샤먼항공, 아르헨티나항공, 아에로플로트, ITA 항공, 에어유로파, 중국동방항공, 중화항공, 체코항공, 케냐항공, KLM네덜란드항공, 타롬항공 총 19개의 회원사가 속해 있으며, SkyTeam은 회원사 공동 마일리지 적립 및 우수 회원에 대한 공통 서비스를 제공한다.(2022년 1월 기준)

- Itinerary

승객의 여행 개시로부터 종료까지의 전 구간을 의미한다.

항공 여정과 Hotel, Rent car, Tour 등 항공편 이외의 운송 수단으로 여행하는 구간을 포함한다.

- Codeshare(공동운항)

특정 노선에 대한 서비스를 제공하는 데 있어서 2개 이상의 항공사가 승객들에게 다양한 스케줄을 제공할 목적으로 각자 고유의 항공편 번호를 운항사 항공편에 부여하여 판매하는 제휴를 말한다.

양사가 상대사에 동시에 항공편 번호를 부여하는 쌍방 Codeshare와 일방 항공사만 상대사에 항공편 번호를 부여하는 일방 Codeshare로 구분할 수 있다.

- Marketing Carrier(판매사)

Codeshare 시 운항사가 운항하는 항공편에 자사의 편명을 부여하여 판매하는 항공사를 말한다.

마케팅사는 자사의 편명으로 승객에게 티켓을 판매하지만 실제 운송은 운항사에 의해 이루어지므로 승객에게 실제 운항하는 운항사를 고지할 의무를 가진다.

- Operating Carrier(운항사)

Codeshare 시 해당 노선을 직접 운항하는 항공사를 의미한다.

- Published Fare

항공사에서 공시하는 운임으로 항공사를 포함하여 모든 여행 판매자가 판매할 수 있는 운임이다. 항공사에서 개별적으로 공시하므로 Published Carrier Fare(PCF)라고도 한다.

- Negoshiated Fare

공시운임의 특성상 모든 항공사가 운임 및 규정 확인이 가능하므로 항공시장 내에서 가격 경쟁을 통한 Marketing이 어려운 단점이 있다. 이러한 단점을 보완하기 위해 항공사는 자사의 항공사를 탑승하는 조건으로 공시운임에서 할인된 운임을 적용하여 판매하고 있으며 판매가는 항공사에 있어 중요한 가격 Marketing Tool로 운영되고 있다. 이는 공개적으로 공시되지 않으며 항공사의 특정 Office(홈페이지, 모바일 등), 계약을 맺은 여행사나 계약 기업체의 발권 업무를 대행하는 여행사에서만 운임 조회가 가능하다.

- NUC(Neutral Unit of Construction)

  출발지국 통화로 설정된 항공 운임을 비교 또는 결합하여 산출하는 경우 사용하는 공통의 화폐 단위이며 모든 운임은 출발지국 통화와 NUC로 공시된다.

- ROE(Rate of Exchange)

  출발지국 통화로 되어있는 운임을 NUC로 환산 시 사용하는 환율이다.

  NUC = 출발지국 통화 ÷ ROE

  출발지국 통화 = NUC × ROE

- Normal Fare (정상운임)

  항공권 유효기간이 1년이며 최소/최대 체류기간, 예약변경/환불, 사전발권들의 제약조건이 없음

- Special Fare(특별운임)

  정상운임을 제외한 모든 운임. 최소 1개 이상의 제한 조건이 있음

- Global Indicator(GI)
  - 여행의 방향성을 표시하는 지표로 승객의 여행 방향을 판단하여 정확한 운임을 적용하기 위한 중요한 요소이다.
  - IATA 기준에 따라 전세계를 Area 1, 2, 3의 세 지역으로 나눠 이를 바탕으로 항공여정의 방향성을 지표화한 것이다.
- 편도여정(One Way : OW)
  - 출발지 국가와 도착지 국가가 다른 여정
  - 운임마디가 하나로 구성
  - 운임마디가 두 개 이상인 경우 왕복여정, 일주여정, 가위벌린여정의 범주에 들지 않으면 모두 편도여정이다.
- 왕복여정(Round Trip : RT)
  - 전 여정을 항공편을 이용하고 최초 출발도시로 다시 돌아오는 여정
  - 운임이 같은 2개의 운임마디로 구성
- 일주여정(Circle Trip : CT)
  - 전 여정을 항공편을 이용하고 최초 출발지로 다시 돌아오는 여정
  - 운임마디가 2개이나 운임이 다른 경우 또는 운임마디가 3개 이상으로 구성

- 가위벌린여정(Open Jaw Trip : OJT)
  - 항공편을 이용하지 않는 비항공 운송구간이 발생되어 여정의 연속성이 중단된 여정
  - 비항공 운송구간이 국내선이며 두 개의 국제선 운임마디로 구성
- TPM(Ticketed Point Mileage / 발권구간거리)
  - 발권하는 구간의 최단 운항 거리
  - 운임계산, 항공사간 정산, 마일리지 계산 시 활용
- MPM(Maximum Permitted Mileage / 최대허용거리)
  - 두 지점 간 운임으로 여행할 수 있는 최대허용거리
  - 해당 구간의 실제 거리보다 15~20% 정도 많게 설정되어 있어 중간 지점을 경유하더라도 운임을 추가하지 않고 여행할 수 있는 탄력성을 발휘
- EMS(Excess Mileage Surcharge / 초과거리할증)

  각 구간의 TPM 합계가 MPM보다 큰 경우 초과되는 비율에 따라 5~25%까지 5단계로 운임 할증이 적용되는 Surcharge이다. 25%를 초과하는 경우 운임마디를 나누어 계산한다.

거리초과비율(TPM/MPM)	운임 할증율	운임적용
1.00 초과 ~ 1.05 이하	5 %	해당운임 × 1.05
1.05 초과 ~ 1.10 이하	10%	해당운임 × 1.10
1.10 초과 ~ 1.15 이하	15%	해당운임 × 1.15
1.15 초과 ~ 1.20 이하	20%	해당운임 × 1.20
1.20 초과 ~ 1.25 이하	25%	해당운임 × 1.25
1.25 초과	운임마디를 나누어 계산	

- EMA(Extra Mileage Allowance : TPM 공제)

  특정 도시를 경유하는 일부 여정의 경우 Total TPM에서 일정 거리를 공제해주는 것으로 Total TPM에서 EMA 공제 후 그 결과의 TPM을 MPM과 비교하여 할증 여부를 결정한다.

- Minimum Stay, Maximum Stay

☞ 원문 : Minimum Stay & Maximum stay - IATA Passenger Air Tariff 2.1.8.4(5)

Minimum Stay (2.1.8.4)	Minimum stay means the number of days counting from the day after departure, or the number of months counting from the day of departure, <u>on the first outbound international sector</u> to the earliest day return travel may commence <u>from the last stopover point outside the country of origin</u>(including for this purpose the point of turnaround)
Maximum Stay (2.1.8.5)	Maximum stay means the number of days counting from the day after departure, or the number of months counting from the day of departure, to the last day return travel may commence <u>from the last stopover point</u> (including for this purpose the point of turnaround)

- Mileage 운임

  승객이 여행하는 실제 거리에 의해 운임을 계산하는 것으로 출발지로부터 경유지를 포함, 목적지까지의 각 구간의 TPM의 합이 출발지와 목적지 간의 MPM보다 작거나 같은 경우 출발지부터 목적지까지의 운임을 적용

- Routing 운임

  운임과 함께 일정한 Route를 공시하고 승객의 여정이 미리 공시한 Route와 일치하면 출발지에서 목적지까지의 운임을 적용하는 것으로 공시된 Route에는 아래 세 가지가 지정되어 있으며 이를 준수해야 한다.

  1) 경유지 2) 항공사 3) 해당 항공사의 지정된 Booking Class

- Stopover

  경유 도시에서 현지시간 기준 24시간을 초과하여 체류하는 것을 의미하며 Stopover는 운임 규정상 허용 유무에 따라 운임 산출 시 중요한 기준이 되므로 정확히 반영하여 운임을 산출한다.

- Transfer

  승객이 여정을 계속하기 위해 동일한 항공사 또는 다른 항공사로 갈아타는 것을 의미

- Fare Component(운임마디)

  운임을 적용하는 최소 단위 하나의 운임이 적용되는 여러 항공여정 구간의 집합을 운임마디라고 하며, 이때 적용한 운임을 Through Fare라고 한다. 하나의 여정을 몇 개의 운임마디로 나누든지 관계없으나 일반적으로 운임마디가 적을수록 전체 운임이 낮아지므로 가능한 운임마디의 수를 줄이는 것이 바람직하다.

- Fare Break Point

  운임 분리 지점 또는 운임 결합 지점

- Pricing Unit

  운임 적용 단위. 운임을 분리하여 부과할 수 있는 여정 또는 여정의 일부분 Fare Component로 구성된다.

- Journey

  출발지부터 도착지까지 항공권 상에 표기되는 전체 여정

- Origin & Destination

  항공권 상에 표기되는 전체 여정의 출발지와 도착지

- Surface Sector

  비항공운송구간. 항공 이외에 운송 수단 이용 구간

- Turnaround Point

  출발지에서 지리적으로 가장 먼 지점이며 편도여정에서는 적용하지 않는 개념
- ATPCO(Airline Tariff Publishing Company)

  세계 500여 항공사의 최신 항공 운임 및 운임 관련 Data를 수집하여 GDS, CRS 및 항공사 등에 주기적으로 배포하는 기업이다.

| Reference |

* 대한항공, 여객예약발권실무, 2019.
* 대한항공, 여객 실무 예약발권 신입, 2015.
* 윤문길 · 이휘영 · 이태규 외 2, 항공여객예약발권 실무론, 2021.
* 이경태 · 이태규, 항공여객운송서비스, 백산출판사, 2019.
* 이경태 · 이태규, 항공여객운송, 백산출판사, 2021.
* 이휘영, KANT 중심의 항공여객 예약발권 직무론, 기문사, 2009.
* 정호진 · 박인실, 항공예약 실무, 한올, 2020.
* 토파스, TOPAS 발권실무, 토파스여행정보(주), 2014.
* 토파스, TOPAS 예약발권실무, 토파스여행정보(주), 2014.
* 토파스, TOPAS 예약실무, 토파스여행정보(주), 2014.
* IATA, Passenger Standards Conference Manual, 2021.
* IATA, Ticket Handbook, Edition 53.

민윤아

- 한국항공대학교 관광경영학 석사
- 現) 대한항공 근무
  인하공업전문대학 항공경영학과 겸임교원

이태규

- 한국항공대학교 일반대학원 경영학 박사 수료
- 인천대학교 물류대학원 물류학 석사
- 티웨이항공, 에어부산 근무
- NCS 항공운송심의위원
- 인하공업전문대학 서비스학부 출강
- 명지전문대 항공서비스과 출강
- 극동대학교 항공운항서비스과 겸임교수
- 연성대학교 항공서비스과 출강
- 現) 제주항공 근무
  한국항공전략연구원 연구위원

항공발권일반

2022년 3월 30일 초 판 1쇄 발행
2023년 3월 10일 개정판 1쇄 발행

지은이 민윤아 · 이태규
펴낸이 진욱상
펴낸곳 (주)백산출판사
교 정 박시내
본문디자인 오행복
표지디자인 오정은

등 록 2017년 5월 29일 제406-2017-000058호
주 소 경기도 파주시 회동길 370(백산빌딩 3층)
전 화 02-914-1621(代)
팩 스 031-955-9911
이메일 edit@ibaeksan.kr
홈페이지 www.ibaeksan.kr

ISBN 979-11-6567-631-5 93980
값 27,000원